应用型高等院校校企合作创新示范教材

中级财务会计

主　编　杨怀宏

副主编　肖　卉

中国水利水电出版社
www.waterpub.com.cn
·北京·

内 容 提 要

本书基于最新《企业会计准则》和财务报表格式编写，并对企业会计准则和报表格式的变化进行了详细介绍和阐述。

本书围绕中级财务会计的教学目标，按照会计要素和会计业务的不同性质分为十四章：总论、货币资金、存货、金融资产、长期股权投资、固定资产、无形资产、投资性房地产、流动负债、非流动负债、所有者权益、收入/费用和利润、财务报表。

本书可作为高等院校财务管理、会计学等经济管理类专业的教材，也可供企业会计人员和经济管理人员参考。

图书在版编目（CIP）数据

中级财务会计 / 杨怀宏主编. -- 北京 : 中国水利水电出版社, 2023.2
应用型高等院校校企合作创新示范教材
ISBN 978-7-5226-1352-9

Ⅰ. ①中… Ⅱ. ①杨… Ⅲ. ①财务会计－高等学校－教材 Ⅳ. ①F234.4

中国国家版本馆CIP数据核字(2023)第022256号

策划编辑：周益丹　责任编辑：王玉梅　加工编辑：刘　瑜　封面设计：梁　燕

书　　名	应用型高等院校校企合作创新示范教材 **中级财务会计** ZHONGJI CAIWU KUAIJI
作　　者	主　编　杨怀宏 副主编　肖　卉
出版发行	中国水利水电出版社 （北京市海淀区玉渊潭南路 1 号 D 座　100038） 网址：www.waterpub.com.cn E-mail：mchannel@263.net（答疑） sales@mwr.gov.cn 电话：（010）68545888（营销中心）、82562819（组稿）
经　　售	北京科水图书销售有限公司 电话：（010）68545874、63202643 全国各地新华书店和相关出版物销售网点
排　　版	北京万水电子信息有限公司
印　　刷	三河市鑫金马印装有限公司
规　　格	184mm×260mm　16 开本　16.5 印张　412 千字
版　　次	2023 年 2 月第 1 版　2023 年 2 月第 1 次印刷
印　　数	0001—3000 册
定　　价	49.00 元

前　言

本书是在中国会计改革不断向前推进的背景下，基于《企业会计准则》及其应用指南、解释说明，以及其他相关财税法规，并结合作者多年从事财务会计教学的经验，合理设计、精心编写而成的。

本书围绕中级财务会计的教学目标，按照会计要素和会计业务的不同性质分为十四章：总论、货币资金、存货、金融资产、长期股权投资、固定资产、无形资产、投资性房地产、流动负债、非流动负债、所有者权益、收入/费用和利润、财务报表。

本书主要特点如下：

（1）参照国内课程主流体系，注重与会计学原理、高级财务会计在内容上的衔接。

（2）立足会计实务，引入大量会计实务例题，理论结合实践，深入浅出地对财务会计中的基本概念、基本方法和基本原理进行讲解。

（3）每章开始均设置通俗易懂的导入案例，并在章节内容的构架和形式等方面进行了创新性优化设计。

本书是在学完《会计学原理》，掌握了会计基本理论和基本方法之后对财务会计理论和方法的进一步深化。因此，本书旨在承前启后，成为从基础会计学迈向会计专业课程的桥梁。

由于编者水平有限，加之时间仓促，书中疏漏甚至错误之处在所难免，恳请读者批评指正。

编　者

2022 年 8 月

目　　录

第一章　总　　论

学习目标

1. 掌握会计的基本前提、会计要素的确认与计量属性、会计信息的质量要求。
2. 理解会计的性质和作用。
3. 了解会计要素计量属性之间的关系和应用原则。

知识框架

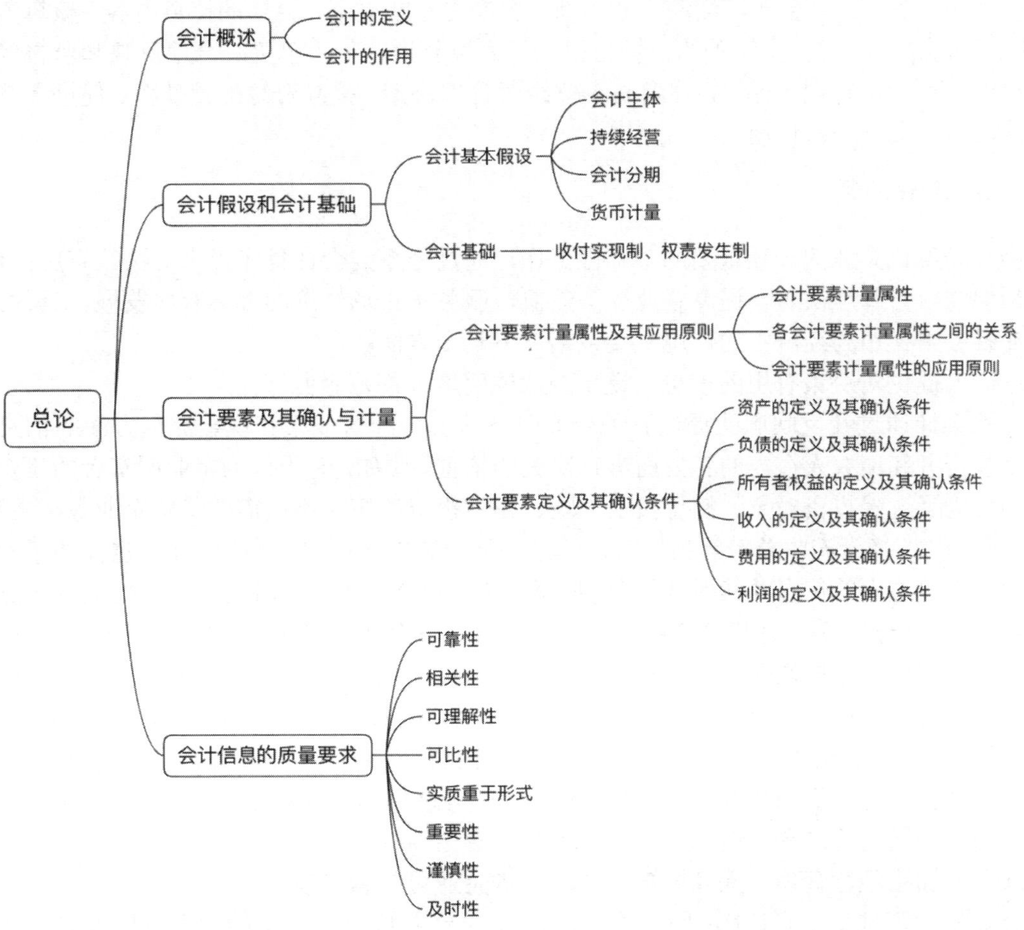

导入案例

案例：小张大学毕业后在华钢股份公司做会计工作已有一年时间，他工作努力，业务能力有了很大提高。农村的亲戚听到小张在做会计工作时，心里犯起了嘀咕：会计不就是整天摆弄账本、打打算盘，天天记账、算账的人吗？一个大学毕业生，当会计是不是有点“大材小用”了。再说了，当会计能有多大出息？村里老王才初中文化，已经在村里干了20多年会计工作了。小张却不这样认为。

案例思考：你认为会计是什么？谈谈你对会计的认识。

第一节 会计概述

企业财务会计概述

一、会计的定义

会计是以货币为主要计量单位，反映和监督一个单位经济活动的一种经济管理工作。在企业，会计主要反映企业的财务状况、经营成果和现金流量，并对企业经营活动和财务收支进行监督。会计是随着人类社会生产的发展和经济管理的需要而产生、发展并不断完善起来的。人类文明不断进步，社会经济活动不断革新，生产力不断提高，会计的核算内容、核算方法等也得到了较大发展，逐步由简单的计量与记录行为发展为以货币单位综合地反映和监督经济活动过程的一种经济管理工作，并在参与单位经营管理决策、提高资源配置效率、促进经济健康持续发展方面发挥积极作用。

二、会计的作用

会计是现代企业的一项重要的基础性工作，通过一系列会计程序提供对决策有用的信息，并积极参与经营管理决策，提高企业经济效益，服务于市场经济的健康有序发展。具体来说，会计在社会主义市场经济中的作用主要包括以下几个方面：

（一）提供对决策有用的信息，提高企业透明度，规范企业行为

企业会计通过其反映职能提供有关企业财务状况、经营成果和现金流量方面的信息，提供包括投资者和债权人在内的各方面进行决策的依据。比如，对于作为企业所有者的投资者来说，他们为了选择投资对象、衡量投资风险、作出投资决策，不仅需要了解企业包括毛利率、总资产收益率、净资产收益率等指标在内的盈利能力和发展趋势方面的信息，也需要了解有关企业经营情况方面的信息及其所处行业的信息；对于作为债权人的银行来说，他们为了选择贷款对象、衡量贷款风险、作出贷款决策，不仅需要了解企业包括流动比率、速动比率、资产负债率等指标在内的短期偿债能力和长期偿债能力，也需要了解企业所处行业的基本情况及其在同行业所处的地位；对于作为社会经济管理者的政府部门来说，他们为了制定经济政策、进行宏观调控、配置社会资源，需要从总体上掌握企业的资产负债结构、损益状况和现金流动情况，从宏观上把握经济运行的状况和发展变化趋势。所有这一切，都需要会计提供有助于他们进行决策的信息，通过提高会计信息透明度来规范企业会计行为。

（二）加强经营管理，提高经济效益，促进企业可持续发展

企业经营管理水平直接影响企业的经济效益、经营成果、竞争能力和发展前景，在一定程度上决定着企业的前途和命运。为了满足企业内部经营管理对会计信息的需要，现代会计已经渗透到了企业内部经营管理的各个方面。比如，企业会计通过分析和利用有关企业财务状况、经营成果和现金流量方面的信息，可以全面、系统、总括地了解企业生产经营活动情况、财务状况和经营成果，并在此基础上预测和分析未来发展前景；可以通过发现过去经营活动中存在的问题，找出存在的差距及原因，并提出改进措施；可以通过预算的分解和落实，建立起内部经济责任制，从而做到目标明确、责任清晰、考核严格、赏罚分明。总之，会计通过真实地反映企业的财务信息，参与经营决策，为处理企业与各方面的关系、考核企业管理人员的经营业绩、落实企业内部管理责任奠定基础，有助于发挥会计工作在加强企业经营管理、提高经济效益方面的积极作用。

（三）考核企业管理层经济责任的履行情况

企业接受了包括国家在内的所有投资者和债权人的投资，就有责任按照其预定的发展目标和要求，合理利用资源，加强经营管理，提高经济效益，接受考核和评价。会计信息有助于评价企业的业绩，有助于考核企业管理层经济责任的履行情况。比如，对于作为企业所有者的投资者来说，他们为了了解企业当年度的经营活动成果和当年度的资产保值和增值情况，需要将利润表中的净利润与上年度进行对比，以反映企业的盈利发展趋势；需要将其与同行业进行对比，以反映企业在与同行业竞争时所处的位置，从而考核企业管理层经济责任的履行情况。对于作为社会经济管理者的政府部门来说，他们需要了解企业执行计划的能力，需要将资产负债表、利润表和现金流量表中所反映的实际情况与预算进行对比，反映企业完成预算的情况，表明企业执行预算的能力和水平。所有这一切，都需要会计提供信息。

第二节　会计基本假设和会计基础

财务会计的基本前提

一、会计基本假设

会计基本假设是企业会计确认、计量和报告的前提，是对会计核算所处时间、空间环境等所作的合理设定。会计基本假设包括会计主体、持续经营、会计分期和货币计量。

（一）会计主体

会计主体，是指企业会计确认、计量和报告的空间范围。为了向财务报告使用者反映企业财务状况、经营成果和现金流量，提供对其决策有用的信息，会计核算和财务报告的编制应当集中于反映特定对象的活动，并将其与其他经济主体区别开来，才能实现财务报告的目标。

在会计主体假设下，企业应当对其本身发生的交易或事项进行会计确认、计量和报告，反映企业本身所从事的各项生产经营活动。明确界定会计主体是开展会计确认、计量和报告工作的重要前提。

明确会计主体，才能划定会计所要处理的各项交易或事项的范围。在会计工作中，只有那些影响企业本身经济利益的各项交易或事项才能加以确认、计量和报告，那些不影响企业本身经济利益的各项交易或事项则不能加以确认、计量和报告。会计工作中通常所讲的资产、负债的确认，收入的实现，费用的发生等都是针对特定会计主体而言的。

明确会计主体，才能将会计主体的交易或事项与会计主体所有者的交易或事项以及其他会计主体的交易或事项区分开来。例如，企业所有者的经济交易或事项是属于企业所有者主体所发生的，不应纳入企业会计核算的范围，但是企业所有者投入企业的资本或者企业向所有者分配的利润则属于企业主体所发生的交易或事项，应当纳入企业会计核算的范围。

会计主体不同于法律主体，一般来说，法律主体必然是一个会计主体。例如，一个企业作为一个法律主体，应当建立财务会计系统，独立反映其财务状况、经营成果和现金流量。但是，会计主体不一定是法律主体。例如，在企业集团的情况下，一个母公司拥有若干子公司，母子公司虽然是不同的法律主体，但是母公司对于子公司拥有控制权，为了全面反映企业集团的财务状况、经营成果和现金流量，就有必要将企业集团作为一个会计主体，编制合并财务报表。再如，由企业管理的证券投资基金、企业年金基金等，尽管不属于法律主体，但属于会计主体，应当对每项基金进行会计确认、计量和报告。

（二）持续经营

持续经营，是指在可以预见的将来，企业将会按当前的规模和状态继续经营下去，不会停业，也不会大规模削减业务。在持续经营前提下，会计确认、计量和报告应当以企业持续、正常的生产经营活动为前提。

企业是否持续经营，在会计原则、会计方法的选择上有很大差别。一般情况下，应当假定企业将会按照当前的规模和状态继续经营下去。明确这个基本假设，就意味着会计主体将按照既定用途使用资产，按照既定的合约条件清偿债务，会计人员就可以在此基础上选择会计原则和会计方法。如果判断企业会持续经营，就可以假定企业的固定资产会在持续经营的生产经营过程中长期发挥作用，并服务于生产经营过程，固定资产就可以根据历史成本进行记录，并采用折旧的方法将历史成本分摊到各个会计期间或相关产品的成本中。如果判断企业不会持续经营，固定资产就不应采用历史成本进行记录并按期计提折旧。

如果一个企业在不能持续经营时还仍然按照持续经营进行会计处理，选择会计确认、计量和报告的原则与方法，就不能客观地反映企业的财务状况、经营成果和现金流量，会误导会计信息使用者。

（三）会计分期

会计分期，是指将一个企业持续经营的生产经营活动划分为一个个连续的、间隔相同的期间。会计分期的时间，在于通过会计期间的划分将持续经营的生产经营活动划分成连续、相等的期间，据以结算盈亏，按期编制财务报告，从而及时向财务报告使用者提供有关企业财务状况、经营成果和现金流量的信息。

在会计分期假设下，企业应当划分会计期间，分期结算账目和编制财务报告。会计期间通常分为年度和中期。中期，是指短于一个完整的会计年度的报告期间，如月度、季度、半年度等。

根据持续经营假设，一个企业将按当前的规模和状态持续经营下去。但是，无论是企业的生产经营决策还是投资者、债权人等的决策都需要及时的信息，都需要将企业持续的生产经营活动划分为一个个连续的、长短相同的期间，分期确认、计量和报告企业的财务状况、经营成果和现金流量。明确会计分期假设意义重大，由于会计分期，才产生了当期与以前期间、以后期间的差别，才使不同类型的会计主体有了记账的基准，进而出现了折旧、摊销等会计处理方法。

（四）货币计量

货币计量，是指会计主体在财务会计确认、计量和报告时以货币计量，反映会计主体的生产经营活动。

在会计的确认、计量和报告过程中之所以选择以货币为基础进行计量，是由货币的本身属性决定的。货币是商品的一般等价物，是衡量一般商品价值的共同尺度，具有价值尺度、流通手段、贮藏手段和支付手段等特点。其他计量单位，如重量、长度、容积、台、件等，只能从一个侧面反映企业的生产经营情况，无法在量上进行汇总和比较，不便于会计计量和经营管理，只有选择货币尺度进行计量，才能充分反映企业的生产经营情况，所以基本准则规定，会计确认、计量和报告选择货币作为计量单位。

在有些情况下，统一采用货币计量也有缺陷，某些影响企业财务状况和经营成果的因素，如企业经营战略、研发能力、市场竞争力等，往往难以用货币来计量，但这些信息对于使用者决策来讲也很重要，为此企业可以在财务报告中补充披露有关非财务信息来弥补上述缺陷。

二、会计基础

企业会计的确认、计量和报告应当以权责发生制为基础。权责发生制基本要求，凡是当期已经实现的收入和已经发生或应当负担的费用，无论款项是否收付，都应当作为当期的收入和费用列入利润表；凡是不属于当期的收入和费用，即使款项已在当期收付，也不应当作为当期的收入和费用。

在实务中，企业交易或事项的发生时间与相关货币收支时间有时并不完全一致。例如，款项已经收到，但销售并未实现；或者款项已经支付，但并不是为本期生产经营活动而发生的。为了更加真实、公允地反映特定会计期间的财务状况和经营成果，基本准则明确规定，企业在会计确认、计量和报告中应当以权责发生制为基础。

收付实现制是与权责发生制相对应的一种会计基础，它是以收到或支付的现金作为确认收入和费用等的依据。目前，我国的行政单位会计采用收付实现制，事业单位会计除经营业务可以采用权责发生制外，其他大部分业务采用收付实现制。

第三节 会计要素及其确认与计量

财务会计的基本要素

一、会计要素计量属性及其应用原则

（一）会计要素计量属性

会计计量是为了将符合确认条件的会计要素登记入账并列报于财务报表而确定其金额的过程。企业应当按照规定的会计计量属性进行计量，确定相关金额。计量属性是指所计量的某一要素的特性方面，如桌子的长度、铁矿的重量、楼房的高度等。从会计角度，计量属性反映的是会计要素金额的确定基础，主要包括历史成本、重置成本、可变现净值、现值和公允价值等。

1. 历史成本

历史成本，又称实际成本，是取得或制造某项财产物资时所实际支付的现金或其他等价物。在历史成本计量下，资产按照其购置时支付的现金或现金等价物的金额，或者按照购置资产时所付出的对价的公允价值计量。负债按照其因承担现时义务而实际收到的款项或资产的金额或者承担现时义务的合同金额，或者按照日常活动中为偿还负债预期需要支付的现金或现金等价物的金额计量。

2. 重置成本

重置成本，又称现行成本，是指按照当前市场条件，重新取得同样一项资产所需支付的

现金或现金等价物金额。在重置成本计量下，资产按照现在购买相同或者相似资产所需支付的现金或现金等价物的金额计量，负债按照现在偿付该项债务所需支付的现金或现金等价物的金额计量。

3. 可变现净值

可变现净值，是指在正常生产经营过程中，以预计售价减去进一步加工的成本和销售所必需的预计税金、费用后的净值。在可变现净值计量下，资产按照其正常对外销售所能收到现金或现金等价物的金额扣减该资产至完工时估计将要发生的成本、估计的销售费用以及相关税金后的金额计量。

4. 现值

现值，是指对未来现金流量以恰当的折现率进行折现后的价值，是考虑货币时间价值因素等的一种计量属性。在现值计量下，资产按照预计从其持续使用和最终处置中所产生的未来净现金流入量的折现金额计量，负债按照预计期限内需要偿还的未来净现金流出量的折现金额计量。

5. 公允价值

公允价值，是指市场参与者在计量日发生的有序交易中出售一项资产所能收到或者转移一项负债所需支付的价格。

（二）各会计要素计量属性之间的关系

在各会计要素计量属性中历史成本通常反映的是资产或负债过去的价值，而重置成本、可变现净值、现值和公允价值通常反映的是资产或负债的现时成本或现时价值，是与历史成本相对应的计量属性。当然这种关系也并不是绝对的。比如，资产或负债的历史成本许多就是根据交易时有关资产或负债的公允价值确定的，在非货币性资产交换中，如果交换具有商业实质，且换入、换出资产的公允价值能够可靠计量，换入资产入账成本的确定应当以换出资产的公允价值为基础，除非有确凿证据表明换入资产的公允价值更加可靠；在非同一控制下的企业合并交易中，合并成本也是以购买方在购买日为取得对被购买方的控制权而付出的资产、发生或承担的负债等的公允价值确定的。再如，在应用公允价值时，当相关资产或负债不存在活跃市场的报价或者不存在同类或类似资产的活跃市场报价时，需要采用估值技术来确定相关资产或负债的公允价值，而在采用估值技术估计相关资产或负债的公允价值时，现值往往是普遍采用的一种估值方法，在这种情况下，公允价值就是以现值为基础确定的。另外，公允价值相对于历史成本而言，具有很强的时间概念，也就是说，当前环境下某项资产或负债的历史成本可能是过去环境下该项资产或负债的公允价值，而当前环境下某项资产或负债的公允价值也许就是未来环境下该项资产或负债的历史成本。

（三）会计要素计量属性的应用原则

企业在对会计要素进行计量时，一般应当采用历史成本。采用重置成本、可变现净值、现值、公允价值计量的，应当保证所确定的会计要素金额能够取得并可靠计量。

在企业会计准则体系建设中适度、谨慎地引入公允价值这一计量属性，是因为随着我国资本市场的发展、股权分置改革的基本完成，越来越多的股票、债券、基金等金融产品在交易所挂牌上市，使得这类金融资产的交易已经形成较为活跃的市场，因此，我国已经具备引入公允价值的条件。在这种情况下，引入公允价值，更能反映企业的现实情况，对投资者等财务报告使用者的决策更加有用，而且也只有如此才能实现我国会计准则与国际财务报告准则的趋同。

值得一提的是，我国引入公允价值是适度、谨慎和有条件的。原因是考虑到我国尚属新兴的市场经济国家，如果不加限制地引入公允价值，有可能出现公允价值计量不可靠，甚至借此人为操纵利润的现象。因此，在投资性房地产和生物资产等具体准则中规定，只有在公允价值能够取得并可靠计量的情况下才能采用公允价值计量。

二、会计要素定义及其确认条件

会计要素是根据交易或事项的经济特征所确定的财务会计对象的基本分类。会计要素按照其性质分为资产、负债、所有者权益、收入、费用和利润。其中，资产、负债和所有者权益要素侧重于反映企业的财务状况，收入、费用和利润要素侧重于反映企业的经营成果。会计要素的界定和分类可以使财务会计系统更加科学严密，为投资者等财务报告使用者提供更加有用的信息。

（一）资产的定义及其确认条件

1. 资产的定义

资产，是指企业过去的交易或事项形成的、由企业拥有或控制的、预期会给企业带来经济利益的资源。根据资产的定义，资产具有以下几个方面的特征：

（1）资产预期会给企业带来经济利益。资产预期会给企业带来经济利益，是指资产直接或间接导致现金和现金等价物流入企业的潜力。这种潜力可以来自企业日常的生产经营活动，也可以是非日常活动；带来的经济利益可以是现金或现金等价物，或者是可以转化为现金或现金等价物，或者是可以减少现金或现金等价物流出。

资产预期能否为企业带来经济利益是资产的重要特征。例如，企业采购的原材料、购置的固定资产等可以用于生产经营过程，制造商品或提供劳务，对外出售后收回货款，货款即为企业所获得的经济利益。如果某一项目预期不能给企业带来经济利益，那么就不能将其确认为企业的资产。前期已经确认为资产的项目，如果不能再为企业带来经济利益的，也不能再确认为企业的资产。

（2）资产应为企业拥有或控制的资源。资产作为一项资源，应当由企业拥有或控制，具体是指企业享有某项资源的所有权，或者虽然不享有某项资源的所有权，但该资源能被企业所控制。

企业享有资产的所有权，通常表明企业能够排他性地从资产中获取经济利益。通常在判断资产是否存在时，所有权是考虑的首要因素。在有些情况下，资产虽然不为企业所拥有，即企业并不享有其所有权，但企业控制了这些资产，同样表明企业能够从资产中获取经济利益，符合会计上对资产的定义。如果企业既不拥有也不控制的资产所带来的经济利益，就不能将其作为企业的资产予以确认。

（3）资产是由企业过去的交易或事项形成的。资产应当由企业过去的交易或事项所形成，过去的交易或事项包括购买、生产、建造行为或者其他交易或事项。换句话说，只有过去的交易或事项才能产生资产，企业预期在未来发生的交易或事项不形成资产。例如，企业有购买某存货的意愿或计划，但是购买行为尚未发生，就不符合资产的定义，不能因此而确认存货资产。

2. 资产的确认条件

将一项资源确认为资产，需要符合资产的定义，还应同时满足以下两个条件：

（1）与该资源有关的经济利益很可能流入企业。从资产的定义可以看到，能否带来经济利益是资产的一个本质特征，但在现实生活中，由于经济环境瞬息万变，与资源有关的经济利益能否流入企业或者能够流入多少实际上带有不确定性。因此，资产的确认还应与对经济利益流入的不确定性程度的判断结合起来，如果根据编制财务报表时所取得的证据可以判断与资源有关的经济利益很可能流入企业，那么就应当将其作为资产予以确认；反之，不能确认为资产。例如，某企业赊销一批商品给某一客户，从而形成了对该客户的应收账款，由于企业最终收到款项与销售实现之间有时间差，而且收款又在未来期间，因此带有一定的不确定性，如果企业在销售时判断未来很可能收到款项或者能够确定收到款项，企业就应当将该应收账款确认为一项资产；如果企业判断在通常情况下很可能部分或者全部无法收回，表明该部分或者全部应收账款已经不符合资产的确认条件，应当计提坏账准备，减少资产的价值。

（2）该资源的成本或价值能够可靠地计量。财务会计系统是一个确认、计量和报告的系统，其中计量起着枢纽作用，可计量性是所有会计要素确认的重要前提，资产的确认也是如此。只有当有关资源的成本或价值能够可靠地计量时，资产才能予以确认。在实务中，企业取得的许多资产都是发生了实际成本的，例如企业购买或生产的存货、企业购置的厂房或设备等，对于这些资产，只要实际发生的购买成本或生产成本能够可靠计量，就应视为符合资产确认的可计量条件。在某些情况下，企业取得的资产没有发生实际成本或者发生的实际成本很小，例如企业持有的某些衍生金融工具形成的资产，对于这些资产，尽管它们没有实际成本或发生的实际成本很小，但是如果其公允价值能够可靠计量的话，也被认为符合了资产可计量性的确认条件。

（二）负债的定义及其确认条件

1. 负债的定义

负债，是指企业过去的交易或事项形成的、预期会导致经济利益流出企业的现时义务。根据负债的定义，负债具有以下几个方面的特征：

（1）负债是企业承担的现时义务。负债必须是企业承担的现时义务，这是负债的一个基本特征。其中，现时义务是指企业在现行条件下已承担的义务。未来发生的交易或事项形成的义务，不属于现时义务，不应当确认为负债。

这里所指的义务可以是法定义务，也可以是推定义务。其中，法定义务是指具有约束力的合同或法律法规规定的义务，通常在法律意义上需要强制执行。例如企业购买原材料形成应付账款、企业向银行贷入款项形成贷款、企业按照税法规定应当交纳的税款等均属于企业承担的法定义务，需要依法予以偿还。推定义务是指根据企业多年来的习惯做法、公开的承诺或者公开宣布的政策而导致企业将承担的责任，这些责任也使有关各方形成了企业将履行义务解脱责任的合理预期。例如，某企业多年来制定有一项销售政策，对于售出商品提供一定期限内的售后保修服务，预期将为售出商品提供的保修服务就属于推定义务，应当将其确认为一项负债。

（2）负债预期会导致经济利益流出企业。预期会导致经济利益流出企业，也是负债的一个本质特征。只有企业在履行义务时会导致经济利益流出企业的，才符合负债的定义；如果不会导致企业经济利益流出的，就不符合负债的定义。在履行现时义务清偿负债时，导致经济利益流出企业的形式多种多样，例如用现金偿还或以实物资产形式偿还，以提供劳务形式偿还，以部分转移资产、部分提供劳务形式偿还，将负债转为资本等。

（3）负债是由企业过去的交易或事项形成的。负债应当由企业过去的交易或事项所形成。

换句话说，只有过去的交易或事项才形成负债；企业将在未来发生的承诺、签订的合同等交易或事项不形成负债。

2. 负债的确认条件

将一项现时义务确认为负债，需要符合负债的定义，还需要同时满足以下两个条件：

（1）与该义务有关的经济利益很可能流出企业。从负债的定义可以看到，预期会导致经济利益流出企业是负债的一个本质特征。在实务中，履行义务所需流出的经济利益带有不确定性，尤其是与推定义务相关的经济利益通常需要依赖于大量的估计。因此，负债的确认应当与对经济利益流出的不确定性程度的判断结合起来。如果有确凿证据表明与现时义务有关的经济利益很可能流出企业，就应当将其作为负债予以确认；反之，如果企业承担了现时义务，但是会导致企业经济利益流出的可能性很小，就不符合负债的确认条件，不应将其作为负债予以确认。

（2）未来流出的经济利益的金额能够可靠地计量。负债的确认在考虑经济利益流出企业的同时，对于未来流出的经济利益的金额应当能够可靠计量。对于与法定义务有关的经济利益流出金额，通常可以根据合同或者法律规定的金额予以确定，考虑到经济利益流出的金额通常在未来期间，有时未来期间较长，有关金额的计量需要考虑货币时间价值等因素的影响。对于与推定义务有关的经济利益流出金额，企业应当根据履行相关义务所需支出的最佳估计数进行估计，并综合考虑有关货币时间价值、风险等因素的影响。

（三）所有者权益的定义及其确认条件

1. 所有者权益的定义

所有者权益是指企业资产扣除负债后，由所有者享有的剩余权益。公司的所有者权益又称为股东权益。所有者权益是所有者对企业资产的剩余索取权，它是企业资产中扣除债权人权益后应由所有者享有的部分，既可反映所有者投入资本的保值增值情况，又体现了保护债权人权益的理念。

2. 所有者权益的来源构成

所有者权益的来源包括所有者投入的资本、直接计入所有者权益的利得和损失（其他综合收益）、留存收益等，通常由股本（或实收资本）、资本公积（含股本溢价或资本溢价、其他资本公积）、盈余公积和未分配利润构成。商业银行等金融企业在税后利润中提取的一般风险准备也构成所有者权益。

所有者投入的资本是指所有者投入企业的所有资本，它既包括构成企业注册资本或股本部分的金额，也包括投入资本超过注册资本或股本部分的金额，即资本溢价或股本溢价，这部分投入资本在我国企业会计准则体系中被计入了资本公积，并在资产负债表中的资本公积项目下反映。

直接计入所有者权益的利得和损失，是指不应计入当期损益、会导致所有者权益发生增减变动的、与所有者投入资本或者向所有者分配利润无关的利得或损失。其中，利得是指由企业非日常活动所形成的、会导致所有者权益增加的、与所有者投入资本无关的经济利益的流入；损失是指由企业非日常活动所发生的、会导致所有者权益减少的、与向所有者分配利润无关的经济利益的流出。直接计入所有者权益的利得和损失主要包括可供出售金融资产的公允价值变动额、现金流量套期中套期工具公允价值变动额（有效套期部分）等。

留存收益是企业历年实现的净利润留存于企业的部分，主要包括累计计提的盈余公积和未分配利润。

3. 所有者权益的确认条件

所有者权益体现的是所有者在企业中的剩余权益，因此所有者权益的确认主要依赖于其他会计要素，尤其是资产和负债的确认；所有者权益金额的确定也主要取决于资产和负债的计量。例如，企业接受投资者投入的资产，在该资产符合企业资产确认条件时，就相应地符合了所有者权益的确认条件；当该资产的价值能够可靠计量时，所有者权益的金额也就可以确定。

（四）收入的定义及其确认条件

1. 收入的定义

收入，是指企业在日常活动中形成的、会导致所有者权益增加的、与所有者投入资本无关的经济利益的总流入。根据收入的定义，收入具有以下几方面的特征：

（1）收入是企业在日常活动中形成的。日常活动是指企业为完成其经营目标所从事的经常性活动以及与之相关的活动。例如工业企业制造并销售产品、商业企业销售商品、保险公司签发保单、咨询公司提供咨询服务、软件企业为客户开发软件、安装公司提供安装服务、商业银行对外贷款、租赁公司出租资产等均属于企业的日常活动。明确界定日常活动是为了将收入与利得相区分，因为企业非日常活动所形成的经济利益的流入不能确认为收入，而应当计入利得。

（2）收入是与所有者投入资本无关的经济利益的总流入。收入应当会导致经济利益的流入，从而导致资产的增加。例如，企业销售商品，应当收到现金或者在未来有权收到现金，才表明该交易符合收入的定义。但是在实务中，经济利益的流入有时是所有者投入资本的增加所导致的，所有者投入资本的增加不应当确认为收入，应当将其直接确认为所有者权益。

（3）收入会导致所有者权益的增加。与收入相关的经济利益的流入应当会导致所有者权益的增加；不会导致所有者权益增加的经济利益的流入不符合收入的定义，不应确认为收入。例如，企业向银行借入款项，尽管也导致了企业经济利益的流入，但该流入并不导致所有者权益的增加，反而使企业承担了一项现时义务。企业对于因借入款项所导致的经济利益的增加，不应将其确认为收入，而应当确认为一项负债。

2. 收入的确认条件

企业收入的来源渠道多种多样，不同收入来源的特征有所不同，其收入确认条件也往往存在差别，如销售商品、提供劳务、让渡资产使用权等。一般而言，收入只有在经济利益很可能流入从而导致企业资产增加或者负债减少且经济利益的流入额能够可靠计量时才能予以确认。即收入的确认至少应当符合以下条件：

（1）与收入相关的经济利益应当很可能流入企业。

（2）经济利益流入企业的结果会导致资产的增加或者负债的减少。

（3）经济利益的流入额能够可靠计量。

（五）费用的定义及其确认条件

1. 费用的定义

费用，是指企业在日常活动中发生的、会导致所有者权益减少的、与向所有者分配利润无关的经济利益的总流出。根据费用的定义，费用具有以下几方面的特征：

（1）费用是企业在日常活动中形成的。费用必须是企业在其日常活动中所形成的，这些日常活动的界定与收入定义中涉及的日常活动的界定相一致。因日常活动所产生的费用通常包括销售成本（营业成本）、职工薪酬、折旧费、无形资产摊销等。将费用界定为日常活动所形成的是为了将其与损失相区分，企业非日常活动所形成的经济利益的流出不能确认为费用，而应当计入损失。

（2）费用是与向所有者分配利润无关的经济利益的总流出。费用的发生应当会导致经济利益的流出，从而导致资产的减少或者负债的增加（最终也会导致资产的减少）。其表现形式包括现金或现金等价物的流出，存货、固定资产和无形资产等的流出或消耗等。鉴于企业向所有者分配利润也会导致经济利益的流出，而该经济利益的流出显然属于所有者权益的抵减项目，不应确认为费用，应当将其排除在费用的定义之外。

（3）费用会导致所有者权益的减少。与费用相关的经济利益的流出应当会导致所有者权益的减少，不会导致所有者权益减少的经济利益的流出不符合费用的定义，不应确认为费用。

2. 费用的确认条件

费用的确认除了应当符合定义外，也应当满足严格的条件，即费用只有在经济利益很可能流出从而导致企业资产减少或者负债增加且经济利益的流出额能够可靠计量时才能予以确认。因此，费用的确认至少应当符合以下条件：

（1）与费用相关的经济利益应当很可能流出企业。

（2）经济利益流出企业的结果会导致资产的减少或者负债的增加。

（3）经济利益的流出额能够可靠计量。

（六）利润的定义及其确认条件

1. 利润的定义

利润，是指企业在一定会计期间的经营成果。通常情况下，如果企业实现了利润，表明企业的所有者权益将增加，业绩得到了提升；反之，如果企业发生了亏损（即利润为负数），表明企业的所有者权益将减少，业绩下滑了。因此，利润往往是评价企业管理层业绩的一项重要指标，也是投资者等财务报告使用者进行决策时的重要参考。

2. 利润的来源构成

利润包括收入减去费用后的净额、直接计入当期利润的利得和损失等。其中收入减去费用后的净额反映的是企业日常活动的业绩，直接计入当期利润的利得和损失反映的是企业非日常活动的业绩。直接计入当期利润的利得和损失，是指应当计入当期损益、最终会引起所有者权益发生增减变动的、与所有者投入资本或者向所有者分配利润无关的利得或损失。企业应当严格区分收入和利得、费用和损失，以更加全面地反映企业的经营业绩。

3. 利润的确认条件

利润反映的是收入减去费用、利得减去损失后的净额，因此，利润的确认主要依赖于收入和费用以及利得和损失的确认，其金额的确定也主要取决于收入、费用、利得和损失金额的计量。

第四节　会计信息的质量要求

会计信息的质量要求

会计信息的质量要求是对企业财务报告中所提供会计信息质量的基本要求，是使财务报告中所提供会计信息对投资者等使用者决策有用应具备的基本特征，主要包括可靠性、相关性、可理解性、可比性、实质重于形式、重要性、谨慎性、及时性。

（一）可靠性

可靠性要求企业应当以实际发生的交易或事项为依据进行确认、计量和报告，如实反映符合确认和计量要求的各项会计要素及其他相关信息，保证会计信息真实可靠、内容完整。

（1）会计信息要有用，必须以可靠为基础。如果财务报告所提供的会计信息是不可靠的，就会对投资者等使用者的决策产生误导甚至损失。为了贯彻可靠性要求，企业应当做到：以实际发生的交易或事项为依据进行确认、计量，将符合会计要素定义及其确认条件的资产、负债、所有者权益、收入、费用和利润等如实反映在财务报表中，不得根据虚构的、没有发生的或者尚未发生的交易或事项进行确认、计量和报告。

（2）在符合重要性和成本效益原则的前提下保证会计信息的完整性，其中包括应当编报的报表及其附注内容等应当保持完整，不能随意遗漏或者减少应予披露的信息，与使用者决策相关的有用信息都应当充分披露。

（3）包括在财务报告中的会计信息应当是中立的、无偏的。如果企业在财务报告中为了达到事先设定的结果或效果，通过选择或列示有关会计信息以影响决策和判断，这样的财务报告信息就不是中立的。

（二）相关性

相关性要求企业提供的会计信息应当与投资者等财务报告使用者的经济决策需要相关，有助于投资者等财务报告使用者对企业过去、现在或未来的情况作出评价或预测。

会计信息是否有用、是否具有价值，关键是看其与使用者的决策需要是否相关、是否有助于决策或提高决策水平。相关的会计信息应当能够有助于使用者评价企业过去的决策，证实或者修正过去的有关预测，因而具有反馈价值。相关的会计信息还应当具有预测价值，有助于使用者根据财务报告所提供的会计信息预测企业未来的财务状况、经营成果和现金流量。例如区分收入和利得、费用和损失，区分流动资产和非流动资产、流动负债和非流动负债，以及适度引入公允价值等，都可以提高会计信息的预测价值，进而提升会计信息的相关性。

会计信息质量的相关性要求，需要企业在确认、计量和报告会计信息的过程中充分考虑使用者的决策模式和信息需要。但相关性是以可靠性为基础的，两者之间并不矛盾，不应将两者对立起来。也就是说，会计信息在可靠性前提下，尽可能地做到相关性，以满足投资者等财务报告使用者的决策需要。

（三）可理解性

可理解性要求企业提供的会计信息应当清晰明了，便于投资者等财务报告使用者理解和使用。

企业编制财务报告、提供会计信息的目的在于使用，而要让使用者有效地使用会计信息，应当能让其了解会计信息的内涵，弄懂会计信息的内容，这就要求财务报告所提供的会计信息清晰明了，易于理解。只有这样，才能提高会计信息的有用性，实现财务报告的目标，满足向投资者等财务报告使用者提供决策有用信息的要求。

会计信息毕竟是一种专业性较强的信息产品，在强调会计信息可理解性的同时，还应假定使用者具有一定的有关企业经营活动和会计方面的知识，并且愿意付出努力去研究这些信息。对于某些复杂的信息，如交易本身较为复杂或者会计处理较为复杂，但其与使用者的经济决策相关，企业就应当在财务报告中予以充分披露。

（四）可比性

可比性要求企业提供的会计信息应当相互可比。其主要包括以下两层含义：

（1）同一企业不同时期可比。

为了便于投资者等财务报告使用者了解企业财务状况、经营成果和现金流量的变化趋势，比较企业在不同时期的财务报告信息，全面、客观地评价过去、预测未来，从而作出决策，会计信息应当可比。会计信息质量的可比性要求同一企业不同时期发生的相同或相似的交易或事项应当采用一致的会计政策，不得随意变更。但是，满足会计信息可比性要求，并非表明企业不得变更会计政策，如果按照规定或者在会计政策变更后可以提供更可靠、更相关的会计信息，则可以变更会计政策。有关会计政策变更的情况应当在附注中予以说明。

（2）不同企业相同会计期间可比。

为了便于投资者等财务报告使用者评价不同企业的财务状况、经营成果和现金流量及其变动情况，会计信息质量的可比性要求不同企业同一会计期间发生的相同或相似的交易或事项，应当采用相同或相似的会计政策，确保会计信息口径一致、相互可比，以使不同企业按照一致的确认、计量和报告要求提供有关会计信息。

（五）实质重于形式

实质重于形式要求企业应当按照交易或事项的经济实质进行会计确认、计量和报告，而不仅仅以交易或事项的法律形式为依据。

企业发生的交易或事项在多数情况下，其经济实质和法律形式是一致的。但在某些特定情况下，会出现不一致。例如，以融资租赁方式租入的资产，虽然从法律形式来讲企业并不拥有其所有权，但是由于租赁合同中规定的租赁期相当长，接近于该资产的使用寿命；租赁期结束时承租企业有优先购买该资产的选择权；在租赁期内承租企业有权支配资产并从中受益等，因此，从其经济实质来看，企业能够控制融资租入资产所创造的未来经济利益，在会计确认、计量和报告上就应当将以融资租赁方式租入的资产视为企业的资产，列入企业的资产负债表。

（六）重要性

重要性要求企业提供的会计信息应当反映与企业财务状况、经营成果和现金流量有关的所有重要交易或事项。在实务中，如果会计信息的省略或错报会影响投资者等财务报告使用者的决策判断，该信息就具有重要性。重要性的应用需要依赖职业判断，企业应当根据其所处环境和实际情况，从项目的性质和金额大小两方面加以判断。

（七）谨慎性

谨慎性要求企业在对交易或事项进行会计确认、计量和报告时应当保持应有的谨慎，不应高估资产或收益，低估负债或费用。

在市场经济环境下，企业的生产经营活动面临着许多风险和不确定性，如应收款项的可收回性、固定资产的使用寿命、无形资产的使用寿命、售出存货可能发生的退货或返修等。会计信息质量的谨慎性要求，需要企业在面临不确定性因素的情况下作出职业判断时，应当保持应有的谨慎，充分估计各种风险和损失，既不高估资产或收益，也不低估负债或费用。例如，要求企业对可能发生的资产减值损失计提资产减值准备、对售出商品可能发生的保修义务等确认预计负债等，就体现了会计信息质量的谨慎性要求。

谨慎性的应用不允许企业设置秘密准备。如果企业故意低估资产或收益，或者故意高估负债或费用，则不符合会计信息的可靠性和相关性要求，损害会计信息质量，扭曲企业实际的财务状况和经营成果，从而对使用者的决策产生误导，这是不符合会计准则要求的。

（八）及时性

及时性要求企业对于已经发生的交易或事项，应当及时进行确认、计量和报告，不得提前或者延后。会计信息的价值在于帮助所有者或者其他方面作出经济决策，具有时效性。即使是可靠、相关的会计信息，如果不及时提供，就失去了时效性，对于使用者的效果就大大降低，甚至不再具有实际意义。在会计确认、计量和报告过程中贯彻及时性，一是要求及时收集会计信息，即在经济交易或事项发生后，及时收集整理各种原始单据或凭证；二是要求及时处理会计信息，即按照会计准则的规定，及时对经济交易或事项进行确认或计量，并编制财务报告；三是要求及时传递会计信息，即按照国家规定的有关时限，及时地将编制的财务报告传递给财务报告使用者，便于其及时使用和决策。

在实务中，为了及时提供会计信息，可能需要在有关交易或事项的信息全部获得之前即进行会计处理，这样虽然满足了会计信息的及时性要求，但可能会影响会计信息的可靠性；反之，如果企业等到与交易或事项有关的全部信息获得之后再进行会计处理，这样的信息披露虽然提高了信息的可靠性，但可能会由于时效性问题大大降低对投资者等财务报告使用者决策的有用性。这就需要在及时性和可靠性之间进行相应权衡，以投资者等财务报告使用者的经济决策需要为判断标准。

导入案例分析：小张的亲戚对会计的认识显然比较片面。可以从会计的职能、会计手段的进步、会计所担负的任务等角度展开分析。

第二章　货 币 资 金

学习目标

1. 掌握库存现金和银行存款的相关账务处理。
2. 理解其他货币资金的内容及相关账务处理。
3. 了解货币资金的内涵、货币资金内控制度、现金管理制度。

知识框架

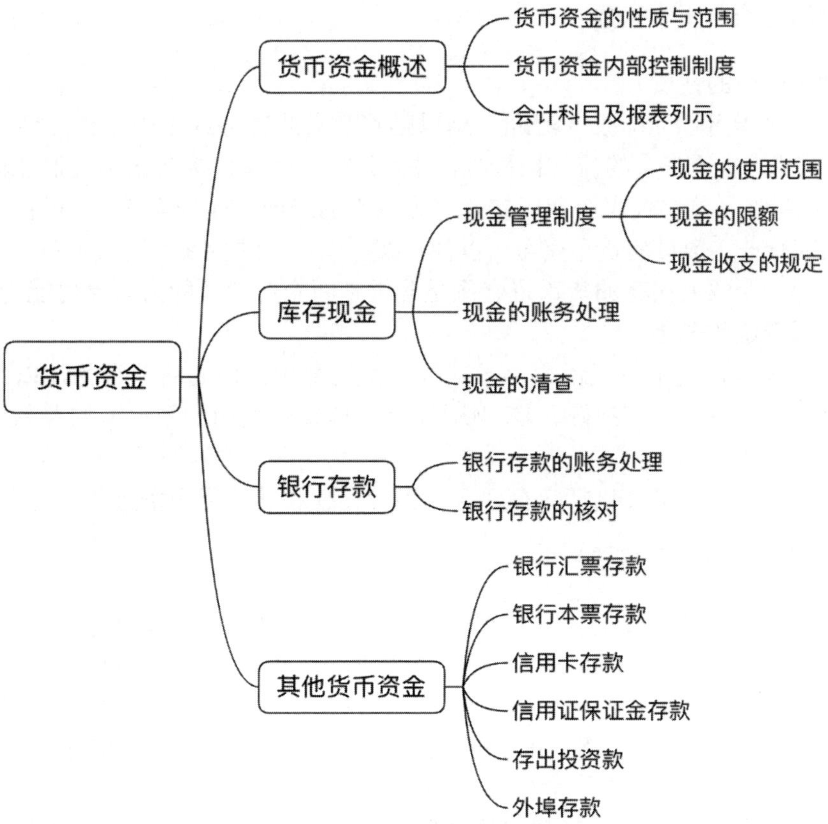

导入案例

案例：华钢股份公司出纳小王刚参加工作不久，对货币资金业务管理和核算的相关规定不甚了解，故出现一些不应有的错误，有两件事情让他印象深刻，至今记忆犹新。第一件事是，在20×1年10月8日和12日两天的现金业务结束后例行的现金清查中，分别发现现金短缺

50元和现金溢余20元，对此他反复思考也弄不明白原因。为了保全自己的面子和息事宁人，同时又考虑到两次账实不符的金额很小，他决定采取下列办法进行处理：现金短缺50元，自掏腰包补齐；现金溢余20元，暂时收起。第二件事是，华钢股份公司经常对其银行存款的实有额心中无数，甚至有时会影响公司日常业务的结算，公司经理因此指派有关人员检查小王的工作，结果发现，小王每次编制银行存款余额调节表时只根据公司银行存款日记账的余额加或减对账单中企业的未入账款项来确定公司银行存款的实有数，而且每次做完此项工作以后小王就立即将这些未入账的款项登记入账。

案例思考：

（1）小王对上述两项的业务的处理是否正确，为什么？

（2）结合实际，你能给出正确答案吗？

第一节　货币资金概述

货币资金概述

一、货币资金的性质与范围

（一）货币资金的性质

货币资金，是指可以立即投入流通，用以购买商品或劳务或者用以偿还债务的交换媒介物。在流动资产中，货币资金的流动性最强，并且是唯一能够直接转化为其他任何资产形态的流动性资产，也是唯一能够代表企业现实购买力水平的资产。为了确保生产经营活动的正常进行，企业必须拥有一定数量的货币资金，以便购买材料、交纳税费、发放工资、支付利息及股利或进行投资等。企业所拥有的货币资金额是分析判断企业偿债能力与支付能力的重要指标。

（二）货币资金的范围

货币资金一般包括硬币、纸币、存于银行或其他金融机构的活期存款，以及本票和汇票存款等可以立即支付使用的交换媒介物。凡是不能立即支付使用的银行冻结存款等一般不能视为货币资金。

从其内容上看，货币资金包括库存现金、银行存款和其他货币资金。

二、货币资金内部控制制度

内部控制制度是企业重要的内部管理制度，指处理各种业务活动时依照分工负责的原则在有关人员之间建立的相互联系、相互制约的管理体系。货币资金的内部控制制度是企业最重要的内部控制制度，它要求货币资金收支与记录的岗位分离、收支凭证经过有效复核或核准、收支及时入账且收支分开处理、建立严密的清查和核对制度、做到账实相符、制定严格的现金管理及检查制度等。

企业建立的货币资金内部控制制度的具体内容因企业的规模和货币资金收支量而有所不同，但一般应包括以下5项主要内容：

（1）货币资金收支业务的全过程分工完成、各负其责。

（2）货币资金收支业务的会计处理程序制度化。

（3）货币资金收支业务与会计记账分开处理。

（4）货币资金收入与货币资金支出分开处理。

（5）内部稽核人员对货币资金实施制度化的检查。

三、核算货币资金应设置的主要科目及其在会计报表上的列示

货币资金包括库存现金、银行存款、办理结算的本票存款和汇票存款、外埠存款等。不同形式的货币资金有不同的管理方式和管理内容，为了适应货币资金管理的需要，一般设置“库存现金”“银行存款”和“其他货币资金”等科目。其中，“库存现金”科目用以核算企业现有的库存现金，但不包括企业内部周转使用的备用金；“银行存款”科目用以核算企业存入银行或其他金融机构的各种存款，但不包括企业的外埠存款、银行本票存款和银行汇票存款等；“其他货币资金”科目用以核算企业的外埠存款、银行汇票存款、银行本票存款等；

为了总括反映企业货币资金的基本情况，资产负债表上一般只列示“货币资金”项目，不再按货币资金的各组成项目单独列示。

第二节 库 存 现 金

库存现金

库存现金，是指存放于企业财会部门、由出纳人员经营的货币。库存现金是企业流动性最强的资产，企业应当严格遵守国家和企业有关现金管理制度，正确进行现金收支的核算，监督现金使用的合法性与合理性。

一、现金管理制度

根据国务院发布的《现金管理暂行条例》的规定，企业现金管理制度主要包括下述内容。

1. 现金的使用范围

企业可用现金支付的款项有：

（1）职工工资、津贴。

（2）个人劳务报酬。

（3）根据国家规定颁发给个人的科学技术、文化艺术、体育比赛等各种奖金。

（4）各种劳保、福利费用以及国家规定的对个人的其他支出。

（5）向个人收购农副产品和其他物资的价款。

（6）出差人员必须随身携带的差旅费。

（7）结算起点（1 000 元）以下的零星支出。

（8）中国人民银行确定需要支付现金的其他支出。

除企业可以现金支付的款项中的第（5）项和第（6）项外，开户单位支付给个人的款项超过使用现金限额的部分，应当以支票或银行本票等方式支付；确需全额支付现金的，经开户银行审核后予以支付现金。

2. 现金的限额

现金的限额，是指为了保证单位日常零星开支的需要，允许单位留存现金的最高数限。这一限额由开户银行根据单位的实际需要核定，一般按照单位 3～5 天日常零星开支所需确定。边远地区和交通不便地区的开户单位的库存现金限额可按多于 5 天但不超过 15 天的日常零星开支的需要确定。经核定的库存现金限额，开户单位必须严格遵守超过部分应于当日终了前存入银行。需要增加或者减少库存现金限额的，应当向开户银行提出申请，由开户银行核定。

3. 现金收支的规定

开户单位现金收支应当依照以下规定办理：

（1）开户单位现金收入应当于当日送存开户银行；当日送存确有困难的，由开户银行确定送存时间。

（2）开户单位支付现金，可以从本单位库存现金限额中支付或从开户银行提取，不得从本单位的现金收入中直接支付（即坐支）。因特殊情况需要坐支现金的，应当事先报经开户银行审查批准，由开户银行核定坐支范围和限额。坐支单位应当定期向开户银行报送坐支金额和使用情况。

（3）开户单位根据规定从开户银行提取现金时，应当写明用途，由本单位财会部门负责人签字盖章，经开户银行审核后予以支付。

（4）因采购地点不固定、交通不便、生产或市场急需、抢险救灾以及其他特殊情况必须使用现金的，开户单位应当向开户银行提出申请，由本单位财会部门负责人签字盖章，经开户银行审核后予以支付现金。

二、现金的账务处理

为了反映和监督企业库存现金的收入、支出和结存情况，企业应当设置“库存现金”科目，借方登记企业库存现金的增加，贷方登记企业库存现金的减少，期末借方余额反映企业实际持有的库存现金的金额。企业内部各部门周转使用的备用金可以单独设置“备用金”科目进行核算。为了全面、连续地反映和监督库存现金收支和结存情况，企业应当设置库存现金总账和库存现金日记账，分别进行库存现金总分类核算和明细分类核算。

库存现金日记账由出纳人员根据收付款凭证，按照业务发生顺序逐日逐笔登记。每日终了，应当在库存现金日记账上计算出当日的现金收入合计额、现金支出合计额和结存情况，并将库存现金日记账的余额与实际库存现金金额相核对，保证账款相符。月末，库存现金日记账的余额应当与库存现金总账的余额核对，做到账账相符。

三、现金的清查

为了保证现金的安全完整，企业应当按规定对库存现金进行定期和不定期的清查，一般采用实地盘点法，对于清查的结果应当编制现金盘点报告单。如果有挪用现金、白条顶库的情况，应及时予以纠正；对于超限额留存的现金应及时送存银行。如果账款不符，发现有待查明原因的现金短缺或溢余，应先通过“待处理财产损溢”科目核算，按管理权限经批准后分两种情况处理。如为现金短缺，属于应由责任方赔偿的部分，计入其他应收款；属于无法查明原因的，计入管理费用。如为现金溢余，属于应支付给有关人员或单位的，计入其他应付款；属于无法查明原因的，计入营业外收入。

【例 2-1】华钢股份公司根据发生的有关现金清查业务分别编制相关会计分录。

（1）企业进行现金清查，发现长款 180 元，原因待查。

借：库存现金　　180

　　贷：待处理财产损溢——待处理流动资产损溢　　180

（2）经反复核查，仍无法查明长款 180 元的具体原因，经单位领导批准将其转为企业的营业外收入。

借：待处理财产损溢——待处理流动资产损溢　　180

　　贷：营业外收入——现金溢余　　180

（3）现金清查中发现有无法查明具体原因的现金短款 120 元。

借：待处理财产损溢——待处理流动资产损溢　　120

　　贷：库存现金　　120

（4）经核查，上述现金短款系出纳人员××失责造成，应由出纳人员赔偿，向出纳人员发出赔偿通知书。

借：其他应收款——出纳员××　　120

　　贷：待处理财产损溢——待处理流动资产损溢　　120

需要说明的是，企业清查的库存现金损溢，一般应于期末前查明原因，并根据企业的管理权限，报经股东大会、董事会、经理（厂长）会议或类似机构批准后，在期末结账前处理完毕。如果清查的现金损溢在期末前尚未批准，在对外提供财务报告时先按上述原则进行处理，并在财务报表附注中做出说明；如果期后经批准处理的金额与已处理的金额不一致，再按资产负债表日后事项的处理原则调整财务报表相关项目的年初数。

银行存款

第三节　银行存款

银行存款是企业存放在银行或其他金融机构的货币资金。企业应当根据业务需要按照规定在其所在地银行开设账户，运用所开设的账户进行存款、取款以及各种收支转账业务的结算。银行存款的收付应严格执行银行结算制度的规定。

一、银行存款的账务处理

为了反映和监督企业银行存款的收入、支出和结存情况，企业应当设置“银行存款”科目，借方登记企业银行存款的增加，贷方登记企业银行存款的减少，期末借方余额反映期末企业实际持有的银行存款的金额。

企业应当设置银行存款总账和银行存款日记账，分别进行银行存款的总分类核算和序时、明细分类核算。企业可按开户银行和其他金融机构、存款种类等设置银行存款日记账，根据收付款凭证，按照业务的发生顺序逐笔登记。每日终了，应结出余额。

企业将款项存入银行和其他金融机构时，应借记“银行存款”科目，贷记“库存现金”等科目；提取或支付已存入银行和其他金融机构的存款时，借记“库存现金”等科目，贷记“银行存款”科目。

二、银行存款的核对

银行存款日记账应定期与银行对账单核对，至少每月核对一次。企业银行存款账面余额与银行对账单余额之间如有差额，应编制“银行存款余额调节表”予以调节；如没有记账错误，调节后的双方余额应相等。

第四节 其他货币资金

其他货币资金

其他货币资金，是指企业除库存现金、银行存款以外的其他各种货币资金，主要包括银行汇票存款、银行本票存款、信用卡存款、信用证保证金存款、存出投资款和外埠存款等。这些货币资金的存放地点和用途与库存现金、银行存款不同。它们在管理与核算上应与库存现金和银行存款有所不同。

为了反映和监督其他货币资金的收支和结存情况，企业应当设置“其他货币资金”科目，借方登记其他货币资金的增加，贷方登记其他货币资金的减少，期末余额在借方，反映企业实际持有的其他货币资金的金额。“其他货币资金”科目应当按照其他货币资金的种类设置明细科目进行核算。

一、银行汇票存款

银行汇票存款是指企业为取得银行汇票按照规定存入银行的款项。

银行汇票是指由出票银行签发的，由其在见票时按照实际结算金额无条件支付给收款人或持票人的票据。银行汇票的出票银行为银行汇票的付款人。单位和个人各种款项的结算均可使用银行汇票。银行汇票可以用于转账，填明“现金”字样的银行汇票也可用于支取现金。

汇款单位（即申请人）使用银行汇票，应向出票银行填写银行汇票申请书，填明收款人名称、汇票金额、申请人名称、申请日期等事项并签章。签章是其预留银行的签章。出票银行受理银行汇票申请书，收妥款项后签发银行汇票，并用压数机压印出票金额，将银行汇票和解讫通知一并交给申请人。申请人应将银行汇票和解讫通知一并交付给汇票上记明的收款人。收款人受理申请人交付的银行汇票时，应在出票金额以内，根据实际需要的款项办理结算，并将实际结算的金额和多余金额准确、清晰地填入银行汇票和解讫通知的有关栏内，到银行办理款项入账手续。收款人可以将银行汇票背书转让给被背书人。银行汇票的背书转让以不超过出票金额的实际结算金额为准。未填写实际结算金额或实际结算金额超过出票金额的银行汇票，不得背书转让。银行汇票的提示付款期限为自出票日起一个月，持票人超过付款期限提示付款的，银行将不予受理。持票人向银行提示付款时，必须同时提交银行汇票和解讫通知，缺少任何一联，银行不予受理。

银行汇票丧失，失票人可以凭人民法院出具的其享有票据权利的证明向出票银行请求付款或退款。

银行汇票流程如图 2-1 所示。

企业填写银行汇票申请书、将款项交存银行时，借记“其他货币资金——银行汇票”科目，贷记“银行存款”科目；企业持银行汇票购货、收到有关发票账单时，借记“材料采购”“原材料”“库存商品”“应交税费——应交增值税（进项税额）”等科目，贷记“其他货币资金——银行汇票”科目；采购完毕收回剩余款项时，借记“银行存款”科目，贷记“其他货币资金——银行汇票”科目。

销货企业收到银行汇票、填制进账单到开户银行办理款项入账手续时，根据进账请求及销货发票等，借记“银行存款”科目，贷记“主营业务收入”“应交税费——应交增值税（销项税额）”等科目。

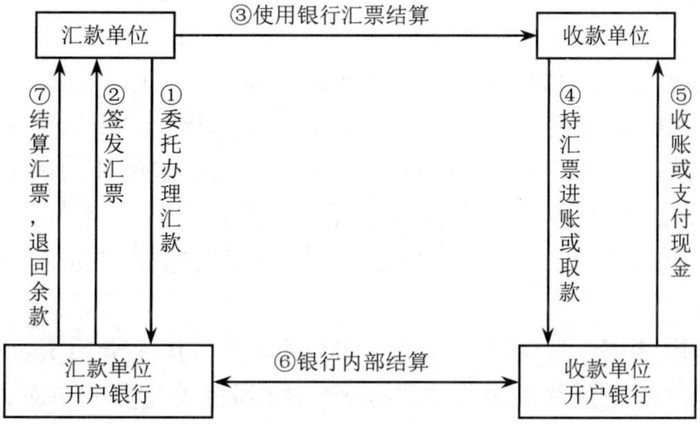

图 2-1　银行汇票流程

【例 2-2】华钢股份公司为增值税一般纳税人，20×1 年 12 月 5 日向银行申请办理银行汇票用以购买原材料，将款项 250 000 元交存银行转作银行汇票存款。根据银行盖章退回申请书存根联，华钢股份公司应编制如下会计分录：

借：其他货币资金——银行汇票　　250 000
　贷：银行存款　　250 000

20×1 年 12 月 10 日，华钢股份公司购入原材料一批已验收入库，取得的增值税专用发票上注明的价款为 200 000 元，增值税税额为 26 000 元，已用银行汇票办理结算，多余款项 24 000 元退回开户银行，公司已收到开户银行转来的银行汇票第四联（多余款收账通知）。华钢股份公司应编制如下会计分录：

（1）用银行汇票结算材料价款和增值税款时：

借：原材料　　200 000
　应交税费——应交增值税（进项税额）　　26 000
　贷：其他货币资金——银行汇票　　226 000

（2）收到退回的银行汇票多余款项时：

借：银行存款　　24 000
　贷：其他货币资金——银行汇票　　24 000

二、银行本票存款

银行本票存款是指企业为了取得银行本票按规定存入银行的款项。

银行本票是指银行签发的，承诺自己在见票时无条件支付确定的金额给收款人或持票人的票据。单位和个人在同一票据交换区域需要支付的各种款项均可使用银行本票。银行本票可以用于转账，注明“现金”字样的银行本票可以用于支取现金。

银行本票分为不定额本票和定额本票两种。定额本票面额为 1 000 元、5 000 元、10 000 元和 50 000 元。银行本票的提示付款期限自出票日起最长不得超过两个月。在有效付款期内，银行见票付款。持票人超过提示付款期限付款的，银行不予受理。

申请人使用银行本票，应向银行填写银行本票申请书。申请人或收款人为单位的，不得申请签发现金银行本票。出票银行受理银行本票申请书，收妥款项后签发银行本票，在本票上签章后交给申请人。申请人应将银行本票交付给本票上记明的收款人。收款人可以将银行本票背书转让给被背书人。

申请人因银行本票超过提示付款期限或其他原因要求退款时，应将银行本票提交到出票银行并出具单位证明。根据银行盖章退回的进账单第一联，借记“银行存款”科目，贷记“其他货币资金——银行本票”科目。出票银行对于在本行开立存款账户的申请人，只能将款项转入原申请人账户；对于现金银行本票和未到本行开立存款账户的申请人，才能退付现金。

银行本票丧失，失票人可以凭人民法院出具的其享有票据权利的证明向出票银行请求付款或退款。

企业填写银行本票申请书、将款项交存银行时，借记“其他货币资金——银行本票”科目，贷记“银行存款”科目；企业持银行本票购货，收到有关发票账单时，借记“材料采购”“原材料”“库存商品”“应交税费——应交增值税（进项税额）”等科目，贷记“其他货币资金——银行本票”科目。

销货企业收到银行本票、填制进账单到开户银行办理款项入账手续时，根据进账单及销货发票等，借记“银行存款”科目，贷记“主营业务收入”“应交税费——应交增值税（销项税额）”等科目。

【例 2-3】华钢股份公司为增值税一般纳税人，为取得银行本票，向银行填交银行本票申请书，并将 11 300 元银行存款转作银行本票存款。公司取得银行本票后，应根据银行盖章退回的银行本票申请书存根联填制银行付款凭证。华钢股份公司应编制如下会计分录：

借：其他货币资金——银行本票	11 300	
贷：银行存款		11 300

华钢股份公司用银行本票购买办公用品 10 000 元，增值税专用发票上注明增值税税额 1 300 元。华钢股份公司应编制如下会计分录：

借：管理费用	10 000	
应交税费——应交增值税（进项税额）	1 300	
贷：其他货币资金——银行本票		11 300

三、信用卡存款

信用卡存款是指企业为取得信用卡而存入银行信用卡专户的款项。信用卡是银行卡的一种。

凡在中国境内金融机构开立基本存款账户的单位可申领单位卡。单位卡可申领若干张，持卡人资格由申领单位法定代表人或其委托的代理人书面指定和注销。单位卡账户的资金一律从其基本存款账户转账存入，不得交存现金，不得将销货收的款项存入其账户。持卡人可持信用卡在特约单位购物、消费，但单位卡不得用于 10 万元以上的商品交易、劳务供应款项的结算，不得支取现金。特约单位在每日营业终了，应将当日受理的信用卡签购单汇总，计算手续费和净额，并填写汇（总）计单和进账单，连同签购单一并送交收单银行办理进账。

企业申领信用卡应填制信用卡申请表，连同支票和有关资料一并送存发卡银行，根据银行盖章退回的进账单第一联，借记“其他货币资金——信用卡”科目，贷记“银行存款”科目；企业用信用卡购物或支付有关费用，收到开户银行转来的信用融资付款凭证及所附发票账单，借记“管理费用”等科目，贷记“其他货币资金——信用卡”科目；企业信用卡在使用过程中，需要向其账户续存资金的，应借记“其他货币资金——信用卡”科目，贷记“银行存款”科目；企业的持卡人如不需要继续使用信用卡，应持信用卡主动到发卡银行办理销户，销卡时，信用卡余额转入企业基本存款户，不得提取现金，借记“银行存款”科目，贷记“其他货币资金——信用卡”科目。

【例 2-4】华钢股份公司于 20×1 年 8 月 24 日向银行申领信用卡，向银行交存 50 000 元。20×1 年 9 月 10 日，该公司用信用卡支付购书款 3 000 元，增值税专用发票上注明的增值税税额为 270 元。华钢股份公司应编制如下会计分录：

借：其他货币资金——信用卡	50 000	
贷：银行存款		50 000
借：管理费用	3 000	
应交税费——应交增值税（进项税额）	270	
贷：其他货币资金——信用卡		3 270

四、信用证保证金存款

信用证有国际信用证和国内信用证之分，以下内容专指国内信用证。

信用证是指银行（包括政策性银行、商业银行、农村合作银行、村镇银行和农村信用社）依照申请人的申请开立的、对相符交单予以付款的承诺。它是以人民币计价、不可撤销的跟单信用证。信用证的开立和转让应当具有真实的贸易背景，适用于银行为国内企事业单位之间货物和服务贸易提供的信用证服务。信用证只限于转账结算，不得支取现金。

信用证保证金存款是指采用信用证结算方式的企业为开具信用证而存入银行信用证保证金专户的款项。企业向银行申请开立信用证，应按规定向银行提交开证申请书、信用证申请人承诺书和购销合同。

企业填写信用证申请书，将信用证保证金交存银行时，应根据银行盖章退回的信用证申请书回单，借记“其他货币资金——信用证保证金”科目，贷记“银行存款”科目；企业接到开证行通知，根据供货单位信用证结算凭证及所附发票账单，借记“材料采购”“原材料”“库存商品”“应交税费——应交增值税（进项税额）”等科目，贷记“其他货币资金——信用证保证金”科目；将未用完的信用证保证金存款余额转回开户银行时，借记“银行存款”科目，贷记“其他货币资金——信用证保证金”科目。

五、存出投资款

存出投资款是指企业为购买股票、债券、基金等根据有关规定存入在证券公司指定银行开立的投资款专户的款项。

企业向证券公司划出资金时，应按实际划出的金额，借记“其他货币资金——存出投资款”科目，贷记“银行存款”科目；购买股票、债券、基金等时，借记“交易性金融资产”等科目，贷记“其他货币资金——存出投资款”科目。

六、外埠存款

外埠存款是指企业为了到外地进行临时或零星采购而汇往采购地银行开立采购专户的款项。

企业将款项汇往外地时，应填写汇款委托书，委托开户银行办理汇款。汇入地银行以汇款单位名义开立临时采购账户，该账户的存款不计利息、只付不收、付完清户，除了采购人员可从中提取少量现金外，一律采用转账结算。

企业将款项汇往外地开立采购专用账户，根据汇出款项凭证编制付款凭证时，借记“其他货币资金——外埠存款”科目，贷记“银行存款”科目；收到采购人员转来供应单位发票账单等报销凭证时，借记“材料采购”“原材料”“库存商品”“应交税费——应交增值税（进项税额）”等科目，贷记“其他货币资金——外埠存款”科目；采购完毕收回剩余款项时，根据银行的收账通知，借记“银行存款”科目，贷记“其他货币资金——外埠存款”科目。

导入案例分析：

（1）小王对上述两项业务的处理是错误的。

（2）按照会计制度和现金管理管理要求，在现金清查过程中发现现金短缺或者溢余应及时向部门主管汇报，待查明原因后据实做相关的业务处理。

（3）对银行存款日记账与银行对账单期末余额不符的情况，首先是将银行存款日记账与银行对账单逐一核对，查清未达款项，并编制银行存款余额调节表，确认调节后的余额是否相符。如果不符，肯定账务处理有问题；如果相符，确认可以动用的银行存款余额即为调节后的余额，不用做账务处理，等收到业务发生的单据再做相应的账务处理。

第三章　存　　货

学习目标

1. 掌握存货的初始确认和计量、原材料按实际成本计量取得和发出的核算、存货可变现净值的确定方法、存货跌价准备的核算。

2. 理解存货的分类、原材料按计划成本计量取得和发出的核算、存货成本与可变现净值的比较方法。

3. 了解存货的概念、存货发生减值的迹象。

知识框架

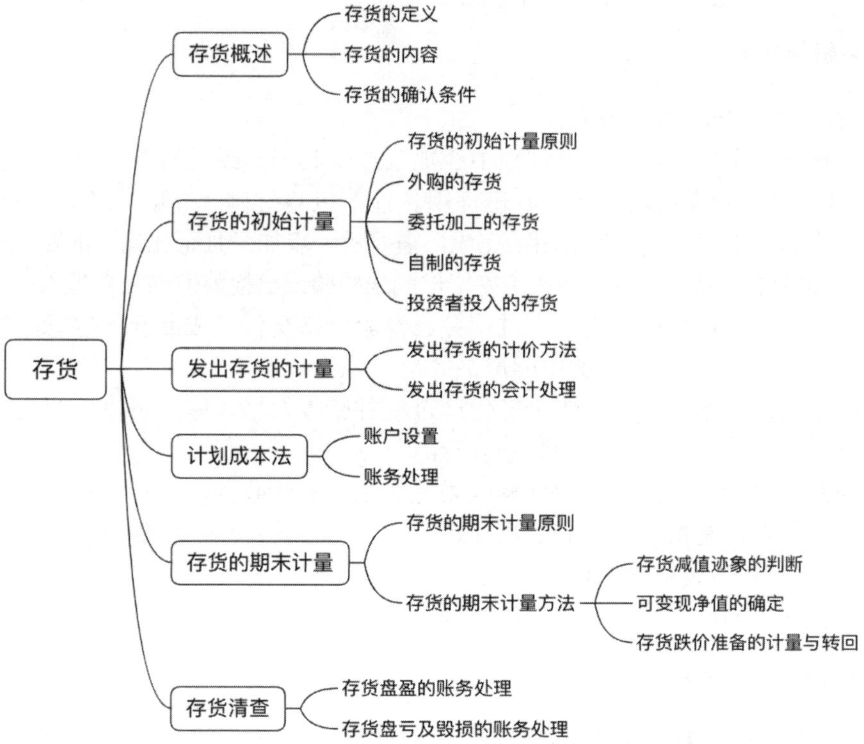

导入案例

案例：华钢股份公司的材料仓库里有生产产品用的钢材 300 千克，由于是分三批购入的，每批钢材的单价不同，第一批钢材购入 100 千克，单价为每千克 6 元；第二批钢材购入 100 千克，单价为每千克 8 元；第三批钢材购入 100 千克，单价为每千克 10 元。现生产车间从材料仓库领用 220 千克。

案例思考：

（1）发出的 220 千克钢材的成本为多少？

（2）期末结存的 80 千克钢材的价值为多少？

第一节 存货概述

存货的确认与初始计量

一、存货的定义

存货，是指企业在日常活动中持有以备出售的产成品或商品、处在生产过程中的在产品、在生产或提供劳务过程中耗用的材料和物料等。存货是企业一项重要的流动资产。

企业持有的产成品或商品、材料和物料等可能是企业的一项存货，但是并非所有的商品、材料和物料等都一定是存货。企业持有存货的目的是最终出售或者在生产过程或提供劳务过程中被耗用，企业在判断一项资产是否属于存货时，必须考虑持有该资产的目的。例如，为建造固定资产等各项工程而储备的各种材料，虽然同属于材料，但是由于用于建造固定资产等各项工程，不符合存货的定义，因此不能作为企业存货。

二、存货的内容

企业的存货主要包括以下内容：

（1）原材料：是指企业在生产过程中经加工改变其形态或性质并构成产品主要实体的各种原料及主要材料、辅助材料、燃料、修理用备件、包装材料、外购半成品（外购件）等。

（2）在产品：是指在企业尚未加工完成，需要进一步加工且正在加工的在制品，包括正在各个生产工序加工的产品，以及已经加工完毕但尚未检验或已检验但尚未办理入库手续的产品。

（3）半成品：是指经过一定生产过程并已检验合格交付半成品仓库保管，但尚未制造完工成为产成品，仍需进一步加工的中间产品。

（4）产成品：是指企业已完成全部生产过程并验收合格入库，可以按照合同规定的条件送交订货单位或可以作为商品对外销售的产品。

（5）商品：是指商品流通企业外购或委托加工完成验收入库用于销售的各种商品。

（6）周转材料：是指企业能够多次使用、逐渐转移其价值，仍保持原有形态，不确认为固定资产的材料，如包装物和低值易耗品。

（7）委托代销商品：是指企业委托其他单位代销的商品。

三、存货的确认条件

要将一项资源确认为企业的存货，除了需要满足存货的定义，还需要同时满足以下两个条件，才能予以确认：

（1）与该存货有关的经济利益很可能流入企业。企业在确认存货时，需要判断与该项存货相关的经济利益是否很可能流入企业。在实务中，主要通过判断与该项存货所有权相关的风险和报酬是否转移到了企业来确定。其中，与存货所有权相关的风险，是指由于经营情况发生变化造成的相关收益的变动，以及由于存货滞销、毁损等原因造成的损失；与存货所有权相关的报酬，是指在初步该项存货或其经过进一步加工取得的其他存货时获得的收入，以及处置该项存货实现的利润等。

通常情况下，取得存货的所有权是与存货相关的经济利益很可能流入本企业的一个重要标志。例如，根据销售合同已经售出（取得现金或收取现金的权利）的存货，其所有权已经转移，与其相关的经济利益已不能再流入本企业，此时，即使该项存货尚未运离本企业，也不能再确认为本企业的存货。又如，委托代销商品，由于其所有权并未转移至受托方，因而委托代销的商品仍应当确认为委托企业存货的一部分。总之，企业在判断与存货相关的经济利益能否流入企业时主要结合该项存货所有权的归属情况进行分析确定。

（2）该存货的成本能够可靠地计量。作为企业资产的组成部分，要确认存货，企业必须能够对其成本进行可靠的计量。存货的成本能够可靠地计量必须以取得确凿、可靠的证据为依据，并且具有可验证性。如果存货成本不能可靠地计量，则不能确认为一项存货。例如，企业承诺的订货合同，由于并未实际发生，不能可靠确定其成本，因此就不能确认为购买企业的存货。又如，企业预计发生的制造费用，由于并未实际发生，不能可靠地确定其成本，因此不能计入产品成本。

第二节　存货的初始计量

一、存货的初始计量原则

存货应当按照成本进行初始计量。存货成本包括采购成本、加工成本和其他成本。

存货的采购成本，包括购买价款、相关税费、运输费、装卸费、保险费，以及其他可归属于存货采购成本的费用。

存货的加工成本，包括直接人工以及按照一定方法分配的制造费用。制造费用，是指企业为生产产品和提供劳务而发生的各项间接费用。企业应当根据制造费用的性质合理地选择制造费用分配方法。在同一生产过程中，同时生产两种或两种以上的产品，并且每种产品的加工成本不能直接区分的，其加工成本应当按照合理的方法在各种产品之间进行分配。

存货的其他成本，是指除采购成本、加工成本以外的，使存货达到目前场所和状态所发生的其他支出。

下列费用应当在发生时确认为当期损益，不计入存货成本：

（1）非正常消耗的直接材料、直接人工和制造费用。

（2）仓储费用（不包括在生产过程中为达到下一个生产阶段所必需的费用）。

（3）不能归属于使存货达到目前场所和状态的其他支出。

由于企业取得存货的方式不同，存货成本的内容不尽相同，而存货的取得方式主要包括外购、自制、委托加工、投资者投入、通过债务重组取得和通过非货币性资产交换取得等，下面就企业常见的存货取得方式介绍存货的初始确认与计量。

二、外购的存货

（一）外购存货的计量内容

外购存货的成本即存货的采购成本，指企业物资从采购到入库前所发生的全部支出，包括购买价款、相关税费、运输费、装卸费、保险费，以及其他可归属于存货采购成本的费用。

（1）购买价款，是指企业购入材料或商品的发票账单上列明的价款，但不包括按规定可以抵扣的增值税进项税额。

（2）相关税费，是指企业购买、自制或委托加工存货发生的进口关税、消费税、资源税和不能抵扣的增值税进项税额等。

（3）其他可归属于存货采购成本的费用，即采购成本中除上述各项以外的可归属于存货采购成本的费用，如在存货采购过程中发生的仓储费、包装费、运输途中的合理损耗、入库前的挑选整理费用等。

对于采购过程中发生的物资毁损、短缺等，除合理的途耗应当作为存货的其他可归属于存货采购成本的费用计入采购成本外，应区别不同情况进行会计处理：

1）应从供货单位、外部运输机构等收回的物资短缺或其他赔款，冲减所购物资的采购成本。

2）因遭受意外灾害发生的损失和尚待查明原因的途中损耗，不得增加物资的采购成本，暂作为待处理财产损溢进行核算，查明原因后再作处理。

商品流通企业在采购商品过程中发生的运输费、装卸费、保险费，以及其他可归属于存货采购成本的费用等，应当计入存货的采购成本，也可以先进行归集，期末再根据所购商品的存销情况进行分摊。对于已售商品的进货费用，计入当期损益；对于未售商品的进货费用，计入期末存货成本。企业采购商品的进货费用金额较小的，可以在发生时直接计入当期损益。

（二）外购存货的会计处理

企业外购的原材料，由于结算方式和采购地点的不同，材料入库和货款的支付在时间上不一定完全同步，相应的会计处理也有所不同。

1. 货款已经结算，同时存货入库

企业应当于支付货款或开出商业汇票，且收到存货办理验收入库手续时，根据发票账单等结算凭证确定的存货采购成本，借记“原材料”“库存商品”“周转材料——包装物”“周转材料——低值易耗品”等科目，按增值税专用发票上注明的增值税税额，借记“应交税费——应交增值税（进项税额）”科目；按照实际结算金额，贷记“银行存款”“应付票据”等科目。

【例 3-1】华钢股份公司购入 A 材料一批，增值税专用发票上记载的货款为 500 000 元，增值税额为 65 000 元，另对方代垫包装费 1 000 元。全部款项已用转账支票付讫，材料已验收入库。华钢股份公司应编制如下会计分录：

借：原材料——A 材料	501 000	
应交税费——应交增值税（进项税额）	65 000	
贷：银行存款		566 000

2. 货款已经结算，存货尚未入库

企业已经支付货款或开出商业汇票，但货物尚未收到时，应设置“在途物资”科目记录存货的实际成本，根据发票账单等结算凭证，借记“在途物资”“应交税费——应交增值税（进项税额）”等科目；贷记“银行存款”“应付票据”等科目。待货物验收入库后再转入“原材料”科目，根据收料单，借记“原材料”“库存商品”等存货科目，贷记“在途物资”科目。

【例 3-2】华钢股份公司采用汇兑结算方式购入 B 材料一批，发票及账单已收到，增值税专用发票记载的货款为 80 000 元，增值税税额为 10 400 元，支付保险费 2 000 元，材料尚未到达。华钢股份公司应编制如下会计分录：

借：在途物资　　82 000
　　应交税费——应交增值税（进项税额）　　10 400
　　贷：银行存款　　92 400

【例 3-3】承例 3-2，上述购入的 B 材料已收到并验收入库。华钢股份公司应编制如下会计分录：

借：原材料　　82 000
　　贷：在途物资　　82 000

3. 货款尚未结算，存货入库

平时在办理这类业务时，根据存货入库的实际数量登记明细账，不进行账务处理；发票账单等结算凭证到达企业办理结算后再编制记账凭证，登记材料明细账的单价和金额。如果月末存货的结算凭证还未到达企业，对入库的存货按暂估金额入账，下月初再用红字冲销，待收到发票账单后按正常方法处理。月末按暂估价借记“原材料”“库存商品”等科目，贷记“应付账款——暂估应付账款”科目；并于下月 1 日冲销，以红字借记“原材料”“库存商品”等科目，贷记“应付账款——暂估应付账款”等科目。

【例 3-4】华钢股份公司购入 C 材料一批，已验收入库，月末发票账单未收到，暂估价为 30 000 元。华钢股份公司应编制如下会计分录：

借：原材料　　30 000
　　贷：应付账款——暂估应付账款　　30 000

下月初再用红字冲销：

借：原材料　　30 000
　　贷：应付账款——暂估应付账款　　30 000

【例 3-5】承例 3-4，上述购入的 C 材料于次月收到发票账单，货款 31 000 元，增值税税额 4 030 元，对方代垫保险费 2 000 元，款项以银行存款支付。华钢股份公司应编制如下会计分录：

借：原材料——C 材料　　33 000
　　应交税费——应交增值税（进项税额）　　4 030
　　贷：银行存款　　37 030

4. 预付款方式采购

企业购入存货，若需要预付部分或全部货款，则应当在预付货款时按照实际预付的金额，借记“预付账款”科目，贷记“银行存款”科目；待货物验收入库后根据发票账单等结算凭证确定的存货采购成本，借记“原材料”“库存商品”等存货科目，按增值税专用发票上注明的增值税税额，借记“应交税费——应交增值税（进项税额）”科目，按实际结算金额，贷记“预付账款”科目。当预付价款小于采购存货所需支付的款项时，应将不足部分补付，借记“预付账款”科目，贷记“银行存款”科目；当预付价款大于采购存货所需支付的款项时，对于收回的多余款项，应借记“银行存款”科目，贷记“预付账款”科目。

【例 3-6】华钢股份公司与××钢厂的购销合同规定，华钢股份公司为购买 D 材料向该钢厂预付 400 000 元货款的 80%，计 320 000 元，货款已通过汇兑方式汇出。华钢股份公司应编制如下会计分录：

借：预付账款——××钢厂　　320 000

贷：银行存款　　320 000

【例 3-7】承例 3-6，华钢股份公司收到该钢厂发来的 D 材料，已验收入库，有关发票账单列明，该批货物的货款为 400 000 元，增值税为 52 000 元，该钢厂代垫运杂费 5 000 元。华钢股份公司已将所欠款项以银行存款付讫。华钢股份公司应编制如下会计分录：

（1）材料验收入库时：

借：原材料——D 材料　　405 000

　　应交税费——应交增值税（进项税额）　　52 000

　　贷：预付账款——××钢厂　　457 000

（2）补付货款时：

借：预付账款——××钢厂　　137 000

　　贷：银行存款　　137 000

三、委托加工的存货

委托外单位加工完成的存货，其成本一般包括实际耗用的原材料或半成品、加工费、运输费、装卸费等费用，以及按规定应计入成本的税金。会计处理主要包括拨付加工物资、支付加工费用和税金、收回加工物资和剩余物资等环节。

1. 拨付加工物资

企业发出用于加工的原材料等物资时，按照发出物资的实际成本，借记“委托加工物资”科目，贷记“原材料”“库存商品”等科目。

2. 支付加工费用和税金

企业除按照加工费标准支付加工费外，还应按加工费的 17%计算交纳增值税。如果按税法规定需要交纳消费税的，还应计算交纳消费税。

结算加工费时，按照应当支付的加工费，借记“委托加工物资”科目，按增值税专用发票上注明的增值税税额，借记“应交税费——应交增值税（进项税额）”科目，贷记“银行存款”“应付账款”等科目。

需要交纳消费税的委托加工物资，由受托方代收代交的消费税，借记“委托加工物资”科目（收回后用于直接销售的）或“应交税费——应交消费税”科目（收回后用于继续生产应税消费品的），贷记“应付账款”“银行存款”等科目。

3. 收回加工物资和剩余物资

委托加工的存货加工完毕、验收入库并收回剩余物资时，按其实际成本，借记“原材料”“库存商品”等科目，贷记“委托加工物资”科目。

【例 3-8】华钢股份公司委托乙公司加工材料一批（属于应税消费品）。原材料成本为 20 000 元，支付的加工费为 7 000 元（不含增值税），消费税税率为 10%，材料加工完成并验收入库，加工费用等已经支付。双方适用的增值税税率为 13%。

华钢股份公司按实际成本核算原材料，编制如下会计分录：

（1）发出委托加工材料。

借：委托加工物资——乙公司　　20 000

　　贷：原材料　　20 000

（2）支付加工费和税金。

消费税=消费税组成计税价格×消费税税率

消费税组成计税价格=材料实际成本+加工费+消费税

消费税组成计税价格=(材料实际成本+加工费)/(1-消费税税率)

消费税组成计税价格=(20 000+7 000)/(1-10%)=30 000（元）

受托方代收代交的消费税税额=30 000×10%=3 000（元）

应交增值税税额=7 000×13%=910（元）

1）华钢股份公司收回加工后的材料用于连续生产应税消费品的：

借：委托加工物资——乙公司　　7 000
　　应交税费——应交增值税（进项税额）　　910
　　　　　　——应交消费税　　3 000
　　贷：银行存款　　10 910

2）华钢股份公司收回加工后的材料直接用于出售的（不高于受托方计税价）：

借：委托加工物资——乙公司　　10 000（7 000+3 000）
　　应交税费——应交增值税（进项税额）　　910
　　贷：银行存款　　10 910

（3）加工完成，收回委托加工材料。

1）华钢股份公司收回加工后的材料用于连续生产应税消费品的：

借：原材料　　27 000（20 000+7 000）
　　贷：委托加工物资——乙公司　　27 000

2）华钢股份公司收回加工后的材料直接用于出售的（不高于受托方计税价）：

借：库存商品　　30 000（20 000+10 000）
　　贷：委托加工物资——乙公司　　30 000

委托加工存货的账务处理如图 3-1 所示。

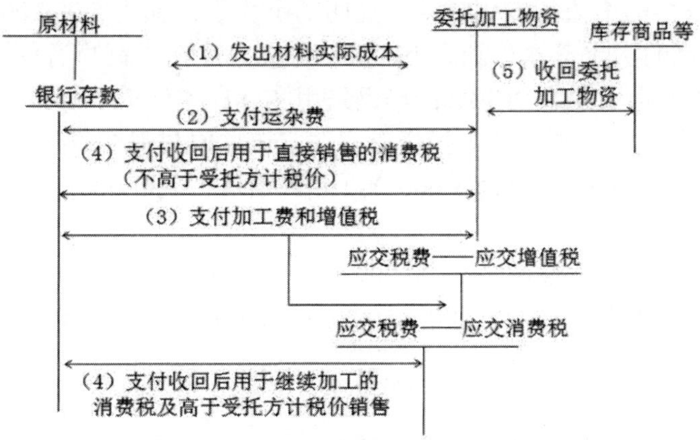

图 3-1　委托加工存货的账务处理

四、自制的存货

自制的存货的初始成本包括投入的直接材料、直接人工和按照一定方式分配的制造费用。制造费用是指企业为生产产品或提供劳务而发生的各项间接费用，包括企业生产部门（如生产车间）管理人员的薪酬、折旧费、办公费、水电费、机物料消耗、劳动保护费、季节性和修理期间的停工损失等。在生产车间只生产一种产品的情况下，企业归集的制造费用可直接计入该产品成本；在生产多种产品的情况下，企业应采用与该制造费用相关性较强的方法对其进行合理分配。通常采用的方法有生产工人工时比例法、生产工人工资比例法、机器工时比例法和按年度计划分配法等，还可以按照耗用原材料的数量或成本、直接成本及产品产量分配制造费用。

在自行制造存货的过程中发生耗用直接材料、结算直接人工和分配制造费用时，借记“生产成本”科目，贷记“原材料”“应付职工薪酬”“制造费用”科目；制造过程结束，自制存货验收入库时，按实际生产成本，借记“原材料”“库存商品”“周转材料——包装物”“周转材料——低值易耗品”等科目，贷记“生产成本”科目。

【例 3-9】公司自制一批原材料，发生的直接材料费用为 2 000 元，直接人工工资为 1 000 元，分配的制造费用为 500 元，合计 3 500 元，该批材料已经完工并验收入库。华钢股份公司应编制如下会计分录：

借：原材料	3 500	
贷：生产成本		3 500

五、投资者投入的存货

接受投资者投入的存货，应当按照投资合同或协议约定的价值，借记“原材料”“库存商品”等科目，按增值税专用发票上注明的增值税税额，借记“应交税费——应交增值税（进项税额）”科目，按投资者在被投资企业注册资本所占份额贷记“实收资本”或“股本”科目，差额记入“资本公积——资本溢价（或股本溢价）”科目。但合同或协议约定价值不公允的除外。

【例 3-10】20×1 年 1 月 1 日，A、B、C 三方共同投资设立了华钢股份公司（简称“华钢”）。A 以其生产的产品作为投资（华钢作为原材料管理和核算），该批产品的公允价值为 5 000 000 元。华钢取得的增值税专用发票上注明的不含税价款为 5 000 000 元，增值税税额为 650 000 元。假定华钢的实收资本总额为 10 000 000 元，A 在华钢享有的份额为 35%。华钢为一般纳税人，适用的增值税税率为 13%；华钢采用实际成本法核算存货。

本例中，由于华钢为一般纳税人，投资合同约定该项原材料的价值为 5 000 000 元，因此，华钢接受的这批原材料的入账价值为 5 000 000 元，增值税 650 000 元单独作为可抵扣的进项税额进行核算。

A 在华钢享有的实收资本金额=10 000 000×35%=3 500 000（元）

A 在华钢投资的资本溢价=5 000 000+650 000-3 500 000=2 150 000（元）

华钢应编制如下会计分录：

借：原材料	5 000 000	
应交税费——应交增值税（进项税额）	650 000	
贷：实收资本——A		3 500 000
资本公积——资本溢价		2 150 000

第三节 发出存货的计量

企业的存货是不断流动的，有流入也有流出，流入与流出相抵后的结余即为期末存货，本期期末存货结转到下期即为下期的期初存货，下期继续流动，就形成了生产经营过程中的存货流转。

存货流转包括实物流转和成本流转两个方面。在理论上，存货的成本流转与其实物流转应当一致，即本期发出存货应按其入库时的实际成本结转，期末结存存货成本为期末结存存货的入库成本。如果存货的品种规格很少，或收发次数很少，或每批入库存货的单位成本相同，则完全可以按照理论上的方法操作。但在实际工作中，企业的存货不仅品种繁多，而且由于存货购入的时间、产地或生产批次不同，相同存货的单位成本往往不一致，很难辨认出所发出存货的入库成本是多少。因此在会计上，计算发出和结存存货成本时需要对存货成本流转进行一些假设，并以此为依据计算本期发出存货和期末结存存货的实际成本。根据对存货成本流动的不同假设就产生了不同的发出存货的计价方法，如先进先出法、月末一次加权平均法、移动加权平均法和个别计价法等。

一、发出存货的计价方法

发出存货的计价方法

企业应当根据各类存货的实物流转形式、企业管理的要求、存货的性质等实际情况合理选择确定发出存货的计价方法，以合理确定当期发出存货的实际成本。

对于性质和用途相似的存货，应当采用相同的成本计算方法确定发出存货的成本。根据我国企业会计准则规定，企业可以选择的发出存货计价方法有四种：先进先出法、月末一次加权平均法、移动加权平均法和个别计价法。

（一）先进先出法

先进先出法是以先购入的存货应先发出（销售或耗用）这样一种实物流转假设为前提，对发出的存货进行计价的方法。采用这种方法，先购入的存货成本在后购入存货成本之前转出，据此确定发出存货和期末存货成本。

【例 3-11】20×1 年 12 月初华钢股份公司结存的 A 商品为 100 件，单位成本为 6 元。12 月份 A 商品的购进、销售和结存情况见表 3-1。

表 3-1 A 商品 20×1 年 12 月购销资料

日期	摘要	收入		发出	
		数量/件	单价/元	数量/件	单价/元
12 月 1 日	期初结存	100	6		
12 月 4 日	销售			80	
12 月 10 日	购进	100	8		
12 月 15 日	销售			60	
12 月 20 日	购进	100	10		
12 月 25 日	销售			80	

华钢股份公司采用先进先出法确定的12月份A商品的发出存货和月末结存存货的成本见表3-2。

表3-2 A商品明细账（简化）

（先进先出法）

20×1年		摘要	收入			发出			结存		
月	日		数量/件	单价/（元·件$^{-1}$）	金额/元	数量/件	单价/（元·件$^{-1}$）	金额/元	数量/件	单价/（元·件$^{-1}$）	金额/元
12	1	期初结存							100	6	600
	4	销售				80	6	480	20	6	120
	10	购进	100	8	800				20	6	120
									100	8	800
	15	销售				20	6	120	60	8	480
						40	8	320			
	20	购进	100	10	1 000				60	8	480
									100	10	1 000
	25	销售				60	8	480	80	10	800
						20	10	200			

（二）月末一次加权平均法

月末一次加权平均法，是指以本月全部进货数量加月初存货数量作为权数，去除当月全部进货成本加月初存货成本，计算出存货的加权平均单位成本，以此为基础计算当月发出存货的成本和期末存货成本的一种方法。

$$加权平均单位成本=\frac{月初结存存货成本+本月收入存货成本}{月初结存存货数量+本月收入存货数量}$$

本月发出存货成本=本月发出存货数量×加权平均单位成本

月末库存存货成本=月末库存存货数量×加权平均单位成本

=月初库存存货实际成本+本月进货实际成本-本月发出存货实际成本

【例3-12】20×1年12月初华钢股份公司结存的A商品为100件，单位成本为6元。12月份A商品的购进、销售和结存情况见表3-1。

12月份A商品的加权平均单位成本、发出存货和结存存货的成本计算如下：

$$12月份A商品的加权平均单位成本=\frac{600+1\ 800}{100+200}=8\ （元/件）$$

12月份发出A商品的成本=220×8=1 760（元）

12月末结存A商品的成本=80×8=600+1 800−1 760=640（元）

华钢股份公司采用月末一次加权平均法确定的12月份A商品的发出存货和月末结存存货的成本见表3-3。

表 3-3 A 商品明细账（简化）

（月末一次加权平均法）

20×1 年		摘要	收入			发出			结存		
月	日		数量/件	单价/（元·件$^{-1}$）	金额/元	数量/件	单价/（元·件$^{-1}$）	金额/元	数量/件	单价/（元·件$^{-1}$）	金额/元
12	1	期初结存							100	6	600
	4	销售				80			20		
	10	购进	100	8	800				120		
	15	销售				60			60		
	20	购进	100	10	1 000				160		
	25	销售				80			80		
	31	合计	200		1 800	220	8	1 760	80	8	640

（三）移动加权平均法

移动加权平均法，是指在每次进货以后，立即为存货计算出新的加权平均单位成本，作为下次发出存货计价基础的一种方法。

$$移动加权平均单位成本=\frac{原有存货成本+本次入库存货成本}{原有存货数量+本次入库存货数量}$$

本次发出存货成本=本次发出存货数量×最近一次移动加权平均单位成本

月末库存存货成本=月末库存存货数量×月末移动加权平均单位成本

【例 3-13】20×1 年 12 月初华钢股份公司结存的 A 商品为 100 件，单位成本为 6 元。12 月份 A 商品的购进、销售和结存情况见表 3-1。

$$12\text{ 月 }10\text{ 日购进商品后移动加权平均单位成本}=\frac{120+800}{20+100}=7.67\text{（元/件）}$$

12 月 10 日结存 A 商品成本=120×7.67=920（元）

12 月 15 日发出 A 商品成本=60×7.67=460（元）

$$12\text{ 月 }20\text{ 日购进商品后移动加权平均单位成本}=\frac{460+1\ 000}{60+100}=9.13$$

12 月 20 日结存 A 商品成本=160×9.13=1 461（元）

12 月 25 日发出 A 商品成本=80×9.13=730（元）

12 月 31 日结存 A 商品的成本=80×9.13=730（元）

华钢股份公司采用移动加权平均法确定的 12 月份 A 商品的发出存货和月末结存存货的成本见表 3-4。

（四）个别计价法

个别计价法，亦称个别认定法、具体辨别法、分批实际法，其特征是注重所发出存货具体项目的实物流转与成本流转之间的联系，逐一辨认各批发出存货和期末存货所属的购进批别或生产批别，分别按其购入或生产时所确定的单位成本计算各批发出存货和期末存货的成本。

表 3-4 A 商品明细账（简化）

（移动加权平均法）

20×1 年		摘要	收入			发出			结存		
月	日		数量/件	单价/（元·件$^{-1}$）	金额/元	数量/件	单价/（元·件$^{-1}$）	金额/元	数量/件	单价/（元·件$^{-1}$）	金额/元
12	1	期初结存							100	6	600
	4	销售				80	6	480	20	6	120
	10	购进	100	8	800				120	7.67	920
	15	销售				60	7.67	460	60	7.67	460
	20	购进	100	10	1 000				160	9.13	1 461
	25	销售				80	9.13	730	80	9.13	730
	31	合计	200		1 800	220		1 670	80		730

【例 3-14】20×1 年 12 月初华钢股份公司结存的 A 商品为 100 件，单位成本为 6 元。12 月份 A 商品的购进、销售和结存情况见表 3-1。经具体辨认，12 月 15 日发出的 60 件商品中，有 10 件为月初结存的商品，有 50 件为 12 月 10 日购进的商品；12 月 25 日发出的 80 件商品中，有 10 件为月初结存的商品，有 30 件为 12 月 10 日购进的商品，有 40 件为 12 月 20 日购进的商品。

12 月份 A 商品的发出存货和结存存货的成本计算如下：

12 月 4 日发出的 A 商品成本=80×6=480（元）

12 月 4 日结存的 A 商品成本=20×6=120（元）

12 月 15 日发出的 A 商品成本=10×6+50×8=460（元）

12 月 15 日结存的 A 商品成本=10×6+50×8=460（元）

12 月 25 日发出的 A 商品成本=10×6+30×8+40×10=700（元）

12 月 25 日结存的 A 商品成本=20×8+60×10=760（元）

12 月份发出 A 商品的成本合计=480+460+700=1 640（元）

12 月末结存 A 商品的成本=600+1 800-1 640=760（元）

（五）发出存货计价方法的评价

1. 先进先出法

优点：整体来说，能随时计算发出存货及结存存货的成本，便于存货的日常管理。

缺点：在存货收发业务频繁、单价经常变动的情况下，企业计算的工作量很大。另外，当物价持续上涨时，用早期较低的成本与现行收入相匹配，会高估企业当期利润，同时高估存货价值。

2. 月末一次加权平均法

优点：采用月末一次加权平均法时，存货明细账上平时只登记每批收入存货的数量、单价和金额以及发出、库存存货的数量；月末时，一次性计算出发出及库存存货的金额，简化了日常核算的工作量。同时，该方法考虑了不同批次入库存货的数量及其单价，计算结果较为均衡，不论物价是上涨还是下降，都不会出现发出及结存存货成本明显偏高或偏低、当期利润明显偏低或偏高的现象。

缺点：这种方法全部计算工作集中在月末进行，平时不能从账上反映发出及结存存货的单价与金额，不利于加强对存货的日常管理和控制。

3. 移动加权平均法

优点：采用移动加权平均法计算发出及库存存货的成本比较客观，也符合永续盘存制的要求，便于存货的日常管理和控制，使管理当局及时了解存货的结存情况。

缺点：整体来说，每次入库后都要重新计算加权平均单价，计算工作量较大，对收发货较频繁的企业不适用。

4. 个别计价法

优点：个别计价法要求对收入的存货按品种、批次进行详细的记录，并在各批存货上进行标记，以备正确辨认和确定价值。该方法的成本计算准确，符合实际情况，主要适用于容易识别、存货品种数量不多、单位成本较高的存货计价。

缺点：在存货收发频繁情况下，其发出成本分辨的工作量较大。因此，这种方法适用于一般不能替代使用的存货、为特定项目专门购入或制造的存货以及提供的劳务，如珠宝、名画等贵重物品。

二、发出存货的会计处理

（一）发出原材料

本月发出原材料，企业应当根据用途按原材料的成本，借记“有关成本费用”科目，贷记“原材料”科目。若生产产品领用的原材料，借记“生产成本”科目；若车间管理部门一般耗用领用的原材料，借记“制造费用”科目；若专设销售机构领用的原材料，借记“销售费用”科目；若行政管理部门领用的原材料，借记“管理费用”科目；若固定资产建造过程中领用的原材料，借记“在建工程”科目；若对外出售的原材料，借记“其他业务成本”科目。

【例 3-15】20×1 年 7 月份华钢股份公司领用原材料的实际成本为 100 000 元，其中，基本生产车间为生产 A 产品领用 90 000 元，车间管理部门一般耗用 6 000 元，行政管理部门领用 4 000 元。华钢股份公司应编制如下会计分录：

借：生产成本——A 产品	90 000	
制造费用	6 000	
管理费用	4 000	
贷：原材料		100 000

【例 3-16】20×1 年 8 月 15 日华钢股份公司一幢厂房建造领用一批原材料，该批原材料的实际成本为 15 500 元。华钢股份公司应编制如下会计分录：

借：在建工程	15 500	
贷：原材料		15 500

【例 3-17】20×1 年 9 月 25 日华钢股份公司销售一批原材料，开出的增值税专用发票上注明的价款为 10 000 元，增值税税额为 1 300 元。企业收到一张金额为 11 300 元的转账支票并已存入银行。该批原材料的实际成本为 8 500 元。华钢股份公司应编制如下会计分录：

借：银行存款	11 300	
贷：其他业务收入		10 000
应交税费——应交增值税（销项税额）		1 300

借：其他业务成本　　8 500

　　贷：原材料　　8 500

（二）发出周转材料

1. 发出包装物

包装物，是指为了包装本企业商品而储备的各种包装容器，如桶、箱、瓶、坛、袋等。具体包括生产过程中用于包装产品作为产品组成部分的包装物、随同商品出售而不单独计价的包装物、随同商品出售并单独计价的包装物、出租或出借给购买单位使用的包装物。前三类包装物发出后不再收回，为一次性使用的包装物，发出时将包装物的账面价值一次计入成本费用；最后一种情况，包装物出租或出借给购买单位使用后可再收回，为周转使用的包装物，企业应当根据其消耗方式、价值大小和耐用程度等选择适当的摊销方法，将其账面价值摊销计入成本费用，常用的摊销方法有一次转销法和五五摊销法（五五摊销法的举例参见例 3-23）。

发出包装物时，企业应当根据用途按包装物的成本借记有关成本费用科目，贷记“周转材料——包装物”科目。具体处理如下：

（1）生产领用包装物核算。生产领用包装物，应按照生产领用包装物的账面价值，借记“生产成本”科目，贷记“周转材料——包装物”科目。

【例 3-18】20×1 年 5 月 1 日华钢股份公司基本生产车间领用一批包装物，用于包装产品。该批包装物的实际成本为 18 000 元，不符合固定资产定义，采用一次转销法进行摊销。华钢股份公司应编制如下会计分录：

借：生产成本　　18 000

　　贷：周转材料——包装物　　18 000

（2）随同商品出售包装物核算。随同商品出售而不单独计价的包装物，应按其账面价值，借记“销售费用”科目，贷记“周转材料——包装物”科目；随同商品出售并单独计价的包装物，应按其账面价值，借记“其他业务成本”科目，贷记“周转材料——包装物”科目；出售包装物的收入计入其他业务收入。

【例 3-19】20×1 年 5 月 8 日华钢股份公司因销售产品领用 100 件包装箱，包装箱单位成本为 70 元，单位售价为 80 元，增值税税率为 13%，出售包装箱的款项已收到并存入银行。华钢股份公司应编制如下会计分录：

借：银行存款　　9 040

　　贷：其他业务收入　　8 000

　　　　应交税费——应交增值税（销项税额）　　1 040

借：其他业务成本　　7 000

　　贷：周转材料——包装物　　7 000

【例 3-20】20×1 年 6 月 21 日华钢股份公司因销售产品领用 40 件包装箱，包装箱随同商品出售，不单独计价。包装箱单位成本为 30 元。出售包装箱的款项已收到。华钢股份公司应编制如下会计分录：

借：销售费用　　1 200

　　贷：周转材料——包装物　　1 200

（3）出租、出借包装物核算。有时企业因销售产品或商品，将包装物以出租或出借的形式租给或借给客户暂时使用，并与客户约定一定时间内收回包装物。

1）出租或出借包装物的发出。企业出租、出借包装物时，应根据包装物出库单等凭证列明的金额，借记“周转材料——包装物——出租包装物（或出借包装物）”科目，贷记“周转材料——包装物——库存包装物”科目。

2）出租或出借包装物的押金和租金。为了保证及时返还和承担妥善保管包装物的经管责任，企业出租或出借包装物时一般要向客户收取一定数额的押金，即存入保证金，归还包装物时将押金退还给客户。收取包装物押金时，借记“库存现金”“银行存款”等科目，贷记“其他应付款——存入保证金”科目；退还押金时，编制相反的会计分录。

出租包装物是企业（专门经营包装物租赁除外）的一项其他业务活动。出租期间，企业按约定收取的包装物租金应计入其他业务收入，借记“库存现金”“银行存款”“其他应收款”等科目，贷记“其他业务收入”科目。

3）出租或出借包装物发生的相关费用。出租或出借包装物发生的相关费用包括两个方面：一是包装物的摊销费用；二是包装物的维修费用。

企业按照规定的摊销方法对包装物进行摊销时，借记“其他业务成本”（出租包装物）、“销售费用”（出借包装物）科目，贷记“周转材料——包装物——包装物摊销”科目。

企业确认应由其负担的包装物修理费用等支出时，借记“其他业务成本”（出租包装物）、“销售费用”（出借包装物）科目，贷记“库存现金”“银行存款”“原材料”“应付职工薪酬”等科目。

【例 3-21】华钢股份公司为增值税一般纳税人，包装物出租采用一次转销法摊销，包装物核算采用实际成本核算。8 月份出租包装物一批，领用新包装物 20 件，成本 2 000 元，收取押金 3 000 元，已存入银行。每月每件包装物租金 30 元（含税），租期 2 个月，再退回包装物时从押金中扣回。华钢股份公司应编制如下会计分录：

1）发出包装物时：

借：其他业务成本	40 000	
贷：周转材料——包装物		40 000

2）收取押金时：

借：银行存款	3 000	
贷：其他应付款		3 000

3）收取租金时：

借：银行存款	1 200	
贷：其他业务收入		1 061.95
应交税费——应交增值税（销项税额）		138.05

对于出租或出借的包装物，如果客户逾期未退还，企业应当将没收的押金视为销售包装物取得的价款计算应交的增值税，扣除增值税后的金额计入其他业务收入，同时摊销该批包装物未摊销的账面价值。

【例 3-22】沿用例 3-21，10 月份包装物收回，其中 10 件可继续使用，8 件已损坏，另外 2 件丢失。按规定租金标准收取 2 个月租金，损坏和丢失的没收押金，其余押金退回。华钢股份公司应编制如下会计分录：

1）没收未退还包装物的押金时：

借：其他应付款	1 500	

贷：其他业务收入　　1 327.43

应交税费——应交增值税（销项税额）　　172.57

2）退还回收包装物的押金时：

借：其他应付款　　1 500

贷：银行存款　　1 500

2. 发出低值易耗品

作为存货核算和管理的低值易耗品一般划分为一般工具、专用工具、替换设备、管理用具、劳动保护用品、其他用具等。低值易耗品领用后会在企业周转使用。企业应当根据用途将其账面价值采用一定的摊销方法计入有关的成本费用中。常用的摊销方法有一次转销法和五五摊销法。通常领用低值易耗品价值较小的，可在领用时一次计入成本费用，以简化核算。但为加强实物管理，应当在备查簿上进行登记。按照领用低值易耗品的账面价值，借记“生产成本”“制造费用”“管理费用”等科目，贷记“周转材料——低值易耗品”科目。采用五五摊销法的情况下，同时还需单独设置“周转材料——低值易耗品——在用”“周转材料——低值易耗品——在库”“周转材料——低值易耗品——摊销”明细科目核算。

【例 3-23】华钢股份公司的基本生产车间领用专用工具一批，实际成本为 10 000 元，不符合固定资产定义，采用五五摊销法进行摊销。华钢股份公司应编制如下会计分录：

（1）领用低值易耗品时：

借：周转材料——低值易耗品——在用　　10 000

贷：周转材料——低值易耗品——在库　　10 000

（2）第一次领用时摊销其价值的一半：

借：制造费用　　5 000

贷：周转材料——低值易耗品——摊销　　5 000

（3）报废时摊销其价值的一半：

借：制造费用　　5 000

贷：周转材料——低值易耗品——摊销　　5 000

同时：

借：周转材料——低值易耗品——摊销　　10 000

贷：周转材料——低值易耗品——在用　　10 000

第四节　计划成本法

计划成本核算存货

计划成本法是指企业存货的日常收入、发出和结余均按预先制定的计划成本计价，同时另设“材料成本差异”科目，作为计划成本和实际成本联系的纽带，用来登记实际成本和计划成本的差额，月末再通过对存货成本差异的分摊将发出存货的计划成本和结存存货的计划成本调整为实际成本进行反映的一种核算方法。计划成本法下，存货的总分类和明细分类核算均按计划成本计价。因此这种方法适用于存货品种繁多、收发频繁的企业。如果企业的自制半成品、产成品品种繁多，或者在管理上需要分别核算其计划成本和成本差异，则也可采用计划成本法核算。

存货采用计划成本法核算，有利于简化财务会计处理工作，有利于考核采购部门的经营业绩，促使降低采购成本、节约支出，因此这一计价方法在大中型制造业企业中得到了广泛应用。计划成本法应用是否恰当直接影响到企业财务核算的规范性、真实性，以及反映的财务状况、经营成果、现金流量是否真实。

企业采用计划成本法进行存货日常核算，首先应当对每一品种、规格的存货制定计划单位成本。计划成本是在正常的市场条件下，企业取得存货应当支付的合理的成本，其所包含的内容与其实际成本的构成一致，包括买价、运杂费和相关的税金等。存货的计划成本一般由企业采购部门会同财会部门等有关部门参照同类存货以往实际成本，并根据物价涨幅等相关因素共同研究制定。制定的计划成本应尽可能接近实际，除特殊情况，计划成本在年度内一般不作调整。

本节以原材料为例讲解计划成本法。

一、账户设置

1. “原材料”科目

原材料采用计划成本核算，企业设置“原材料”科目，用来核算企业库存的各种材料的计划成本。“原材料”科目借方登记验收入库材料的计划成本，贷方登记发出材料的计划成本，期末借方余额反映企业库存材料的计划成本。本科目按材料的类别、品种和规格设置明细账。

2. “材料采购”科目

原材料采用计划成本核算，企业设置“材料采购”科目，用来核算企业购入各种材料的采购成本。“材料采购”科目借方登记购入材料的实际成本，贷方登记验收入库材料的实际成本。期末余额在借方，表示已经结算但尚未入库的材料（即在途货物）的实际成本。本科目按材料的类别、品种和规格设置明细账。

3. “材料成本差异”科目

原材料采用计划成本核算，企业设置“材料成本差异”科目，用来核算企业各种材料的实际成本与计划成本的差异以及调整发出材料应负担的成本差异。“材料成本差异”科目借方登记验收入库材料成本的超支差异，贷方登记验收入库材料成本的节约差异以及发出材料应负担的成本差异（超支用蓝字，节约用红字）；期末余额在借方，反映企业库存材料拥有的超支差异；期末余额在贷方，反映企业库存材料拥有的节约差异。本科目按“材料采购”的分类标准设置明细账。

二、账务处理

（一）取得材料的账务处理

企业采用计划成本核算原材料时，无论材料是否验收入库，都必须先通过“材料采购”科目核算材料的实际采购成本，待材料验收入库后再按计划成本转入“原材料”科目，同时结转材料成本差异。企业外购原材料，根据发票账单等结算凭证确定的实际采购成本，借记“材料采购”科目，按增值税专用发票上注明的增值税税额，借记“应交税费——应交增值税（进项税额）”科目；按照实际结算金额贷记“银行存款”“应付账款”“应付票据”等科目。外购原材料验收入库时，按其计划成本，借记“原材料”科目，按其实际成本，贷记“材料采购”科目，按实际成本大于计划成本的差额，借记“材料成本差异”科目，或者按实际成本小于计划成本的差额，贷记“材料成本差异”科目。

【例 3-24】华钢股份公司 4 月 15 日从外地乙公司购入 L 材料 6 000 千克，增值税专用发票注明价款 59 000 元，增值税 7 670 元，另发生运杂费 650 元，企业已用银行存款支付上述款项，材料尚未到达，L 材料计划单位成本 10 元。华钢股份公司应编制如下会计分录：

借：材料采购　　59 650
　　应交税费——应交增值税（进项税额）　　7 670
　　贷：银行存款　　67 320

【例 3-25】承例 3-24，华钢股份公司 4 月 20 日从乙公司购入的 L 材料到达，验收入库时发现短缺 40 千克，属于定额内自然损耗。按实收数量验收入库。华钢股份公司应编制如下会计分录：

借：原材料　　59 600
　　材料成本差异　　50
　　贷：材料采购　　59 650

企业以其他方式取得材料，如委托加工或者自制的材料，在入库时直接按其计划成本，借记“原材料”科目，按实际成本，贷记“委托加工物资”“生产成本”等科目，按实际成本与计划成本的差额，借记或贷记“材料成本差异”科目。

（二）发出材料的账务处理

发出材料时，企业应当按其计划成本，根据材料用途不同，分别借记“生产成本”“制造费用”“管理费用”等成本费用科目，贷记“原材料”科目；月末，再将材料成本差异额在本月发出材料和月末库存材料之间进行分摊，将本月发出材料和月末库存材料核算的计划成本调整为实际成本，发出材料应负担的成本差异应当按期（月）分摊，不得在季末或者年末一次计算。

本月材料成本差异率=(月初结存材料成本差异+本月入库材料成本差异)÷(月初结存材料计划成本+本月入库材料计划成本)×100%

发出材料应负担的成本差异=发出材料计划成本×本月材料成本差异率

如果成本差异为正数，该差异为超支差；如果成本差异为负数，该差异为节约差。

月末，企业应当按发出材料应负担的成本差异，根据材料用途不同，分别借记“生产成本”“制造费用”“管理费用”等成本费用科目，贷记“材料成本差异”科目。对于发出存货应负担的超支差，应用蓝字登记；应负担的节约差，应用红字登记。

如果企业的材料成本差异率各期之间是比较均衡的，也可以采用月初材料成本差异率计算分摊本月发出材料应负担的成本差异。年度终了，应对材料成本差异率进行核实调整。

月初材料成本差异率=月初结存材料成本差异÷月初结存材料计划成本×100%

发出材料应负担的成本差异=发出材料计划成本×月初材料成本差异率

【例 3-26】承例 3-24 和例 3-25，华钢股份公司 4 月 30 日汇总本月发料凭证，本月共发出 L 材料 7 000 千克，全部用于生产产品。华钢股份公司应编制如下会计分录：

借：生产成本　　70 000
　　贷：原材料　　70 000

【例 3-27】承例 3-24 至例 3-26，华钢股份公司 4 月份有关资料如下：“原材料”账户月初余额 40 000 元，“材料成本差异”账户月初贷方余额 548 元，“材料采购”账户月初借方余额 10 600 元（上述账户核算的均为 L 材料）。

材料成本差异率=(-548+50)÷(40 000+59 600)×100%=-0.5%

发出材料成本差异=7 000×10×(-0.5%)=-350（元）

结存材料实际成本=(40 000+59 600-70 000)×(1-0.5%)=29 452（元）

借：生产成本　　350

　贷：材料成本差异　　350

第五节　存货的期末计量

存货的期末计量

一、存货的期末计量原则

资产负债表日，存货应当按照成本与可变现净值孰低计量。成本，是指期末存货的实际成本。可变现净值，是指在日常活动中，以估计售价减去至完工时估计将要发生的成本、销售费用和相关税费等后的金额。存货可变现净值低于其成本的，应当计提存货跌价准备，计入当期损益（资产减值损失）。

二、存货的期末计量方法

（一）存货减值迹象的判断

存货存在下列情形之一的，通常表明存货的可变现净值低于成本：

（1）该存货的市场价格持续下跌，并且在可预见的未来无回升的希望。

（2）企业使用该项原材料生产的产品的成本大于产品的销售价格。

（3）企业因产品更新换代，原有库存原材料已不适应新产品的需要，而该原材料的市场价格又低于其账面成本。

（4）因企业所提供的商品或劳务过时或消费者偏好改变而使市场的需求发生变化，导致市场价格逐渐下跌。

（5）其他足以证明该项存货实质上已经发生减值的情形。

存货存在下列情形之一的，通常表明存货的可变现净值为零：

（1）已霉烂变质的存货。

（2）已过期且无转让价值的存货。

（3）生产中已不再需要，并且已无使用价值和转让价值的存货。

（4）其他足以证明已无使用价值和转让价值的存货。

（二）可变现净值的确定

1. 企业确定存货的可变现净值时应考虑的因素

企业确定存货的可变现净值，应当以取得的确凿证据为基础，并且考虑持有存货的目的、资产负债表日后事项的影响等因素。

（1）存货可变现净值的确凿证据。存货可变现净值的确凿证据，是指对确定存货的可变现净值有直接影响的客观证明，如产成品或商品的市场销售价格、与企业产成品或商品相同或类似商品的市场销售价格、销售方提供的有关资料和生产成本资料等。

（2）持有存货的目的。直接出售的存货与需要经过进一步加工出售的存货，两者可变现净值的确定是不同的。

（3）资产负债表日后事项的影响。不仅要考虑资产负债表日与该存货相关的价格与成本波动，而且还要考虑未来的相关事项。

2. 不同情况下可变现净值的确定

（1）产成品、商品和用于出售的材料等直接用于出售的商品存货，没有销售合同约定的，其可变现净值为在正常生产经营过程中该存货的一般销售价格减去估计的销售费用和相关税费等后的金额。

（2）需要经过加工的材料存货，其可变现净值为在正常生产经营过程中，以该材料所生产的产成品的估计售价减去至完工时估计将要发生的成本、销售费用和相关税费等后的金额。

（3）可变现净值中估计售价的确定方法，如图 3-2 所示。

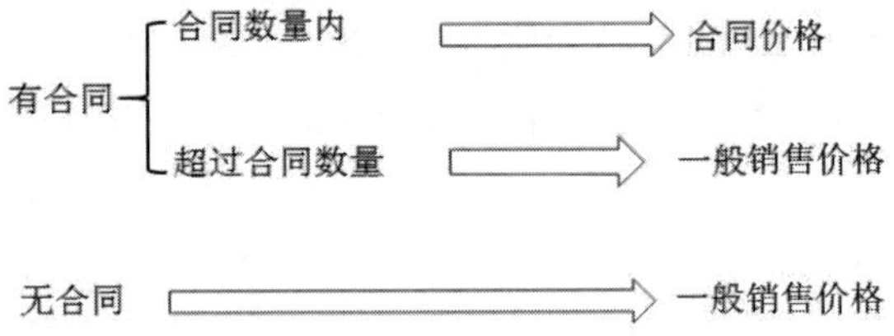

图 3-2 存货可变现净值中估计售价的确定方法

1）为执行销售合同或劳务合同而持有的存货，通常应以产成品或商品的合同价格作为其可变现净值的计量基础。如果企业与购买方签订了销售合同（或劳务合同，下同），并且销售合同订购的数量大于或等于企业持有的存货数量，在这种情况下，在确定与该项销售合同直接相关存货的可变现净值时，应以销售合同价格作为其可变现净值的计量基础。即如果企业就其产成品或商品签订了销售合同，则该批产成品或商品的可变现净值应以合同价格作为计量基础；如果企业销售合同所规定的标的物还没有生产出来，但持有专门用于生产该标的物的材料，则其可变现净值也应以合同价格作为计量基础。

2）如果企业持有存货的数量多于销售合同订购的数量，超出部分的存货可变现净值应以产成品或商品的一般销售价格（即市场销售价格）作为计量基础。

3）没有销售合同的存货（不包括用于出售的材料），其可变现净值应以产成品或商品的一般销售价格（即市场销售价格）作为计量基础。

4）此外，用于出售的材料等，应以市场价格作为其可变现净值的计量基础。这里的市场价格是指材料等的市场销售价格。

（4）材料期末计量特殊考虑。

1）对于用于生产而持有的材料（如原材料、在产品、委托加工材料）等，如果用其生产的产成品的可变现净值预计高于成本，则该材料应按照成本计量。其中，“可变现净值预计高于成本”中的成本是指产成品的生产成本。

2）如果材料价格的下降等原因表明产成品的可变现净值低于成本，则该材料应按可变现净值计量。

材料期末计量如图 3-3 所示。

- 材料账面价值的确定
  - 若材料直接出售
    - 材料按成本与可变现净值孰低计量
    - 材料可变现净值=材料估计售价-销售材料估计的销售费用和相关税金
  - 若材料用于生产产品
    - ①产品没有发生减值：材料按成本计量
    - ②产品发生减值：材料按成本与可变现净值孰低计量材料可变现净值=产品估计售价-至完工估计将要发生的成本-销售产品估计的销售费用和相关税金

图 3-3　材料期末计量

【例 3-28】20×1 年，由于产品更新换代，华钢股份公司决定停止生产 B 型机器。为减少不必要的损失，华钢股份公司决定将原材料中专门用于生产 B 型机器的外购原材料——钢材全部出售，20×1 年 12 月 31 日其账面价值（成本）为 900 000 元，数量为 10 吨。根据市场调查，此种钢材的市场销售价格（不含增值税）为 60 000 元/吨，同时销售这 10 吨钢材可能发生销售费用及税金 50 000 元。

本例中，由于企业已决定不再生产 B 型机器，因此该批钢材的可变现净值不能再以 B 型机器的销售价格作为其计量基础，而应按照钢材本身的市场销售价格作为计量基础。因此，该批钢材的可变现净值应为 550 000（60 000×10-50 000）元。

【例 3-29】20×1 年 12 月 31 日，华钢股份公司库存原材料——钢材的账面价值为 600 000 元，可用于生产一台 C 型机器，相对应的市场销售价格为 550 000 元，假设不发生其他购买费用。由于钢材的市场销售价格下降，用钢材作为原材料生产的 C 型机器的市场销售价格由 1 500 000 元下降为 1 350 000 元，但其生产成本仍为 1 400 000 元，即将该批钢材加工成 C 型机器尚需投入 800 000 元，估计销售费用及税金为 50 000 元。

根据上述资料，可按以下步骤确定该批钢材的账面价值：

第一步，计算用该原材料所生产的产成品的可变现净值。

C 型机器的可变现净值=C 型机器估计售价-估计销售费用及税金

=1 350 000-50 000=1 300 000（元）

第二步，将用该原材料所生产的产成品的可变现净值与其成本进行比较。

C 型机器的可变现净值 1 300 000 元小于其成本 1 400 000 元，即钢材价格的下降和 C 型机器销售价格的下降表明 C 型机器的可变现净值低于其成本，因此该批钢材应当按可变现净值计量。

第三步，计算该批钢材的可变现净值并确定其期末价值。

该批钢材的可变现净值=C 型机器的估计售价-将该批钢材加工成 C 型机器尚需投入的成本-估计销售费用及税金=1 350 000-800 000-50 000=500 000（元）

该批钢材的可变现净值 500 000 元小于其成本 600 000 元，因此该批钢材的期末价值应为其可变现净值 500 000 元，即该批钢材应按 500 000 元列示在 20×1 年 12 月 31 日资产负债表的存货项目之中。

（三）存货跌价准备的计提与转回

1. 存货跌价准备的计提

当有迹象表明存货发生减值时，企业应于期末计算存货的可变现净值，确认是否需要计提存货跌价准备。

【例 3-30】20×1 年年末，华钢股份公司 A 存货的账面成本为 100 000 元，由于本年以来 A 存货的市场价格持续下跌，根据资产负债表日状况确定的 A 存货的可变现净值为 95 000 元，"存货跌价准备"期初余额为零，应计提的存货跌价准备为 5 000（100 000-95 000）元。华钢股份公司应编制如下会计分录：

借：资产减值损失——A 存货　　5 000
　　贷：存货跌价准备——A 存货　　5 000

期末对存货进行计量时，如果同一类存货，其中一部分是有合同价格约定的，另一部分不存在合同价格，在这种情况下，企业应区分有合同价格约定的和没有合同价格约定的存货，分别确定其期末可变现净值，并与其相对应的成本进行比较，从而分别确定是否需计提存货跌价准备。

2. 存货跌价准备的转回

企业应在每一资产负债表日，比较存货成本与可变现净值，计算出应计提的存货跌价准备，再与已提数进行比较，若应提数大于已提数，应予补提。企业计提的存货跌价准备，应计入当期损益（资产减值损失）。

当以前减记存货价值的影响因素已经消失，减记的金额应当予以恢复，并在原已计提的存货跌价准备金额内转回，转回的金额计入当期损益（资产减值损失）。

【例 3-31】沿用例 3-30，假设 20×1 年年末，华钢股份公司存货的种类和数量、账面成本和已计提的存货跌价准备均未发生变化，但是 20×1 年以来 A 存货市场价格持续上升，市场前景明显好转，至 20×1 年年末根据当时状态确定的 A 存货的可变现净值为 110 000 元。

本例中，由于 A 存货市场价格上涨，20×1 年年末 A 存货的可变现净值（110 000 元）高于其账面成本（100 000 元），可以判断以前造成减记存货价值的影响因素（价格下跌）已经消失。A 存货减记的金额应当在原已计提的存货跌价准备金额 5 000 元内予以恢复。华钢股份公司应编制如下会计分录：

借：存货跌价准备——A 存货　　5 000
　　贷：资产减值损失——A 存货　　5 000

3. 存货跌价准备的结转

企业计提了存货跌价准备，如果其中有部分存货已经销售，则企业在结转销售成本时应同时结转对其已计提的存货跌价准备。

【例 3-32】20×1 年，华钢股份公司库存 A 机器 5 台，每台成本为 5 000 元，已经计提的存货跌价准备合计 6 000 元。20×1 年，华钢股份公司将库存的 5 台机器全部以每台 6 000 元的价格售出，适用的增值税税率为 13%，货款未收到。华钢股份公司应编制如下会计分录：

借：应收账款　　33 900
　　贷：主营业务收入——A 机器　　30 000
　　　　应交税费——应交增值税（销项税额）　　3 900
借：主营业务成本——A 机器　　19 000
　　存货跌价准备——A 机器　　6 000
　　贷：库存商品　　25 000

或：

借：主营业务成本——A 机器　　25 000

　　贷：库存商品　　　　25 000
借：存货跌价准备——A 机器　　　　6 000
　　贷：主营业务成本——A 机器　　　　6 000

第六节 存货清查

存货清查，是指通过对存货的实地盘点确定存货的实有数量，并与账面结存数核对，从而确定存货实存数与账面结存数是否相符的一种专门方法。

由于存货种类繁多、收发频繁，在日常收发过程中可能发生计量错误、计算错误、自然损耗，还可能发生损坏变质以及贪污、盗窃等情况，造成账实不符，形成存货的盘盈盘亏。对于存货的盘盈盘亏，应及时填写有关存货盘点报告单，及时查明原因，按照规定程序报批处理。

为了反映存货的盘盈盘亏情况，应设置“待处理财产损溢”科目，借方登记存货的盘亏、毁损数额及盘盈的转销数额，贷方登记存货的盘盈数额及盘亏的转销数额。企业清查的各种存货损溢应在期末结账前处理完毕，期末处理后，“待处理财产损溢”科目应无余额。

一、存货盘盈的账务处理

企业发生存货盘盈时，借记“原材料”“库存商品”等科目，贷记“待处理财产损溢”科目；在按管理权限报经批准后，借记“待处理财产损溢”科目，贷记“管理费用”科目。

【例 3-33】华钢股份公司在财产清查中盘盈 A 材料 500 千克，实际单位成本为 60 元，经查属于材料收发计量方面的错误。华钢股份公司应编制如下会计分录：

（1）批准处理前：
借：原材料　　　　30 000
　　贷：待处理财产损溢　　　　30 000

（2）批准处理后：
借：待处理财产损溢　　　　30 000
　　贷：管理费用　　　　30 000

二、存货盘亏及毁损的账务处理

企业发生存货盘亏及毁损时，借记“待处理财产损溢”科目，贷记“原材料”“库存商品”等科目。在按管理权限报经批准后应进行如下账务处理：对于入库的残料价值，借记“原材料”等科目；对于应由保险公司和过失人赔偿的赔款，借记“其他应收款”科目，扣除残料价值和应由保险公司、过失人赔款后的净损失，属于一般经营损失的部分，借记“管理费用”科目，属于非常损失的部分，借记“营业外支出”科目，贷记“待处理财产损溢”科目。

【例 3-34】华钢股份公司在财产清查中发现毁损 L 材料 300 千克，实际单位成本为 100 元。经查属于材料保管员的过失造成的，按规定由其个人赔偿 20 000 元；残料已办理入库手续，价值 2 000 元。假定不考虑相关税费。华钢股份公司应编制如下会计分录：

（1）批准处理前：
借：待处理财产损溢　　　　30 000
　　贷：原材料　　　　30 000

（2）批准处理后：

借：其他应收款　　20 000

　　原材料　　2 000

　　管理费用　　8 000

　　贷：待处理财产损溢　　30 000

导入案例分析：发出存货的成本以及期末结存存货的成本计量，首先取决于企业按实际成本还是计划成本对存货进行日常核算，若采用实际成本核算存货，则企业选择不同的发出存货计价方法，发出存货成本和期末结存存货的金额不同；若采用计划成本核算存货，平时发出存货时按发出存货的计划成本计量，期末，根据本月发出存货应负担的成本超支或节约差异，将发出存货的计划成本调整为实际成本，再利用“存货期初成本+本期购入存货成本-本期发出存货成本=期末结存存货成本”公式计算得出期末结存存货的实际成本。

第四章　金融资产（上）

学习目标

1. 掌握应收票据、应收账款、坏账和交易性金融资产的核算。
2. 理解其他应收款及预付账款的核算。
3. 了解金融工具的内容、金融资产的基本分类及各类金融资产的主要特征。

知识框架

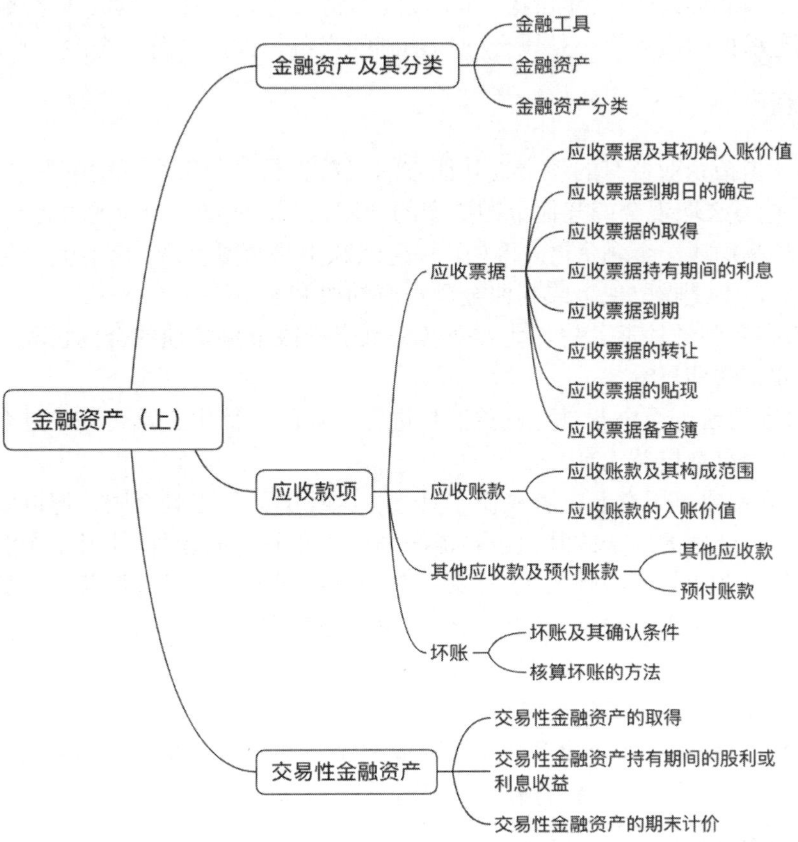

导入案例

案例：20×1 年 4 月 1 日，华钢股份公司通过其在某证券公司开立的证券交易账户购入 20 万股 A 公司股票，成交价格为每股 5.60 元，另支付交易手续费 212 元（其中包括准予抵扣的增值税进项税额 12 元）。公司管理该项股票投资的业务模式为短线持有、赚取买卖价差。

案例思考：华钢股份公司取得上述金融资产时应将其划分或指定为哪一类金融资产？华钢股份公司应该如何对该金融资产的取得进行账务处理？

第一节 金融资产及其分类

金融资产及其分类

一、金融工具

经济学的金融工具是指融通资金的工具，泛指各种证明债权债务关系或所有权关系的具有法律效力的凭证。

会计学的金融工具一般是指形成一方的金融资产并形成其他方的金融负债或权益工具的合同。金融工具包括金融资产、金融负债和权益工具。

其中，合同的形式多种多样，可以是书面的，也可以不采用书面形式。实务中的金融工具合同通常采用书面形式。非合同的资产和负债不属于金融工具。例如，应交所得税是企业按照税收法规规定承担的义务，不是以合同为基础的义务，因此不符合金融工具的定义。

二、金融资产

金融资产，是指企业持有的现金、其他方的权益工具以及符合下列条件之一的资产：

（1）从其他方收取现金或其他金融资产的合同权利。例如，企业的银行存款、应收账款、应收票据和贷款等均属于金融资产。再如，预付账款不是金融资产，因为其产生的未来经济利益是商品或服务，不是收取现金或其他金融资产的权利。

（2）在潜在有利条件下，与其他方交换金融资产或金融负债的合同权利。例如，企业持有的看涨期权或看跌期权等。

（3）将来须用或可用企业自身权益工具进行结算的非衍生工具合同，且企业根据该合同将收到可变数量的自身权益工具。

（4）将来须用或可用企业自身权益工具进行结算的衍生工具合同，但以固定数量的自身权益工具交换固定金额的现金或其他金融资产的衍生工具合同除外。其中，企业自身权益工具不包括应当按照《企业会计准则第 37 号——金融工具列报》分类为权益工具的可回售工具或发行方仅在清算时才有义务向另一方按比例交付其净资产的金融工具，也不包括本身就要求在未来收取或交付企业自身权益工具的合同。

本章不涉及以下金融资产的会计处理：

（1）长期股权投资，即企业对外能够形成控制、共同控制和重大影响的股权投资。

（2）货币资金，即现金、银行存款、其他货币资金。

三、金融资产分类

金融资产分类

金融资产和金融负债的分类是确认和计量的基础。企业应当根据其管理金融资产的业务模式和金融资产的合同现金流量特征对金融资产进行合理的分类。金融资产一般划分为以下 3 类：

（1）以摊余成本计量的金融资产。

（2）以公允价值计量且其变动计入其他综合收益的金融资产。

（3）以公允价值计量且其变动计入当期损益的金融资产。

同时，企业应当结合自身业务特点和风险管理要求对金融负债进行合理的分类。对金融资产和金融负债的分类一经确定不得随意变更。

（一）金融资产的分类

1．关于企业管理金融资产的业务模式

（1）业务模式评估。企业管理金融资产的业务模式，是指企业如何管理其金融资产以产生现金流量。业务模式决定企业所管理金融资产现金流量的来源是收取合同现金流量、出售金融资产还是两者兼有。

一个企业可能会采用多个业务模式管理其金融资产。例如，企业持有一组以收取合同现金流量为目标的投资组合，同时还持有另一组既以收取合同现金流量为目标又以出售该金融资产为目标的投资组合。

企业确定其管理金融资产的业务模式时应当注意以下方面：

1）企业应当在金融资产组合的层次上确定管理金融资产的业务模式，而不必按照单个金融资产逐项确定业务模式。金融资产组合的层次应当反映企业管理该金融资产的层次。有些情况下，企业可能将金融资产组合分拆为更小的组合，以合理反映企业管理该金融资产的层次。例如，企业购买一个抵押贷款组合，以收取合同现金流量为目标管理该组合中的一部分贷款，以出售为目标管理该组合中的其他贷款，则属于这种情况。

2）企业应当以企业关键管理人员决定的对金融资产进行管理的特定业务目标为基础确定管理金融资产的业务模式。企业的业务模式并非企业自愿指定，而是一种客观事实，通常可以从企业为实现其设定目标而开展的特定活动中得以反映。企业应当考虑在业务模式评估日可获得的所有相关证据，包括企业评价和向关键管理人员报告金融资产业绩的方式、影响金融资产业绩的风险及其管理方式以及相关业务管理人员获得报酬的方式（例如报酬是基于所管理资产的公允价值还是所收取的合同现金流量）。

3）企业应当以客观事实为依据确定管理金融资产的业务模式，不得以按照合理预期不会发生的情形为基础确定。例如，对于某金融资产组合，如果企业预期仅会在压力情形下将其出售，且企业合理预期该压力情形不会发生，则该压力情形不得影响企业对该类金融资产的业务模式的评估。此外，如果金融资产实际现金流量的实现方式不同于评估业务模式时的预期（如企业出售的金融资产数量超出或少于在对资产作出分类时的预期），只要企业在评估业务模式时已经考虑了当时所有可获得的相关信息，这一差异不构成企业财务报表的前期差错，也不改变企业在该业务模式下持有的剩余金融资产的分类。但是，企业在评估新的金融资产的业务模式时应当考虑这些信息。

（2）以收取合同现金流量为目标的业务模式。在以收取合同现金流量为目标的业务模式下，企业管理金融资产旨在通过在金融资产存续期内收取合同付款来实现现金流量，而不是通过持有并出售金融资产产生整体回报。

（3）以收取合同现金流量和出售金融资产为目标的业务模式。在以收取合同现金流量和出售金融资产为目标的业务模式下，企业的关键管理人员认为收取合同现金流量和出售金融资产对于实现其管理目标而言都是不可或缺的。例如，企业的目标是管理日常流动性需求同时维持特定的收益率，或将金融资产的存续期与相关负债的存续期进行匹配。

与以收取合同现金流量为目标的业务模式相比，此业务模式涉及的出售通常频率更高、价值更大。因为出售金融资产是此业务模式的目标之一，在该业务模式下不存在出售金融资产的频率或价值的明确界限。

（4）其他业务模式。如果企业管理金融资产的业务模式不是以收取合同现金流量为目标，也不是既以收取合同现金流量又以出售金融资产来实现其目标，该金融资产应当分类为以公允价值计量且其变动计入当期损益的金融资产。例如，企业持有金融资产的目的是交易性的或者基于金融资产的公允价值作出决策并对其进行管理。在这种情况下，企业管理金融资产的目标是通过出售金融资产以实现现金流量。即使企业在持有金融资产的过程中会收取合同现金流量，企业管理金融资产的业务模式也不是既以收取合同现金流量又以出售金融资产来实现其目标，因为收取合同现金流量对实现该业务模式目标来说只是附带性质的活动。

2. 金融资产的具体分类

（1）金融资产同时符合下列条件的，应当分类为以摊余成本计量的金融资产：

1）企业管理该金融资产的业务模式是以收取合同现金流量为目标。

2）该金融资产的合同条款规定，在特定日期产生的现金流量仅为对本金和以未偿付本金金额为基础的利息的支付。

例如，银行向企业客户发放的固定利率的贷款，在没有其他特殊安排的情况下，贷款的合同现金流量一般可能符合仅为对本金和以未偿付本金金额为基础的利息支付的要求。如果银行管理该贷款的业务模式是以收取合同现金流量为目标，则该笔贷款应当分类为以摊余成本计量的金融资产。

企业一般应当设置“银行存款”“贷款”“应收账款”“债权投资”等科目核算分类为以摊余成本计量的金融资产。

（2）金融资产同时符合下列条件的，应当分类为以公允价值计量且其变动计入其他综合收益的金融资产：

1）企业管理该金融资产的业务模式既以收取合同规金流量为目标又以出售该金融资产为目标。

2）该金融资产的合同条款规定，在特定日期产生的现金流量仅为对本金和以未偿付本金金额为基础的利息的支付。

例如，企业持有的普通债券的合同现金流量是到期收回本金及按约定利率在合同期间按时收取固定或浮动利息的权利。在没有其他特殊安排的情况下，普通债券的合同现金流量一般可能符合仅为对本金和以未偿付本金金额为基础的利息支付的要求。如果企业管理该债券的业务模式既以收取合同现金流量为目标又以出售该债券为目标，则该债券应当分类为以公允价值计量且其变动计入其他综合收益的金融资产。

企业应当设置“其他债权投资”科目核算分类为以公允价值计量且其变动计入其他综合收益的金融资产。

按照上述（1）和（2）分类为以摊余成本计量的金融资产和以公允价值计量且其变动计入其他综合收益的金融资产之外的金融资产，企业应当将其分类为以公允价值计量且其变动计入当期损益的金融资产。例如，企业持有的普通股股票的合同现金流量是收取被投资企业未来股利分配以及其清算时获得剩余收益的权利。由于股利及获得剩余收益的权利均不符合本金和利息的定义，因此企业持有的普通股股票应当分类为以公允价值计量且其变动计入当期损益的金融资产。

企业应当设置“交易性金融资产”科目核算以公允价值计量且其变动计入当期损益的金融资产。企业持有的直接指定为以公允价值计量且其变动计入当期损益的金融资产也在本科目核算。

3. 金融资产分类的特殊规定

权益工具投资的合同现金流量评估一般不符合基本借贷安排，因此只能分类为以公允价值计量且其变动计入当期损益的金融资产。然而在初始确认时，企业可以将非交易性权益工具投资指定为以公允价值计量且其变动计入其他综合收益的金融资产，并按规定确认股利收入。该指定一经做出，不得撤销。企业投资其他上市公司股票或者非上市公司股权的，都可能属于这种情形。

初始确认时，企业可基于单项非交易性权益工具投资将其指定为以公允价值计量且其变动计入其他综合收益的金融资产，其公允价值的后续变动计入其他综合收益，不需计提减值准备。除了获得的股利（明确代表投资成本部分收回的股利除外）计入当期损益外，其他相关的利得和损失（包括汇兑损益）均应当计入其他综合收益，且后续不得转入当期损益。当金融资产终止确认时，之前计入其他综合收益的累计利得或损失应当从其他综合收益中转出，计入留存收益。

需要注意的是，企业在非同一控制下的企业合并中确认的或有对价构成金融资产的，该金融资产应当分类为以公允价值计量且其变动计入当期损益的金融资产，不得指定为以公允价值计量且其变动计入其他综合收益的金融资产。

（二）金融工具的重分类

1. 金融工具重分类的原则

企业改变其管理金融资产的业务模式时，应当按照规定对所有受影响的相关金融资产进行重分类。企业对所有金融负债均不得进行重分类。所以，金融资产（即非衍生债权资产）可以在以摊余成本计量、以公允价值计量且其变动计入其他综合收益和以公允价值计量且其变动计入当期损益之间进行重分类。企业管理金融资产业务模式的变更是一种极其少见的情形。

企业对金融资产进行重分类，应当自重分类日起采用未来适用法进行相关会计处理，不得对以前已经确认的利得、损失（包括减值损失或利得）或利息进行追溯调整。重分类日，是指导致企业对金融资产进行重分类的业务模式发生变更后的首个报告期间的第一天。例如，甲上市公司决定于20×1年3月22日改变某金融资产的业务模式，则重分类日为20×1年4月1日（即下一个季度会计期间的期初）；乙上市公司决定于20×1年10月15日改变某金融资产的业务模式，则重分类日为20×2年1月1日。

【例 4-1】甲公司持有拟在短期内出售的某商业贷款组合。甲公司收购了一家资产管理公司乙公司，乙公司的业务模式是为收取合同现金流量而持有贷款。甲公司决定，对该商业贷款组合不再是为出售而持有，而是将该组合与资产管理公司持有的其他商业贷款一起管理，都是为收取合同现金流量而持有，则甲公司管理该商业贷款组合的业务模式发生了变更。

需要注意的是，企业业务模式的变更必须在重分类日之前生效。例如，某银行决定于20×1年10月15日终止其零售抵押贷款业务，并在20×2年1月1日对所有受影响的金融资产进行重分类。在20×1年10月15日之后，该金融机构不应开展新的零售抵押贷款业务或者另外从事与之前零售抵押贷款业务模式相同的活动。

需要注意的是，如果企业管理金融资产的业务模式没有发生变更，而金融资产的条款发生变更但未导致终止确认，则不允许重分类。如果金融资产条款发生变更导致金融资产终止确认的，不属于重分类，企业应当终止确认原金融资产，同时按照变更后的条款确认一项新金融资产。

2. 金融资产重分类的计量

（1）以摊余成本计量的金融资产的重分类。

1）企业将一项以摊余成本计量的金融资产重分类为以公允价值计量且其变动计入当期损益的金融资产的，应当按照该资产在重分类日的公允价值进行计量。原账面价值与公允价值之间的差额计入当期损益。

2）企业将一项以摊余成本计量的金融资产重分类为以公允价值计量且其变动计入其他综合收益的金融资产的，应当按照该金融资产在重分类日的公允价值进行计量。原账面价值与公允价值之间的差额计入其他综合收益。该金融资产重分类不影响其实际利率和预期信用损失的计量。

（2）以公允价值计量且其变动计入其他综合收益的金融资产的重分类。

1）企业将一项以公允价值计量其变动计入其他综合收益的金融资产重分类为以摊余成本计量的金融资产的，应当将之前计入其他综合收益的累计利得或损失转出，调整该金融资产在重分类日的公允价值，并将调整后的金额作为新的账面价值，即视同该金融资产一直以摊余成本计量。该金融资产重分类不影响其实际利率和预期信用损失的计量。

2）企业将一项以公允价值计量且其变动计入其他综合收益的金融资产重分类为以公允价值计量且其变动计入当期损益的金融资产的，应当继续以公允价值计量该金融资产。同时，企业应当将之前计入其他综合收益的累计利得或损失从其他综合收益转入当期损益。

（3）以公允价值计量且其变动计入当期损益的金融资产的重分类。

1）企业将一项以公允价值计量且其变动计入当期损益的金融资产重分类为以摊余成本计量的金融资产的，应当以其在重分类日的公允价值作为新的账面余额。

2）企业将一项以公允价值计量且其变动计入当期损益的金融资产重分类为以公允价值计量且其变动计入其他综合收益的金融资产的，应当继续以公允价值计量该金融资产。

对以公允价值计量且其变动计入当期损益的金融资产进行重分类的，企业应当根据该金融资产在重分类日的公允价值确定其实际利率。同时，企业应当自重分类日起对该金融资产适用金融资产减值的相关规定，并将重分类日视为初始确认日。

第二节 应收款项

应收款项

应收款项主要包括应收票据、应收账款、其他应收款及预付账款等。

一、应收票据

（一）应收票据及其初始入账价值

1. 应收票据及其分类

（1）应收票据。从广义上讲，应收票据作为一种债权凭证，应包括企业持有的未到期或未兑现的各种票据，如汇票、本票和支票等。但在我国会计实务中，支票、银行本票、银行汇票均为见票即付的票据，无须将其列为应收票据予以处理。因此，在我国应收票据仅指企业持有的未到期或未兑现的商业汇票。

在我国，商业汇票的期限一般不超过 6 个月，因而我国的应收票据是一种流动资产。在会计实务中，企业的应收票据是指收到的经承兑人承兑的商业汇票。

（2）应收票据的分类。按照票据承兑人的不同，商业汇票分为商业承兑汇票和银行承兑汇票两种。承兑是指汇票付款人承诺在汇票到期日支付汇票金额的票据行为。商业汇票必须经承兑后方可生效。银行承兑汇票的承兑人是承兑申请人的开户银行，商业承兑汇票的承兑人是付款人。

按照票据是否带有追索权，商业汇票分为带追索权的商业汇票和不带追索权的商业汇票。追索权是指企业在转让应收款项时接受应收款项转让方在应收款项遭受拒付或逾期未付时向该应收款项转让方索取应收金额的权利。在我国，商业票据可背书转让，持票人可以对背书人、出票人和票据的其他债务人行使追索权。

一般来说，不确定性负债称为或有负债，因此，转让应收款项而产生的具有不确定性的被追索权利也属于一种或有负债。在我国会计实务中，就应收票据贴现而言，银行承兑汇票的贴现一般不会使企业被追索，商业承兑汇票的贴现有被追索的可能，在这种情况下，企业也就会因汇票贴现而产生或有负债。

按照我国企业会计准则的规定，符合金融资产终止确认条件的（将金融资产所有权上几乎所有的风险和报酬转移给转入方），应终止确认该金融资产（如银行承兑汇票的贴现）；不符合金融资产终止确认条件的（如商业承兑汇票的贴现），作为取得短期借款处理。

2. *应收票据的初始入账价值*

应收票据按其有效期限是否在一年以内可以分为短期应收票据和长期应收票据。应收票据初始入账价值的确定有两种方法，按票据面值入账和按票据到期值的现值入账。按票据面值入账比较简单实用，按票据到期值的现值入账比较科学合理。

在我国，长期应收票据尚不存在，短期应收票据又无须按现值计价。企业收到的商业汇票以票据面值入账。如果发生了长期应收票据业务，则按其到期值的现值入账，并在资产负债表上作为非流动资产列示。本章仅说明短期应收票据的会计处理。

（二）应收票据到期日的确定

商业汇票自承兑日起生效，其到期日是由票据有效期限的长短决定的。在实务中，票据的期限一般有按月表示和按日表示两种。其中，按月表示的汇票付款期限自出票日起按月计算，按日表示的汇票付款期限自出票日起按日计算。

票据期限按月表示时，票据的期限不考虑各月份实际天数多少，统一按次月对应日为整月计算。例如，1 月 31 日签发承兑的期限为 1 个月、2 个月、3 个月和 6 个月的商业汇票，其到期日分别为 2 月 28 日（闰年为 2 月 29 日）、3 月 31 日、4 月 30 日和 7 月 31 日。

票据期限按日表示时，票据的期限不考虑各月数，统一按票据的实际天数计算。在票据承兑日和票据到期日这两天中，只计算其中的一天。例如，1 月 31 日（当年 2 月份为 28 天时）签发承兑的期限为 30 天、60 天、90 天的商业汇票，其到期日分别为 3 月 2 日、4 月 1 日、5 月 1 日。

（三）应收票据的取得

企业收到承兑的商业汇票时，应按票面金额借记“应收票据”科目，并根据不同的业务内容分别贷记“主营业务收入”“应交税费”“应收账款”等科目。

【例 4-2】 华钢股份公司根据发生的有关应收票据业务编制相关会计分录如下：

（1）向万达公司销售产品一批，价款 60 000 元，增值税 7 800 元，收到由万达公司承兑的商业承兑汇票一张，金额共计 67 800 元。

借：应收票据　　67 800
　贷：主营业务收入　　60 000
　　　应交税费——应交增值税（销项税额）　　7 800

（2）原向康益公司销售产品应收货款共计 56 500 元（其中，产品价款 50 000 元，增值税 6 500 元），经双方协商，采用商业汇票方式结算，并收到银行承兑汇票一张。

借：应收票据　　56 500
　贷：应收账款　　56 500

（四）应收票据持有期间的利息

有些商业汇票在票面上规定有利率，这类商业汇票是带息票据。票据到期时，除收回票面款外，还同时收取一定的利息。

带息商业汇票到期之前，尽管利息尚未实际收到，但企业已经取得收取票据利息的权利。在会计核算上，应按权责发生制原则于会计期末反映这部分利息收入，同时将应收而未实际收到的利息作为应收债权记录，借记“应收票据”科目，贷记“财务费用”（或“利息收入”）科目。对于企业于月末、季末还是年末对企业持有的应收票据计提票据利息，则根据企业采取的会计政策而定。

一般地，如果应收票据的利息金额较大，对企业财务成果有较大影响，应按月计提利息；如果应收票据的利息金额不大，对企业财务成果的影响较小，可以于季末或年末计提应收票据的利息。但企业至少应于会计年末计提持有商业汇票的利息，以便正确计算企业的财务成果，除非应计利息金额极小。

【例 4-3】 华钢股份公司 20×1 年 9 月 1 日采用商业汇票结算方式销售产品一批，发票上注明的销售收入为 103 540 元，增值税额为 13 460 元，企业当即收到带息商业承兑汇票一张，期限为 6 个月，到期日为 20×2 年 3 月 1 日，票面利率为 4%。按企业会计政策规定，企业于年末计提应收票据的利息。

该企业应编制如下会计分录：

（1）20×1 年 9 月 1 日收到商业承兑汇票时：

借：应收票据　　117 000
　贷：主营业务收入　　103 540
　　　应交税费——应交增值税（销项税额）　　13 460

（2）20×1 年 12 月 31 日计提应收票据利息 1 560（117 000×4%×4÷12）元：

借：应收票据　　1 560
　贷：财务费用　　1 560

需要说明的是，在本例中，利息收入是资产负债表日按应收票据规定的利率（名义利率）计算确定的，未考虑票面利率与资本市场实际利率的差异。从理论上讲，如果应收票据名义利率与实际利率相差较大且利息金额较大时，应按实际利率计算确定利息收入。从我国实际情况看，应收票据利息收入一般金额不大，而且应收票据多为短期债权，为简化核算手续，即使实际利率与名义利率有一定差距，一般也不再以实际利率计算利息收入。但对于带息长期应收票据，则应以实际利率计算利息收入。依实际利率计算利息收入的方法参见第5章中债权投资的相关内容。

（五）应收票据到期

企业对持有的即将到期的商业汇票，应匡算划款时间，提前委托开户银行收款。一般来说，银行承兑汇票的票款能够及时收妥入账。商业承兑汇票的票款视付款人账户资金是否足额有两种可能：一是付款人足额支付票款，结清有关的债权债务；二是付款人账户资金不足，将托收的汇票退回，由收付款双方自行处理。

商业汇票到期时，应按商业汇票的到期值借记有关科目，按商业汇票的账面金额贷记“应收票据”科目，按两者的差额（未计提利息部分）贷记“财务费用”科目。

需要指出的是，根据《中华人民共和国票据法》的规定，汇票到期被拒绝付款的，持票人可以对有关债务人行使追索权。因此，到期未兑现的应收票据应按汇票到期值反映企业的债权（包括应收票据面值和应收利息两部分）情况。

商业汇票到期值是指票据到期应收的票款额。对于不带息票据来说，到期值就是票据面值；对于带息票据来说，其到期值是票据面值与应收票据到期利息的合计金额。计算应收票据到期利息的公式如下：

应收票据利息=应收票据面值×利率×时期

式中，应收票据面值是指商业汇票票面记载的金额，利率是指票据所规定的利率（一般以年利率表示），时期是指票据的有效期限。

当商业汇票的期限按月数表示时，应收票据到期利息的计算公式如下：

应收票据利息=应收票据面值×利率×时期（月数）÷12

当商业汇票的期限按天数表示时，应收票据到期利息的计算公式如下：

应收票据利息=应收票据面值×利率×时期（天数）÷360

【例4-4】华钢股份公司持有一张面值为117 000元的商业汇票，年利率为9.6%，票据的出票日（承兑生效日）为3月31日，票据期限为4个月，到期日为7月31日，则该商业汇票的到期值为多少？

到期值=117 000+117 000×9.6%×4÷12=120 744（元）

【例4-5】华钢股份公司持有一张面值为40 000元的商业汇票，年利率为4.2%，出票日（承兑生效日）为1月31日，票据期限为90天，到期日为5月1日，则该商业汇票的到期值为多少？

到期值=40 000+40 000×4.2%×90÷360=40 420（元）

一般地，应收票据利息应按月计算，但当应收票据利息金额不大或票据生效日和到期日在同一会计年度时，为了简化会计核算手续，也可以在票据到期收到票据本息时再将利息收入记入“财务费用”科目贷方。如果应收票据利息金额较大，且票据生效日和到期日跨会计年度时，会计期末应确认当期应收利息，借记“应收票据”科目，贷记“财务费用”科目。

应收票据到期时，如果收到票款，应按实际收到的金额借记“银行存款”科目，按应收票据的账面金额贷记“应收票据”科目，按其差额（即未计提利息部分）贷记“财务费用”科目。

应收票据到期时，如果因付款人无力支付票款而收到由银行退回的商业承兑汇票、委托收款凭证、未付票款通知书、拒绝付款证明等单证，应将应收票据的账面价值转入“应收账款”科目，并将应收票据到期值中尚未计提的利息借记“应收账款”科目，贷记“财务费用”科目。将到期不能收回的带息应收票据价值转入应收账款，且未计利息转入应收票据后其原票据的计息期已结束，期末不应再对已经到期的应收票据计提利息。如果协议规定对已经到期而未能实际收到票款的债权继续计算利息的，其所包括的利息按照协议规定计算，于每个会计期末借记“应收账款”科目，贷记“财务费用”科目。

【例 4-6】华钢股份公司对某票据利息收入采用会计期末和票据到期分别确认的处理方法。根据发生的有关商业汇票的经济业务编制相关会计分录。

（1）该企业于 10 月 1 日销售商品 400 000 元（其中，价款 353 982 元，增值税 46 018 元），并于当日签发承兑日为 10 月 1 日、面值为 400 000 元、利率为 4.8%、期限为 6 个月、到期日为第二年 4 月 1 日的银行承兑汇票。

借：应收票据　　400 000
　　贷：主营业务收入　　353 982
　　　　应交税费——应交增值税（销项税额）　　46 018

（2）年末计提商业汇票的应计利息 4 800 元。

当年应计利息=400 000×4.8%×3/12=4 800（元）

借：应收票据　　4 800
　　贷：财务费用　　4 800

（3）第二年 4 月 1 日，上述票据到期，票款全部收妥入账，共计 409 600 元。

借：银行存款　　409 600
　　贷：应收票据　　404 800
　　　　财务费用　　4 800

如果该票据为商业承兑汇票，票据到期时，付款人账户资金不足，由银行退票，则应编制如下会计分录：

借：应收账款　　409 600
　　贷：应收票据　　409 600

（六）应收票据的转让

根据《银行支付结算办法》的有关规定，企业可以将持有的应收票据进行背书转让，用以购买所需物资或偿还债务。以应收票据偿还债务的会计处理原则和方法将在《高级会计学》的债务重组部分介绍，这里仅就应收票据背书转让取得材料物资的会计处理进行说明。

企业将持有的应收票据背书转让，如为带息应收票据，既可以先将未计提的票据利息借记“应收票据”科目，贷记“财务费用”科目，然后再把应收票据金额作为转让金额；也可以将应提未提利息作为转让应收票据价值的一部分直接计入接受资产价值的构成。取得所需材料物资时，按应计入取得物资成本的价值，借记“材料采购”“原材料”“库存商品”等科目；按专用发票上注明的可以抵扣的增值税进项税额，借记“应交税费——应交增值税（进项税额）”科目；按应收票据的账面余额，贷记“应收票据”科目；按计提的利息，贷记“应收利息”科目；按收到或补付的差价款，借记或贷记“银行存款”科目。

【例 4-7】华钢股份公司根据发生的有关应收票据背书转让业务编制如下会计分录：

（1）该企业采购一批材料，货款总计 11 300 元（其中，材料价款 10 000 元，增值税 1 300

元），将票据金额为12 000元的不带息商业承兑汇票背书转让以支付该材料的货款，同时收到差额款700元存入银行。

借：原材料　　10 000
　　应交税费——应交增值税（进项税额）　　1 300
　　银行存款　　700
　　贷：应收票据　　12 000

（2）该企业采购一批材料，货款总计226 000元（其中，材料价款200 000元，增值税26 000元），将金额为220 000元的带息应收票据背书转让，至转让日该应收票据应计利息总额为300元（其中，上月末已经计提的利息为280元，尚未入账的应计利息为20元），同时以银行存款支付差额款5 700元。

借：应收票据　　20
　　贷：财务费用　　20
借：原材料　　200 000
　　应交税费——应交增值税（进项税额）　　26 000
　　贷：应收票据　　220 300
　　　　银行存款　　5 700

当应收票据的背书转让企业承担因付款方不能到期支付票款的连带责任时，应收票据不符合金融资产终止确认条件。此时，转让应收票据实际上具有抵押性质，应收票据不能终止确认。因转让应收票据而购入材料视为负债处理，并通过“应付账款”科目核算。

（七）应收票据的贴现

应收票据贴现是指企业以未到期应收票据向银行融通资金，银行按票据的应收金额扣除一定期间的贴现利息后将余额付给企业的筹资行为。

企业可以持未到期的商业汇票向银行申请贴现。将商业汇票贴现后，企业可以从银行取得贴现款。贴现款的计算公式如下：

贴现款=票据到期值-贴现息

贴现息=票据到期值×贴现率×贴现天数/360

贴现天数是指自贴现日起至票据到期前一日止的实际天数，贴现日和票据到期日只计算其中的一天。如果2月10日将1月31日（当年2月份为28天）签发承兑的期限为30天、60天和90天（到期日分别为3月2日、4月1日、5月1日）的商业汇票贴现，则其贴现天数分别为20天、50天和80天。在会计实务中，无论商业汇票的到期日按日表示还是按月表示，贴现期一般均按实际贴现天数计算。

在会计上，企业应根据贴现的商业汇票是否带有追索权分别采用不同的方法进行处理。

1．不带追索权的应收票据贴现

将不带追索权的应收票据贴现，企业在转让票据所有权的同时也将票据到期不能收回票款的风险一并转给了贴现银行，企业对票据到期无法收回的票款不承担连带责任，即符合金融资产终止确认的条件。因此，将不带追索权的商业汇票贴现时，企业应按实际收到的贴现款借记“银行存款”科目，按贴现票据的账面金额贷记“应收票据”科目；实际收到的贴现款与贴现商业汇票的账面金额的差额借记（贴现款小于应收票据账面金额及已计提的利息时）或贷记（贴现款大于应收票据账面金额及已计提的利息时）“财务费用”科目。

在我国，企业将银行承兑汇票贴现基本上不存在到期不能收回票款的风险，企业应将银行承兑汇票贴现视为不带追索权的商业汇票贴现业务，按金融资产终止确认的原则处理。

【例 4-8】华钢股份公司于 2 月 10 日（当年 2 月份为 28 天）持签发承兑日为 1 月 31 日、期限为 90 天、面值为 500 000 元、利率为 4.8%、到期日为 5 月 1 日的银行承兑汇票到银行申请贴现，银行规定的月贴现率为 4.2‰。假定票据到期确认利息收入。

票据到期利息总额=500 000×4.8%×90/360=6 000（元）

票据到期值=500 000+6 000=506 000（元）

贴现天数=80（天）

贴现息=506 000×4.2‰×80/30=5 667.20（元）

贴现款=506 000-5 667.20=500 332.80（元）

借：银行存款	500 332.80	
贷：应收票据		500 000.00
财务费用		332.80

2. 带追索权的应收票据贴现

将带追索权的应收票据贴现，企业并未转嫁票据到期不能收回票据款的风险，贴现企业因背书而在法律上负有连带偿还责任。企业所承担的这种连带偿还责任是企业的一种或有负债，该债务直至贴现银行收到票据款后方可解除。因此，将带追索权的商业汇票贴现后，不符合金融资产终止确认的条件，不应冲销应收票据账户金额。

在我国，企业将商业汇票贴现是一种典型的带追索权的票据贴现业务。企业将带追索权的票据贴现不符合金融资产终止确认的条件，会计上不应冲销“应收票据”账户。此时，一般根据实际收到的贴现款借记“银行存款”科目，贷记“短期借款”科目。

【例 4-9】沿用例 4-8 的资料，假设贴现的汇票为商业承兑汇票，则该企业应编制如下会计分录：

借：银行存款	500 332.80	
贷：短期借款		500 332.80

票据到期日，无论票据付款人是否足额向贴现银行支付票款，贴现的票据均满足金融资产终止确认的条件，会计上应终止确认应收票据。

票据的付款人于汇票到期日将票款足额付给贴现银行，企业未收到有关追索债务的通知，则企业因票据贴现而产生的负债责任解除。这时应作为偿还短期贷款对待，按照短期借款的账面价值借记“短期借款”科目，按照应收票据的账面价值贷记“应收票据”科目，按照两者的差额借记或贷记“财务费用”科目。

如果票据的付款人于汇票到期日未能向贴现银行足额支付票款，企业则成为实际的债务人。贴现票据的企业能够向贴现银行支付票款的，收到银行有关偿债通知后，按照票据的到期值借记“应收账款”科目，按照票据的账面价值贷记“应收票据”科目，差额借记或贷记“财务费用”科目，同时按照短期借款账面价值借记“短期借款”，按照票据的到期值贷记“银行存款”科目，按照两者的差额借记“财务费用”科目。贴现票据的企业若无力偿还票款，贴现银行将对无法偿还的票款做逾期贷款处理。

【例 4-10】沿用例 4-9 的资料，票据到期时，票据付款人已足额向贴现银行支付票款，则到期日应编制如下会计分录：

借：短期借款　　500 332.80
　　贷：应收票据　　500 000.00
　　　　财务费用　　332.80

若票据到期时，票据付款人无法向贴现银行支付票款，而该企业能够偿还票据款，则应编制如下会计分录：

借：应收账款　　506 000
　　贷：应收票据　　500 000
　　　　财务费用　　6 000
借：短期借款　　500 332.80
　　财务费用　　5 667.20
　　贷：银行存款　　506 000.00

若票据到期时，票据付款人无法向贴现银行支付票款，而该企业也无力偿还票据款，则应编制如下会计分录：

借：应收账款　　506 000
　　贷：应收票据　　500 000
　　　　财务费用　　6 000
借：短期借款　　500 332.80
　　财务费用　　5 667.20
　　贷：短期借款——逾期贷款　　506 000.00

（八）应收票据备查簿

企业应设置应收票据备查簿，逐笔记录每一应收票据的种类、号数和出票日期、票面金额、票面利率、交易合同和付款人、承兑人、背书人姓名或单位名称、到期日、背书转让日、贴现日期、贴现率和贴现净额、未计提的利息，以及收款日期和收回金额、退票情况等资料。应收票据到期结清票款或退票后，应在应收票据备查簿内逐笔注销。

二、应收账款

（一）应收账款及其构成范围

1. 应收账款

应收账款是企业因对外销售商品或产品、提供劳务等经营活动而应向客户收取的款项。应收账款一般属于应在一年（可跨年度）内收回的短期债权。在资产负债表上，应收账款应列为流动资产项目。

2. 应收账款的构成

在会计实务中，企业的应收账款主要包括因销售商品或产品、提供劳务而应向客户收取的商品价款、应收取的增值税销项税额及为客户代垫的运杂费等，不包括各种非经营活动发生的应收款项。存出的保证金和押金、购货的预付定金、对职工或股东的预付款、预付分公司款、应收认股款、与企业的经营活动无关的应收款项、超过一年的应收分期销货款以及采用商业汇票结算方式销售商品的债权等，均不属于会计上的应收账款。

（二）应收账款的入账价值

一般来说，应收账款应按买卖双方成交时的实际发生额入账。但企业为了促进货物销售或及时回笼货款，在销售时往往实行商业折扣或现金折扣政策，两者对应收账款入账价值的影响不同。

1. 商业折扣

商业折扣是指对商品价目单所列的价格给予一定的折扣，实际上是对商品报价进行的折扣。商业折扣一般用百分比来表示，如5%、10%、20%等，也可用金额表示，如100元、200元等。商品报价并不是企业对某一具体客户的应收款项，在会计上，应收客户款应以业务发生时的成交价入账。也就是说，企业发生销货、提供劳务等主要经营业务行为时，应收账款一般应按商品报价扣除商业折扣以后的实际成交价格入账。由此可见，商业折扣对会计核算不产生任何影响。

【例 4-11】华钢股份公司销售甲商品，商品价目单中所列示的价格（不含增值税）为100元/件，现销售20件，并给予购货方5%的商业折扣，则该企业销售甲商品的实际销售单价为95[100×(1-5%)]元/件，销售20件的价款共计1 900（95×20）元，应收取的销项税额为247元，共计2 147元。华钢股份公司应编制如下会计分录：

（1）销售货物时：

借：应收账款　　2 147

　　贷：主营业务收入　　1 900

　　　　应交税费——应交增值税（销项税额）　　247

（2）实际收到货款时：

借：银行存款　　2 147

　　贷：应收账款　　2 147

2. 现金折扣

现金折扣是指销货企业为了鼓励客户在一定期间内早日偿还货款，对应收货款总额所给予的一定比率的扣减。现金折扣条件一般用2/10、1/20、*n*/30等表示，含义分别是10天内付款给予2%的折扣、20天内付款给予1%的折扣、30天内付款无折扣。现金折扣使得企业应收账款的实收数额在规定的付款期限内随着客户付款时间的推延而增加，因而会对会计核算产生影响。

现金折扣实质上是企业为了尽早收到销货款而采取的一种激励手段，并随时间的推延而变化，属于交易价格中的可变对价，在会计上一般作为对销售收入的调整。具体方法是：附有现金折扣条件的商品赊销时，将应收账款总额扣除估计的极有可能发生的现金折扣后的余额记入“应收账款”科目，将不含增值税的交易总价格扣除估计的现金折扣后的余额确认为主营业务收入，按照不扣除现金折扣的不含增值税的交易总价格和适用的增值税税率确定的增值税额记入“应交税费——应交增值税（销项税额）”科目。资产负债表日重新估计可能收到的对价金额，如果实际收款时间晚于估计的收款时间，客户因此丧失的现金折扣额作为可变对价调增应收账款和主营业务收入；如果实际收款时间早于估计的收款时间，客户享受了现金折扣，则按实际享受的现金折扣大于估计的现金折扣的金额减少应收账款和主营业务收入。

【例 4-12】华钢股份公司根据发生的有关应收账款的经济业务编制相关会计分录。

（1）该企业赊销甲产品，合同规定的客户付款期为企业交付货物后30天内，付款条件为“2/20，*n*/30”，按含增值税的价款计算现金折扣。当日开出增值税专用发票，发票上注明的不含税价款为50 000元，增值税额为6 500元，价税合计为56 500元。公司依客户以往付款情况的经验及客户现实经营状况，估计客户很可能在20天内结清全部款项，并很有可能获得1 130（56 500×2%）元的现金折扣。

借：应收账款　　55 370
　　贷：主营业务收入　　48 870
　　　　应交税费——应交增值税（销项税额）　　6 500

（2）如果客户于20天内付款，则获得1 130元的现金折扣，实际收到货款55 370元存入银行。

借：银行存款　　55 370
　　贷：应收账款　　55 370

三、其他应收款及预付账款

（一）其他应收款

其他应收款是指企业除应收票据、应收账款、预付账款、应收股利、应收利息、长期应收款、存出保证金等以外的各种应收及暂付款项，包括各种应收赔款、备用金、应收包装物租金、应收的各种赔款和罚款、应向职工收取的各种垫付款项等。

企业应设置“其他应收款”科目对其他应收款的收付业务进行核算，并按其他应收款的项目以及债务人进行明细核算。

企业发生的拨出用于投资的各种款项，在尚未进行投资之前，属于企业的其他货币资金，该类款项一般通过“其他货币资金”科目进行核算，不属于其他应收款的范围。

【例4-13】华钢股份公司根据发生的有关其他应收款的经济业务编制相关会计分录。

（1）某职工预借差旅费500元，以现金支付。

借：其他应收款　　500
　　贷：库存现金　　500

（2）某职工报销差旅费530元（其中包含准予抵扣的增值税进项税额30元），原借400元，以现金补付130元。

借：管理费用　　500
　　应交税费——应交增值税（进项税额）　　30
　　贷：其他应收款　　400
　　　　库存现金　　130

（3）借入外单位包装物，支付包装物押金800元。

借：其他应收款　　800
　　贷：银行存款　　800

企业内各部门因经营业务需要，往往要准备一定数额的备用金。备用金是指企业内部各车间、部门、职能科室等周转使用的货币资金，主要包括预付给科室、车间及非独立核算的经营单位等用于日常开支的款项。会计上，企业一般以“其他应收款”科目核算备用金业务。如果企业发生的备用金业务较多，也可以单独设置“备用金”科目进行核算。无论备用金是通过“其他应收款——备用金”科目核算，还是通过“备用金”科目核算，都应按用款单位详细记录备用金的具体情况。

根据预付方式不同，备用金分为定额备用金和非定额备用金两种，不同形式备用金的会计处理方法也不一样。

定额备用金是指用款单位按定额持有的备用金。其具体方法是：根据用款单位的实际需要核定备用金定额，由财会部门按定额将备用金支付给用款部门，待用款部门实际支用后，经财会部门审核，凭有效单据报账领款，以补足用款单位定额备用金。这种方法便于企业对备用金的使用进行控制，一般适用于有经常性费用开支的内部用款单位。由于用款单位报销领款后备用金数额仍按定额持有，因此报销费用时视同货币资金支付费用处理，借记“管理费用”等科目，贷记“银行存款”“库存现金”科目；在用款单位不再需要备用金时才将备用金收回，借记“库存现金”等科目，贷记“其他应收款——备用金”科目。

【例 4-14】华钢股份公司根据发生的有关定额备用金的经济业务编制相关会计分录。

（1）开出现金支票，向总务部门支付定额备用金 400 元。

借：其他应收款——备用金——总务部　　400
　　贷：银行存款　　400

（2）总务部门向财会部门报销日常办公用品费 200 元，财会部门以现金支付。

借：管理费用　　200
　　贷：库存现金　　200

（3）总务部门不再需要备用金，将备用金 400 元退回。

借：库存现金　　400
　　贷：其他应收款——备用金——总务部　　400

非定额备用金是指用款单位不按固定额度持有的备用金。其一般做法是：根据实际需要由财会部门预付用款单位一定时期的备用金数额；用款单位支用备用金后向财会部门报账核销；备用金支用完毕，再根据需要由财会部门拨付下一时期的备用金。这种方法手续简单，但不便于对备用金的使用进行控制，一般适用于用款单位的非经常性开支。由于用款单位报账核销时财会部门并不以货币资金补充其备用金，而是作为债权的收回处理，因此用款单位报销费用时，应借记“管理费用”等科目，贷记“其他应收款——备用金”科目。

【例 4-15】华钢股份公司根据发生的有关非定额备用金的经济业务编制相关会计分录。

（1）以现金拨付销售科备用金 500 元。

借：其他应收款——备用金——销售科　　500
　　贷：库存现金　　500

（2）用款单位报销销售产品的运费 436 元（其中准予抵扣的增值税进项税额为 36 元）。

借：销售费用　　400
　　应交税费——应交增值税（进项税额）　　36
　　贷：其他应收款——备用金——销售科　　436

（二）预付账款

预付账款是指企业按照购货合同规定，预先以货币资金或货币等价物支付供应单位的款项。

对于预付账款业务，企业一般设置“预付账款”科目进行核算，并按供应单位设置明细科目进行明细核算。

企业因购货而预付款项时，借记“预付账款”科目，贷记“银行存款”科目；收到所购货物时，按应计入物资采购成本的金额，借记“材料采购”“原材料”“库存商品”等科目，按增值税专用发票注明的增值税，借记“应交税费——应交增值税（进项税额）”科目，按发票账单注明的应付金额，贷记“预付账款”科目；补付款项时，借记“预付账款”科目，贷记“银行存款”科目；收到退回的款项时，借记“银行存款”科目，贷记“预付账款”科目。

【例 4-16】华钢股份公司根据发生的有关预付账款的经济业务编制相关会计分录。

（1）预付购买商品的货款 30 000 元。

借：预付账款	30 000	
贷：银行存款		30 000

（2）收到商品的价款为 32 000 元，增值税为 4 160 元，共计 36 160 元。

借：在途物资	32 000	
应交税费——应交增值税（进项税额）	4 160	
贷：预付账款		36 160
借：库存商品	32 000	
贷：在途物资		32 000

（3）补付商品款 6 160 元。

借：预付账款	6 160	
贷：银行存款		6 160

在会计实务中，预付账款业务不多时，可以通过“应付账款”科目核算预付账款业务；企业的应付账款业务不多时，也可以通过“预付账款”科目核算应付账款业务。需要指出的是，为了便于反映企业对客户的债权债务关系，对同一客户发生购货往来业务，只通过“应付账款”或只通过“预付账款”科目核算。会计期末，“应付账款”科目和“预付账款”科目所属的明细科目中，有的可能是借方余额，有的可能是贷方余额。其中，借方余额合计列示于资产负债表流动资产项下的“预付款项”项目，贷方余额合计列示于资产负债表流动负债项下的“应付账款”项目。

四、坏账

（一）坏账及其确认条件

坏账是指企业无法收回的应收款项。一般符合下列条件之一即可认为发生了坏账：

（1）债务人被依法宣告破产、撤销，其剩余财产确实不足清偿的应收款项。

（2）债务人死亡或依法被宣告死亡、失踪，其财产或遗产确实不足清偿的应收款项。

（3）债务人遭受重大自然灾害或意外事故，损失巨大，以其财产（包括保险赔偿）确实无法清偿的应收款项。

（4）债务人逾期未履行偿债义务，经法院裁决，确实无法清偿的应收款项。

（5）超过法定年限以上（一般为 3 年）仍未收回的应收款项。

（6）法定机构批准可核销的应收款项。

（二）核算坏账的方法

企业因坏账而发生的损失称为坏账损失，对应收款项估计的坏账损失称为坏账准备，其在会计上有两种核算方法：直接转销法和备抵法。

1. 直接转销法

直接转销法是在实际发生坏账时直接冲销有关的应收款项并确认坏账损失，借记“信用减值损失”科目，贷记“应收账款”科目。

在直接转销法下，若已经确认的坏账因债务人经济状况好转或其他原因又全部或部分收回时，为了通过应收账款等账簿记录反映债务人的偿债信誉，应首先按收回的金额冲销原确认坏账的会计分录，然后再反映应收款项的收回。即借记“应收账款”等科目，贷记“信用减值损失”科目；同时借记“银行存款”等科目，贷记“应收账款”等科目。

【例 4-17】华钢股份公司根据发生的有关坏账的经济业务编制相关会计分录。

（1）应收瑞林公司的账款共计 35 000 元，已确认无法收回。

借：信用减值损失　　35 000

　　贷：应收账款　　35 000

（2）已经确认为坏账的应收瑞林公司账款中又收到 2 000 元。

借：应收账款　　2 000

　　贷：信用减值损失　　2 000

同时：

借：银行存款　　2 000

　　贷：应收账款　　2 000

采用直接转销法对坏账进行核算，只有在实际发生坏账时才作为损失计入当期损益，并冲减应收款项，其核算手续比较简单。但采用这种方法，由于在实际发生坏账时才确认坏账损失，从而导致日常核算的应收账款价值虚增、利润虚列，既不符合权责发生制和收入与费用的配比原则，又不符合谨慎性原则。在资产负债表上，只能提供应收账款的账面余额，无法提供关于应收账款可收回金额的会计信息，歪曲了企业期末的财务状况。除非企业发生的坏账极小，对企业财务状况和经营成果的影响极小，否则一般不采用直接转销法核算坏账。

2. 备抵法

备抵法是根据应收款项可收回金额按期估计坏账损失并形成坏账准备，在实际发生坏账时再冲销坏账准备的方法。

按照《企业会计准则第 22 号——金融工具确认和计量》（2017）准则的相关要求，企业对于《企业会计准则第 14 号——收入》（2017）所规定的、不含重大融资成分（包括不考虑不超过一年的合同中融资成分的情况）的应收款项，应当始终按照整个存续期间内预期的信用损失的金额计量其损失准备。

采用备抵法核算坏账，每期估计的坏账损失直接计入当期损益，体现了稳健性原则的要求。在资产负债表上能如实反映应收账款的净额，使报表使用者能够了解企业应收账款的可变现金额。同时，在利润表上也避免了因应收账款价值虚列而造成的利润虚增，避免了企业明盈实亏。我国企业会计准则规定企业应采用备抵法核算各应收款项的坏账。

在备抵法下，按期估计坏账损失时，借记“信用减值损失”科目，贷记“坏账准备”科目；实际发生坏账时，借记“坏账准备”科目，贷记“应收账款”等科目。

在资产负债表上，各应收款项按该应收款项余额减去提取的坏账准备后的净额反映。

采用备抵法核算各应收款项的坏账，应采用一定的方法合理估计各会计期间的坏账损失。按期估计坏账损失的方法主要有两种，即余额百分比法和账龄分析法。

（1）余额百分比法。余额百分比法是按应收款项余额的一定比例估计该应收款项的坏账损失。每期所估计的坏账损失，应根据坏账损失占应收款项余额的经验比例和该应收款项的余额确定。采用余额百分比法对坏账进行会计处理，需要注意以下几个要点：

1）企业首次计提坏账准备时，按各应收款项的余额和企业确定的该应收款项的坏账比例计算应提取的坏账准备，借记“信用减值损失”科目，贷记“坏账准备”科目。

2）发生坏账时，按实际发生的坏账金额，借记“坏账准备”科目，贷记“应收账款”“其他应收款”等科目。

3）已经确认的坏账又收回时，根据收回数额，借记“应收账款”“其他应收款”等科目，贷记“坏账准备”科目；同时借记“银行存款”等科目，贷记“应收账款”“其他应收款”等科目。

4）会计期末估计的坏账准备与“坏账准备”科目的余额有差异时，应对“坏账准备”科目的余额进行调整，使调整后的“坏账准备”科目的贷方余额与估计的坏账数额一致。调整“坏账准备”科目贷方余额时，有以下3种情况：

第一种情况：调整前的“坏账准备”科目为借方余额时，该余额表明本期实际发生的坏账大于上期估计的坏账准备的差额。这时应按本期估计的坏账加上调整前“坏账准备”科目的借方余额之和作为计提坏账准备的数额，借记“信用减值损失”科目，贷记“坏账准备”科目。

第二种情况：调整前的“坏账准备”科目为贷方余额，而且该贷方余额小于本期估计的坏账准备额。这时应按“坏账准备”科目贷方余额小于本期估计坏账准备数额的差额作为计提坏账准备的数额，借记“信用减值损失”科目，贷记“坏账准备”科目。

第三种情况：调整前的“坏账准备”科目为贷方余额，而且该贷方余额大于本期估计的坏账准备数额。这时应按“坏账准备”科目贷方余额大于本期估计的坏账数额的差额冲减坏账准备，借记“坏账准备”科目，贷记“信用减值损失”科目。

下面以应收账款为例说明按余额百分比法计提坏账准备的会计处理方法。

【例4-18】华钢股份公司按应收账款余额的5%计提坏账准备，根据发生的有关经济业务编制相关会计分录。

1）20×0年12月31日，首次计提坏账准备时，应收账款的年末余额为200 000元。

估计坏账损失=200 000×5%=10 000（元）

借：信用减值损失	10 000	
贷：坏账准备		10 000

20×0年12月31日，应收账款净额为190 000元（200 000-10 000）。

2）20×1年实际发生坏账6 000元。

借：坏账准备	6 000	
贷：应收账款		6 000

3）20×1年已经确认为坏账的6 000元又收回了4 000元。

借：应收账款	4 000	
贷：坏账准备		4 000
借：银行存款	4 000	
贷：应收账款		4 000

4）20×1年12月31日，应收账款余额为60 000元，估计的坏账准备为3 000（60 000×5%）元，应冲销多余的坏账准备5 000（8 000-3 000）元。应收账款净额为57 000（60 000-3 000）元。

借：坏账准备	5 000	
贷：信用减值损失		5 000

5）如果 20×1 年发生坏账 12 000 元，后又收回其中的 4 000 元，则收回已经确认为坏账的 4 000 元应收账款后，“坏账准备”贷方余额为 2 000（10 000-12 000+4 000）元，20×1 年 12 月 31 日应补提坏账准备 1 000（3 000-2 000）元。

借：信用减值损失　　1 000

　　贷：坏账准备　　1 000

6）如果 20×1 年发生坏账 15 000 元，后又收回其中的 1 000 元，则“坏账准备”为借方余额 4 000（10 000-15 000+1 000）元，20×1 年 12 月 31 日应补提坏账准备 7 000（3 000+4 000）元。

借：信用减值损失　　7 000

　　贷：坏账准备　　7 000

（2）账龄分析法。账龄分析法按各应收款项账龄的长短，根据以往经验确定坏账准备百分比，并据以估计坏账准备。这里所指的账龄是指客户所欠账款的时间。虽然应收款项能否收回及其回收的程度与应收款项过期长短并无直接联系，但一般来说，账龄越长，账款不能收回的可能性就越大，因此企业可以按应收款项的账龄估计坏账准备。

采用账龄分析法，各期估计的坏账准备应与账面上原有的坏账准备进行比较，并调整“坏账准备”科目余额，调整后的“坏账准备”科目余额应与估计的坏账准备数额一致，其核算原理与余额百分比法下的调整方法相同。下面以应收账款为例说明期末对“坏账准备”科目的调整方法。

【例 4-19】华钢股份公司采用账龄分析法估计坏账准备，根据发生的有关经济业务编制相关会计分录。

1）20×0 年年末“坏账准备”科目的贷方余额为 7 000 元，20×1 年实际发生坏账损失 4 000 元。

借：坏账准备　　4 000

　　贷：应收账款　　4 000

2）20×1 年年末采用账龄分析法估计的坏账准备为 8 000 元，应补提坏账准备 5 000 元。

借：信用减值损失　　5 000

　　贷：坏账准备　　5 000

从以上分析可以看出，余额百分比法和账龄分析法实际上都是百分比法，只是估计坏账准备的基础不同而已，两者各有利弊。采用余额百分比法计提坏账准备不考虑账龄结构，实际上是对不同账龄的应收款项按一个综合比率计提坏账准备。采用账龄分析法按不同账龄分别以不同的比率计提坏账准备，但没有考虑同一账龄的应收账款存在风险的差异。

不同企业所处具体环境各不相同，世界上大多数国家一般既不规定企业计提坏账准备的方法，也不具体规定计提比例，但都要求企业根据以往经验、债务单位实际财务状况和现金流量情况，以及其他有关信息合理估计。因而会计实务中，企业可能对不同的应收款项采用不同的计提方法、使用不同的比率计提坏账准备。

根据我国企业会计准则的有关规定，企业应对各项应收款项进行减值测试。一般企业应根据本单位的实际情况，对单项金额重大和单项金额非重大的应收款项分别采用不同的方式估计坏账准备。对于单项金额重大的应收款项，应当单独进行减值测试，当有客观证据表明其发生了减值时，应当根据其未来现金流量现值低于其账面价值的差额确认减值损失，计提坏账准备。其他部分仍按余额百分比法或账龄分析法进行处理。

在会计实务中，企业按规定列出目录，具体注明计提坏账准备的范围、提取方法、账龄的划分、提取比例等事项，按照管理权限，经股东大会或董事会，或经理（厂长）会议或类似机构批准，并且按照法律、行政法规的规定报有关各方备案，并备置于公司所在地，以供投资者查阅。坏账准备提取方法一经确定，不得随意变更。如需变更，仍应按上述程序，经批准后报送有关各方备案，并在会计报表附注中予以说明。

已经计提坏账准备的应收款项在资产负债表上的列示方法有两种：一是将应收款项余额、已计提的坏账准备和应收款项净额同时反映；二是按应收款项账面余额扣除已经计提的坏账准备后的净额反映。按我国有关规定，企业应采用第二种方法，即按应收账款净额（或称账面价值）列示于资产负债表的“应收账款”项目。

第三节　交易性金融资产

交易性金融资产

前已述及，以公允价值计量且其变动计入当期损益的金融资产主要是指按照企业会计准则的规定，除以摊余成本计量的金融资产和以公允价值计量且其变动计入其他综合收益的金融资产以外的金融资产，主要包括以交易为目的的债券、股票、基金和权证等。

形成以公允价值计量且其变动计入当期损益的金融资产的方式主要有两种：购入和重分类。重分类就是将一项以摊余成本计量的金融资产或以公允价值计量且其变动计入其他综合收益的金融资产重分类为以公允价值计量且其变动计入当期损益的金融资产。本节仅就购入方式形成的交易性金融资产的会计处理进行说明。

一、交易性金融资产的取得

企业会计准则要求，企业初始确认金融资产，应当按照公允价值计量。公允价值通常为相关金融资产或金融负债的交易价格。对于以公允价值计量且其变动计入当期损益的金融资产的相关交易费用应当直接计入当期损益；对于其他类别金融资产的相关交易费用应当计入初始确认金额。交易费用主要是指可直接归属于购买或处置该资产的增量费用。增量费用是指企业没有发生购买或处置该资产就不会发生的费用，主要包括支付给代理机构、咨询公司、券商、证券交易所、政府有关部门等的手续费、佣金以及其他必要支出。

在会计实务中，购入以公允价值计量且其变动计入当期损益的金融资产，其公允价值一般是指交易价格，但如果交易价格中包括了已宣告发放但尚未支取的利息或现金股利，则应单独确认为应收项目（如应收股利、应收利息等）。支付的不含增值税的交易费用，作为当期费用计入投资收益。购买交易性金融资产的交易费用主要包括支付给代理机构、咨询公司、券商、证券交易所、政府有关部门等的手续费、佣金以及其他必要支出。

在会计处理上，企业一般应设置“交易性金融资产”总账科目，并设置“成本”和“公允价值变动”明细科目进行核算。

【例 4-20】华钢股份公司 20×1 年 2 月 10 日从 A 股市场购入 S 公司股票 3 000 股，每股购买价格为 10 元，另支付交易手续费 212 元（其中包括准予抵扣的增值税进项税额 12 元），款项以存入证券公司投资款支付。华钢股份公司应编制如下会计分录：

借：交易性金融资产——S 公司股票——成本	30 000
投资收益	200
应交税费——应交增值税（进项税额）	12

贷：其他货币资金——存出投资款　　30 212

二、交易性金融资产持有期间的股利或利息收益

在持有交易性金融资产期间可依法获得相关的股利或债券利息。按照会计准则的规定，企业同时满足 3 个条件时，才能确认股利收入并将股利收入计入当期损益。这 3 个条件是：

（1）企业收到股利的权利已经确立，比如发行股票的公司已经宣告发放的现金股利。

（2）与股利相关的经济利益很可能流入企业，即该股利很可能收到。

（3）股利的金额能够可靠计量，即股利具有确定的金额。

一般情况下，公司宣告发放股利即能满足这 3 个条件。企业持有上市公司的股票，应在上市公司宣告发放股利时根据股利分配方案确定本企业应收的股利金额。

需要说明的是，如果企业持有期间获得了股票股利，不需做账务处理，但应于除权日注明所增加的股数，以反映股份变动及实际拥有股份的情况。

【例 4-21】承例 4-20，S 公司于 2 月 28 日宣告发放股利，每股 1 元，股权登记日为 3 月 10 日。华钢股份公司持有 S 公司股票 3 000 股，应收股利 3 000 元，该股利于 3 月 15 日实际收到。华钢股份公司应编制如下会计分录：

（1）3 月 10 日时：

借：应收股利——S 公司　　3 000

　　贷：投资收益　　3 000

（2）3 月 15 日时：

借：其他货币资金　　3 000

　　贷：应收股利——S 公司　　3 000

三、交易性金融资产的期末计价

交易性金融资产能够反映其预计给企业带来的经济利益以及其预计获得价差的能力，在资产负债表日，应按当日各项交易性金融资产的公允价值对其账面价值进行调整。

资产负债表日，如果其公允价值高于其账面价值，则两者之间的差额应增加账面价值，即一方面记录待实现收益的增加或待实现损失的减少，借记“交易性金融资产——公允价值变动”科目；另一方面反映其公允价值变动收益，贷记“公允价值变动损益”科目。如果其公允价值低于其账面价值，则两者之间的差额应调减账面价值，即一方面记录待实现收益的减少或待实现损失的增加，另一方面反映其公允价值变动损失，做相反的会计分录。

【例 4-22】承例 4-20 和例 4-21，20×1 年 12 月 31 日华钢股份公司持有的 S 公司股票收盘价为每股 8 元，则这 3 000 股股票当日公允价值为 24 000 元，应调低该股票账面价值 6 000 元。华钢股份公司应编制如下会计分录：

借：公允价值变动损益　　6 000

　　贷：交易性金融资产——S 公司股票——公允价值变动　　6 000

出售交易性金融资产时，按实际收到的金额借记“其他货币资金”等科目，按出售该资产的成本贷记“交易性金融资产——成本”科目，按出售部分分配的原计入公允价值变动的部分借记（原来记录的公允价值变动为贷方净额）或贷记（原来记录的公允价值变动为借方净额）“交易性金融资产——公允价值变动”科目，差额借记（出售收入小于账面价值的差额）或贷

记（出售收入大于账面价值的差额）“投资收益”科目。

【例 4-23】承例 4-20 至例 4-22，假设 20×2 年 3 月华钢股份公司将其记录的持有 S 公司的 3 000 股股票出售了 1 000 股，收到款项 6 100 元。出售时，华钢股份公司记录的持有 S 公司的 3 000 股股票的账面价值如下：

借方余额：交易性金融资产——S 公司股票——成本，30 000 元。

贷方余额：交易性金融资产——S 公司股票——公允价值变动，6 000 元。

账面价值：24 000 元。

华钢股份公司出售股票时应编制如下会计分录：

借：其他货币资金——存出投资款　　6 100
　　交易性金融资产——S 公司股票——公允价值变动　　2 000
　　投资收益　　1 900
　　贷：交易性金融资产——S 公司股票——成本　　10 000

按照财务报表列报要求，交易性金融资产在会计报表上以账面价值列报，该金融资产在列报期间的公允价值变动作为企业营业利润的构成项目单独反映。

导入案例分析：应将其划分为交易性金融资产，编制如下会计分录：

借：交易性金融资产——A 公司股票——成本　　112 000
　　投资收益　　200
　　应交税费——应交增值税（进项税额）　　12
　　贷：其他货币资金——存出投资款　　112 212

第五章　金融资产（下）

学习目标

1. 掌握债权投资、其他债权投资、其他权益工具投资的核算。

2. 理解债权投资的摊余成本的构成和减值的核算，其他债权投资、其他权益工具投资的初始入账价值的构成和减值的核算。

3. 了解债权投资的概念，其他债权投资、其他权益工具投资的特征。

知识框架

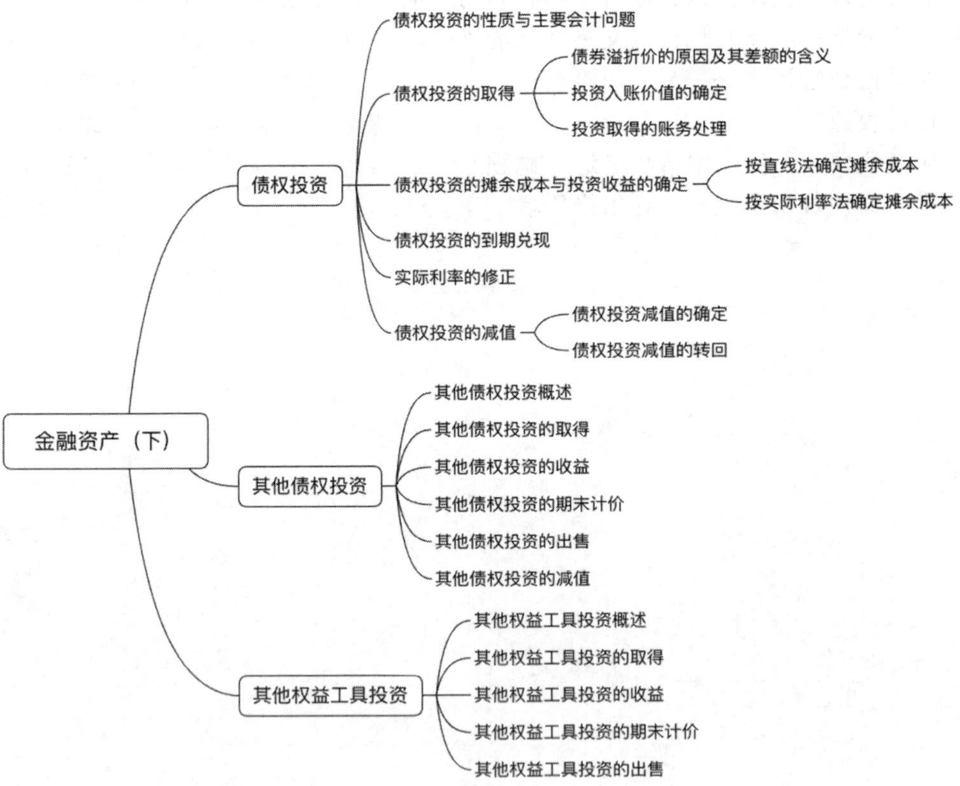

导入案例

案例：20×0 年 1 月 1 日，华钢股份公司以 400 万元银行存款作为对价购入某公司当日发行的一项一般公司债券。该债券的期限为 5 年，票面年利率为 6.2%，分期付息，到期一次还本。公司管理层决定一直持有该项债券，以获得其稳定的利息、到期收回本金。20×1 年 1 月 1 日，因公司管理该类金融资产的业务模式发生改变，华钢股份公司在未来期间对该类债券投资以收取合同现金流量为主，但不排除在未来择机出售该类金融资产的可能。

案例思考：华钢股份公司取得上述金融资产时应将其划分或指定为哪一类金融资产？在后续计量期间，华钢股份公司能否对上述金融资产进行重分类？

第一节　债权投资

债权投资

一、债权投资的性质与主要会计问题

（一）债权投资的性质

债权投资是指业务管理模式为以特定日期收取合同现金流量为目的的金融资产，具体来说是指企业购入的到期日固定、回收金额固定或可确定，且企业有明确意图和能力持有至到期的国债和企业债券等各种债券投资，其中既包括发生期在一年以上的债券投资，也包括发行期在一年以内的债券投资。作为债权投资购入的债券，可以按不同的标准分类，例如按付息情况可以分为分期付息债券与到期一次付息债券。

债权投资从企业管理金融资产的业务模式看，由于管理者的意图是持有至到期，不准备随时出售，因而主要是收取合同现金流量。债权投资的合同现金流量特征是在到期日收取的合同现金流量仅为本金和以未偿付本金金额为基础的利息。根据债权投资的业务模式和合同现金流量特征判断，应划分为以摊余成本计量的金融资产。

本金是指金融资产在初始确认时的公允价值，本金金额可能因提前还款等原因在金融资产的存续期内发生变动；利息包括对货币时间价值、与特定时期未偿付本金金额相关的信用风险、其他基本借贷风险、成本和利润的对价。但货币时间价值要素有时可能存在修正。在货币时间价值要素存在修正的情况下，企业应当对相关修正进行评估，以确定其是否满足上述合同现金流量特征的要求。

（二）债权投资的主要会计问题

债权投资带来的主要会计问题包括债权投资入账价值的确定和投资取得时的账务处理、企业取得债权投资之后投资收益的确定与账务处理、债权投资到期兑现的账务处理、债权投资的期末计价和相关账务处理等。

二、债权投资的取得

（一）债券溢折价的原因及其差额的含义

企业购入的准备持有至到期的债券，有些是按债券面值的价格购入的；有些是按高于债券面值的价格购入的，即溢价购入；有些是按低于债券面值的价格购入的，即折价购入。债券的溢价、折价主要是由金融市场利率与债券票面利率不一致造成的。当债券票面利率高于金融市场利率时，债券发行者按债券票面利率会多付利息，在这种情况下，可能会导致债券溢价。这部分溢价差额属于债券购买者由于日后多获利息而给予债券发行者的利息返还。反之，当债券票面利率低于金融市场利率时，债券发行者按债券票面利率会少付利息，在这种情况下，可能会导致债券折价。这部分折价差额属于债券发行者由于日后少付利息而给予债券购买者的利息补偿。

（二）投资入账价值的确定

债权投资的初始计量就是要确定债权投资的入账金额。长期以来，债权投资都是以其取得成本作为入账金额，但其取得成本应采用什么口径则存在分歧。

分歧的焦点是，与债权投资相关的初始直接费用是计入当期损益还是计入债券投资的取得成本。

将初始直接费用计入当期损益的好处是，取得成本中只包括债券的购买价格，便于分析债券投资与债券市场的关系，特别是便于与债券发行方或出售方联系起来进行分析，如从溢价、折价的角度进行分析，可以简化会计处理。但这种处理方法也存在问题，那就是从取得债券投资的企业的角度来看，其取得成本不完整。从本质上看，初始直接费用是债券投资成本的一部分，将其包括在取得成本之内，可以反映完整的取得成本，有利于分析与评价投资的效果。但这种处理模糊、淡化了债券投资与债券市场之间的关联，不便于从债券溢价和折价的角度分析。

我国现行会计准则规定，债权投资的初始直接费用应当包括在取得成本之内。债权投资应按购入时实际支付的价款作为初始入账价值，实际支付的价款包括支付的债券实际买价以及手续费、佣金等初始直接费用（可以抵扣的增值税进项税额除外）。但是，实际支付的价款中如果含有发行日或付息日至购买日之间分期付息的利息，按照重要性原则，应作为一项短期债权处理，不计入债券的初始入账价值。

下面的分析和举例都采用现行会计准则规定的方法，即初始直接费用计入投资成本。

（三）投资取得的账务处理

在确定债权投资的入账金额之后，还有一个具体的账务处理问题。企业取得一项债权投资，就意味着获得了合约规定的两项收款权利：一是债券到期时按债券面值收取款项的权利；二是基于票面利率分期或到期一次收取利息的权利。因此，债权投资的取得成本与债券面值之间的差额是一项重要的信息。

从会计信息使用者的角度，特别是企业内部管理的角度来看，债券面值是重要的信息，它代表了债券到期时企业需要偿还给债券投资者的本金，因此需要对其进行专门的明细反映。也就是说，需要将债权投资的初始入账价值拆分为面值、一次付息债券应计利息和初始入账价值（含初始直接费用）扣除一次付息债券应计利息与面值的差额三部分分别反映。为了表达方便，我们将该差额称为利息调整。它代表了债券存续期间的利息总额（未折现的金额）的一部分，严格说来是全部投资成本的一部分。因为初始直接费用部分并不是支付给债券提供者的，而是支付给与债券投资相关的中介机构的，是对投资方获取的利息总额的抵减。为了表述方便，可将其当作广义的利息看待。也就是在这个意义上将其称为利息调整。

取得债权投资的入账价值扣除一次付息债券应计利息后的金额大于债券面值的差额称为利息调整借差，为债券溢价金额与初始直接费用之和；取得债权投资的入账价值扣除一次付息债券应计利息后的金额小于债券面值的差额称为利息调整贷差，为债券折价金额减去初始直接费用的差额。如果债券折价金额小于初始直接费用，则其差额也为利息调整借差。利息调整借差、贷差本质上均是债权投资成本的组成部分，借差是债券面值的增项，贷差则是债券面值的减项。因此，为了反映各项债权投资的取得、收益、处置等情况，应设置“债权投资”科目，并设置“债券面值”“利息调整”“应计利息”等明细科目。

企业在发行日或付息日购入债券时，实际支付的价款中不含有利息。应按照购入债券的面值，借记“债权投资——债券面值”科目；按照可以抵扣的增值税进项税额，借记“应交税费——应交增值税（进项税额）”科目；按照实际支付的全部价款扣除面值以后的差额，借记或贷记“债权投资——利息调整”科目；按实际支付的全部价款，贷记“银行存款”等科目。

企业在发行日后或两个付息日之间购入债券时，实际支付的价款中含有自发行日或付息日至购入日之间的利息。这部分利息应分别按照不同的情况进行处理。其中，到期一次付息债券的利息由于不能在一年以内收回，应计入投资成本，借记“债权投资——应计利息”科目；分期付息债券的利息一般在一年以内能够收回，从性质上看属于企业获得的一项短期债权，应借记“应收利息”科目，不计入投资成本。

【例 5-1】华钢股份公司于 20×1 年 1 月 1 日以 754 302 元的价格购买了乙公司于当日发行的总面值为 800 000 元、票面利率为 5%、5 年期的债券，确认为债权投资。债券利息在每年 12 月 31 日支付。华钢股份公司还以银行存款支付了购买该债券发生的交易费用 12 720 元（其中包括准予抵扣的增值税进项税额 720 元）。

债权投资的入账金额=754 302+12 720-720=766 302（元）

应确认的利息调整贷差=800 000-766 302=33 698（元）

华钢股份公司应编制如下会计分录：

借：债权投资——债券面值	800 000	
应交税费——应交增值税（进项税额）	720	
贷：债权投资——利息调整		33 698
银行存款		767 022

【例 5-2】华钢股份公司于 20×1 年 1 月 1 日以 825 617 元的价格购买了乙公司于当日发行的面值为 800 000 元、票面利率为 5%、5 年期的债券，确认为债权投资。债券利息在每年 12 月 31 日支付。华钢股份公司还以银行存款支付了购买该债券发生的交易费用 10 600 元（其中包括准予抵扣的增值税进项税额 600 元）。

债权投资的入账金额=825 617+10 600-600=835 617（元）

应确认的利息调整借差=835 617-800 000=35 617（元）

华钢股份公司应编制如下会计分录：

借：债权投资——债券面值	800 000	
——利息调整	35 617	
应交税费——应交增值税（进项税额）	600	
贷：银行存款		836 217

【例 5-3】P 公司于 20×1 年 1 月 1 日以银行存款 737 260 元购买了 S 公司于当日发行的总面值为 800 000 元、票面利率为 5%、5 年期的到期一次付息债券，确认为债权投资。债券利息按单利计算，于债券到期时一次支付。P 公司还以银行存款支付了购买该债券发生的交易费用 10 600 元（其中包括准予抵扣的增值税进项税额 600 元）。

债权投资的入账金额=737 260+10 600-600=747 260（元）

应确认的利息调整贷差=800 000-747 260=52 740（元）

P 公司应编制如下会计分录：

借：债权投资——债券面值	800 000	

应交税费——应交增值税（进项税额） 600
贷：债权投资——利息调整 52 740
银行存款 747 860

三、债权投资的摊余成本与投资收益的确定

按照企业会计准则的规定，债权投资应按摊余成本进行期末计价。确认投资的摊余成本，首先要确认投资的账面余额，在此基础上再考虑投资是否发生了减值。如果投资未发生减值，则投资的账面余额即为摊余成本。由于债权投资摊余成本的确定伴随着投资收益的确定，因此我们将这两个相关的问题放在一起讲述。

债权投资账面余额的确定方法，也就是利息调整的摊销方法有两种：直线法和实际利率法。我国现行会计准则要求采用实际利率法确定摊余成本。

直线法的特点是各期的摊销额和投资收益固定不变，但随着利息调整借差或贷差的摊销，债券投资成本在不断变化，因而各期的投资收益率也在变化。采用直线法能够简化计算工作，但在一项投资业务中各期投资收益率不同，不能正确反映各期的经营业绩。

实际利率法的特点是各期的投资收益率保持不变，但由于债券投资额在不断变化，各期的投资收益也在不断变化。实际利率法下，债券利息调整借差或贷差摊销额是票面利息与投资收益（即实际利息）的差额，在票面利息不变而投资收益变化的情况下，摊销额也是不断变化的。采用实际利率法能够使一项投资业务中各期的投资收益率相同，正确反映各期经营业绩，但计算较为复杂。

采用实际利率法时，期末债权投资就是按照未来现金流量和实际利率计算的现值计量的。实际利率，是指将债权投资在预计存续期的估计未来现金流量折现为该债权投资摊余成本所使用的利率。

（一）按直线法确定摊余成本

按直线法确定摊余成本，就是将债权投资的初始利息调整总额在债券的存续期内平均分摊到各个会计期间。

【例 5-4】承例 5-1，假定华钢股份公司购买债券后采用直线法确定债权投资的摊余成本。

每年摊销利息调整贷差=33 698/5=6 739.60（元）

每年 12 月 31 日的账务处理如下：

（1）收到利息。

借：银行存款 40 000
贷：投资收益 40 000

（2）摊销利息调整。

借：债权投资——利息调整 6 739.60
贷：投资收益 6 739.60

在直线法下，华钢股份公司每年确认的债权投资的投资收益为 4 000+6 739.60=46 739.60（元）。

【例 5-5】承例 5-2，假定华钢股份公司购买债券后采用直线法确定债权投资的摊余成本。

每年摊销利息调整借差=35 617/5=7 123.40（元）

每年 12 月 31 日的账务处理如下：

（1）收到利息。

借：银行存款　　40 000

　　贷：投资收益　　40 000

（2）摊销利息调整。

借：投资收益　　7 123.40

　　贷：债权投资——利息调整　　7 123.40

在直线法下，华钢股份公司每年确认的债权投资的投资收益为40 000-7 123.40=32 876.60（元）。

【例5-6】承例5-3，假定P公司购买债券后采用直线法确定债权投资的摊余成本。

每年摊销利息调整贷差=52 740/5=10 548（元）

在企业的债权投资是到期一次付息债券的情况下，其应计利息也是一项非流动资产，它与该项债权投资的初始成本没有本质区别。可以在“债权投资”科目下设置“应计利息”明细科目予以反映。

P公司每年12月31日的账务处理如下：

（1）确认应收利息。

借：债权投资——应计利息　　40 000

　　贷：投资收益　　40 000

（2）摊销利息调整。

借：债权投资——利息调整　　10 548

　　贷：投资收益　　10 548

在直线法下，P公司每年确认的债权投资的投资收益为40 000+10 548=50 548（元）。

采用直线法确定摊余成本，操作比较简单，但这种方法无论从债权投资的期末计价还是从投资收益的确定来看都存在理论上的缺陷。从债权投资的期末计价来看，按这种方法确定的债权投资的期末余额无法从统一的计量属性的角度进行解释；从投资收益的确定来看，由于各期期末债权投资的账面价值会随着利息调整的摊销而发生变化，因此，在利率相同的情况下，各期确认的投资收益应该不同，但按直线法所确定的各期投资收益是完全相同的。

（二）按实际利率法确定摊余成本

采用实际利率法确定债权投资的摊余成本，可以克服直线法的上述不足。可以从两个不同的角度来理解实际利率法的特点：一是从债权投资的期末计价来看，实际利率法要求期末债权投资按未来现金流量的现值计量，计算现值要以确定的债券投资实际利率作为折现率；二是从投资收益的确认来看，实际利率法要求以期初债券的账面价值乘以确定的债券投资实际利率确认当期的投资收益，再将其与当期的票面利息相比较，以两者的差额作为当期应摊销的利息调整金额。采用这种方法可以保证各期按相同的投资收益率确认债权投资的投资收益，这个相同的投资收益率就是该债券的实际利率。

在债券分期付息的情况下，债券面值在到期时一次收回，其现值应根据债券面值乘以复利现值系数计算；债券票面利息分期等额收回，其现值应根据各期债券票面利息乘以年金现值系数计算。其计算公式为：

$$债券初始入账价值=债券面值\times(P/F,i,n)+债券票面利息\times(P/A,i,n)$$

采用插值法即可计算出债券实际利率 i。

依据例 5-1 的资料，设实际利率为 i，则有 766 302=800 000×$(P/F,i,5)$+800 000×5%×$(P/A,i,5)$。式中，$(P/F,i,5)$是利率为 i、期限为 5 的复利现值系数，$(P/A,i,5)$是利率为 i、期限为 5 的年金现值系数。采用插值法确定债券的实际利率 i 为 6%。

同理，依据例 5-2 的资料，设实际利率为 r，则有 835 617=800 000×$(P/F,r,5)$+800 000×5%×$(P/A,r,5)$，采用插值法确定债券的实际利率 r 为 4%。

在债券到期一次还本付息的情况下，不论是面值购入还是溢价或折价购入，不论是否含有初始直接费用，其实际利率均可采用下列方法计算：由于债券初始入账价值×(1+实际利率 $i)^n$=债券到期价值，因此实际利率 $i=\sqrt[n]{(\text{债券到期价值}/\text{债券初始入账价值})}-1$。其中 n 为债券到期价值折现的期数。例如，企业取得 5 年期债券，如按年确认投资收益，则折现期为 5 期，利率 i 为年利率；如按半年确认投资收益，则折现期为 10 期，实际利率 i 为半年利率；如按季度确认投资收益，则折现期为 20 期，实际利率 i 为季度利率。

【例 5-7】承例 5-1，假定华钢股份公司购买债券后采用实际利率法确定债权投资的摊余成本。根据前面的计算结果可知，实际利率为 6%。为了方便各期的账务处理，可以编制债权投资利息调整贷差摊销表，详见表 5-1。

表 5-1 利息调整贷差摊销表（分期付息） 单位：元

日期	实收利息	投资收益	利息调整贷差摊销	利息调整贷差余额	摊余成本
	（1）=面值×5%	（2）=期初（5）×6%	（3）=（2）－（1）	（4）=期初（4）－（3）	（5）=期初（5）+（3）
20×1.01.01				33 698.00	766 302.00
20×1.12.31	40 000	45 978.12	5 978.12	27 719.88	772 280.12
20×2.12.31	40 000	46 336.81	6 336.81	21 383.07	778 616.93
20×3.12.31	40 000	46 717.02	6 717.02	14 666.05	785 333.95
20×4.12.31	40 000	47 120.04	7 120.04	7 546.01	792 453.99
20×5.12.31	40 000	47 546.01	7 546.01	0	800 000.00

注：含尾数调整。

20×1 年 12 月 31 日的账务处理如下：

（1）收到利息。

借：银行存款　　40 000

　　贷：投资收益　　40 000

（2）摊销利息调整。

借：债权投资——利息调整　　5 978.12

　　贷：投资收益　　5 978.12

同理，20×5 年 12 月 31 日的账务处理如下：

（1）收到利息。

借：银行存款　　40 000

贷：投资收益 40 000

（2）摊销利息调整。

借：债权投资——利息调整 7 546.01

贷：投资收益 7 546.01

【例 5-8】承例 5-2，假定华钢股份公司购买债券后采用实际利率法确定债权投资的摊余成本。为了方便各期的账务处理，可以编制债权投资利息调整借差摊销表，详见表 5-2。

表 5-2 利息调整借差摊销表（分期付息） 单位：元

日期	实收利息	投资收益	利息调整借差摊销	利息调整借差余额	摊余成本
	（1）=面值×5%	（2）=期初（5）×4%	（3）=（1）-（2）	（4）=期初（4）-（3）	（5）=期初（5）-（3）
20×1.01.01				35 617.00	835 617.00
20×1.12.31	40 000	33 424.68	6 575.32	29 041.68	829 041.68
20×2.12.31	40 000	33 161.67	6 838.33	22 203.35	822 203.35
20×3.12.31	40 000	32 888.13	7 111.87	15 091.48	815 091.48
20×4.12.31	40 000	32 603.66	7 396.34	7 695.14	807 695.14
20×5.12.31	40 000	32 304.86	7 695.14	0	800 000.00

注：含尾数调整。

20×1 年 12 月 31 日的账务处理如下：

（1）收到利息。

借：银行存款 40 000

贷：投资收益 40 000

（2）摊销利息调整借差。

借：投资收益 6 575.32

贷：债权投资——利息调整 6 575.32

同理，20×5 年 12 月 31 日的账务处理如下：

（1）收到利息。

借：银行存款 40 000

贷：投资收益 40 000

（2）摊销利息调整借差。

借：投资收益 7 695.14

贷：债权投资——利息调整 7 695.14

【例 5-9】承例 5-3，假定 P 公司购买债券后采用实际利率法确定债权投资的摊余成本。为了方便各期的账务处理，可以编制债权投资利息调整贷差摊销表，详见表 5-3。

表 5-3 利息调整贷差摊销表（到期一次付息） 单位：元

日期	实收利息	投资收益	利息调整贷差摊销	利息调整贷差余额	摊余成本
	(1) = 面值×5%	(2) = 期初 (5) ×6%	(3) = (2) - (1)	(4) = 期初 (4) - (3)	(5) =期初 (5) + (1) + (3)
20×1.01.01				52 740.00	747 260.00
20×1.12.31	40 000	44 835.60	4 835.60	47 904.40	792 095.60
20×2.12.31	40 000	47 525.74	7 525.74	40 378.66	839 621.34
20×3.12.31	40 000	50 377.28	10 377.28	30 001.38	889 998.62
20×4.12.31	40 000	53 399.92	13 399.92	16 601.46	943 398.54
20×5.12.31	40 000	56 601.46	16 601.46	0	1 000 000.00

注：含尾数调整。

P 公司 20×1 年 12 月 31 日的账务处理如下：

（1）确认应收利息。

借：债权投资——应计利息 40 000

　贷：投资收益 40 000

（2）摊销利息调整贷差。

借：债权投资——利息调整 4 835.60

　贷：投资收益 4 835.60

同理，20×5 年 12 月 31 日的账务处理如下：

（1）确认应收利息。

借：债权投资——应计利息 40 000

　贷：投资收益 40 000

（2）摊销利息调整贷差。

借：债权投资——利息调整 16 601.46

　贷：投资收益 16 601.46

四、债权投资的到期兑现

债权投资的到期兑现，是指债权投资的期限届满时按面值收回投资及应收未收的利息。如果是一次付息的债券，到期时企业可以收回债券面值和利息；如果是分期付息的债券，到期时企业可以收回债券面值。一般来说，在债权投资到期时，溢价、折价金额已要摊销完毕，不论是按面值购入还是溢价或折价购入，“债权投资”科目的余额均为债券面值和应计利息。收回债券面值及利息时，应借记“银行存款”科目，贷记“债权投资”科目。

【例 5-10】承例 5-1，华钢股份公司 20×6 年 1 月 1 日按面值收回投资时编制会计分录如下：

借：银行存款 800 000

　贷：债权投资——债券面值 800 000

五、实际利率的修正

在债权投资存续期间，本金金额可能因提前还款等原因发生变动，利息也可能随之或因其他因素而发生变动，因此，企业应当对实际利率进行修正，以满足合同现金流量特征的要求。

【例 5-11】承例 5-3 和例 5-9，假定 S 公司于 20×2 年 12 月 31 日通知，该批债券将于 20×4 年 6 月 30 日提前赎回，票面利率不变，仍为 5%，赎回价格为 940 000 元；当日，该债权投资的账面价值为 839 621.34 元。

该债权投资的存续期还有 1.5 年，修正实际利率：

实际利率=7.82%

此时，P 公司的投资收益及利息调整贷差摊销见表 5-4。

表 5-4　投资收益及利息调整贷差摊销表（到期一次付息）　单位：元

日期	实收利息	投资收益	利息调整贷差摊销	利息调整贷差余额	摊余成本
	(1)＝面值×5%	(2)＝期初(5)×7.82%	(3)＝(1)-(2)	(4)＝期初(4)-(3)	(5)＝期初(5)+(2)
20×2.12.31				40 378.66	839 621.34
20×3.12.31	40 000	65 658.39	25 658.39	14 720.27	905 279.73
20×4.06.30	20 000	34 720.27	14 720.27	0	940 000.00

注：含尾数调整。

P 公司 20×3 年 12 月 31 日编制的会计分录如下：

（1）确认应计利息。

借：债权投资——应计利息　40 000

　贷：投资收益　40 000

（2）摊销利息调整贷差。

借：债权投资——利息调整　25 658.39

　贷：投资收益　25 658.39

或合并编制会计分录：

借：债权投资——应计利息　40 000.00

　　　　　——利息调整　25 658.39

　贷：投资收益　65 658.39

P 公司 20×4 年 6 月 30 日编制的会计分录如下：

（1）确认应计利息。

借：债权投资——应计利息　20 000

　贷：投资收益　20 000

（2）摊销利息调整贷差。

借：债权投资——利息调整　14 720.27

　贷：投资收益　14 720.27

或合并编制会计分录：

借：债权投资——应计利息 20 000.00
——利息调整 14 720.27
贷：投资收益 34 720.27

P 公司收回到期债券本息 940 000 元时编制如下会计分录：

借：银行存款 940 000
贷：债权投资——债券面值 800 000
——应计利息 140 000

六、债权投资的减值

（一）债权投资减值的确定

债权投资减值是指以预期信用损失为基础确认的价值减损。预期信用损失是指以发生违约的风险为权重的债权投资信用损失的加权平均值。

信用损失是指企业按照实际利率折现的、根据合同应收的所有合同现金流量与预期收取的所有现金流量之间的差额，即全部现金短缺的现值。对于债权投资，应按照其经信用调整的实际利率折现。由于预期信用损失考虑付款的金额和时间分布，因此，即使企业预计可以全额收款但收款时间晚于合同规定的到期期限，也会产生信用损失。

企业应当在资产负债表日对债权投资的账面价值进行检查，有客观证据表明该金融资产信用风险已经显著增加，应当计提减值准备。当对债权投资预期未来现金流量具有不利影响的一项或多项事件发生时，该债权投资成为已发生信用减值的金融资产。金融资产已发生信用减值的证据包括下列可观察信息：

（1）发行方或债务人发生重大财务困难。

（2）债务人违反合同，如偿付利息或本金违约或逾期等。

（3）债权人出于与债务人财务困难有关的经济或合同考虑，给予债务人在任何其他情况下都不会做出的让步。

（4）债务人很可能破产或进行其他财务重组。

（5）发行方或债务人财务困难导致该金融资产的活跃市场消失。

（6）以大幅折扣购买一项金融资产，该折扣反映了发生信用损失的事实。

金融资产发生信用减值，有可能是多个事件的共同作用所致，未必是可单独识别的事件所致。

预计未来现金流量现值，一般按照该债权投资经信用调整的实际利率折现计算。

企业通常能够可靠估计债权投资的现金流量和预计存续期。在极少数情况下，债权投资的未来现金流量或预计存续期无法可靠估计的，企业在计算确定其实际利率时，应当基于该债权投资在整个合同期内的合同现金流量。

对于购买的已发生信用减值的债权投资，企业应当在资产负债表日仅将自初始确认后整个存续期内预期信用损失的累计变动确认为减值准备。在每个资产负债表日，企业应当将整个存续期内预期信用损失的变动金额作为减值损失或利得计入当期损益。

债权投资发生减值时，应当将该债权投资的账面价值减记至预计未来现金流量的现值，减记的金额确认为信用减值损失，计入当期损益，借记“信用减值损失”科目，贷记“债权投资减值准备”科目。

（二）债权投资减值的转回

债权投资确认减值损失后，如有客观证据表明该资产的价值得以恢复，且客观上与确认该损失后发生的事项有关，原确认的减值损失应当予以转回，计入当期损益。但是，该转回后的账面价值不应超过假定不计提减值准备情况下该债权投资在转回日的摊余成本。

企业在前一会计期间已经按照相当于债权投资整个存续期内预期信用损失的金额计提了损失准备，但在当期资产负债表日，该债权投资已不再属于自初始确认后信用风险显著增加的情形的，企业应当在当期资产负债表日按照相当于未来12个月内预期信用损失的金额计量该债权投资的损失准备，由此形成的损失准备的转回金额应当作为减值利得计入当期损益。

总之，债权投资的减值包括两方面的内容：首先要确定其账面余额，然后还要进行减值测试，如果发生减值，则需计提减值准备。这就意味着，资产负债表上“债权投资”项目在投资没有发生减值的情况下是按其账面余额计量的，在投资发生减值的情况下是按其可收回金额计量的。

【例 5-12】承例 5-9，假定S公司于20×3年发生严重亏损，至20×3年12月31日，预计到期时公司能够收回债券面值800 000元，而无法收回债券利息。20×6年1月1日，收回债券面值和利息共计880 000元。假定该债权投资经信用调整的实际利率与初始利率相同。根据以上资料，编制会计分录如下：

（1）20×3年12月31日，确认信用减值损失。

估计未来现金流量现值=800 000÷$(1+6\%)^2$=711 997.15（元）

信用减值损失=889 998.62-711 997.15=178 001.47（元）

借：信用减值损失　　178 001.47

　　贷：债权投资减值准备　　178 001.47

20×3年12月31日，该项债权投资转回减值准备前的账面价值为889 998.62元，未来收回金额按照初始确定的实际利率6%计算的现值为711 997.15元，确认信用减值损失为178 001.47元。20×3年12月31日，该项债权投资账面价值的构成如下：

面值=800 000（元）

应计利息=120 000（元）

利息调整贷差=30 001.38（元）

减值准备=178 001.47（元）

账面价值=800 000+120 000-30 001.38-178 001.47=711 997.15（元）

（2）20×4年12月31日，确认当年投资收益。

票面利息=800 000×5%=40 000（元）

投资收益=711 997.15×6%=42 719.83（元）

利息调整贷差摊销=42 719.83-40 000=2 719.83（元）

借：债权投资——应计利息　　40 000

　　贷：投资收益　　40 000

借：债权投资——利息调整　　2 719.83

　　贷：投资收益　　2 719.83

20×4年12月31日，该项债权投资减值损失恢复前账面价值的构成如下：

面值=800 000（元）

应计利息=120 000+40 000=160 000（元）

利息调整贷差=30 001.38-2 719.83=27 281.55（元）

减值准备=178 001.47（元）

账面价值=800 000+160 000-27 281.55-178 001.47=754 716.98（元）

（3）20×4 年 12 月 31 日，确认信用减值损失转回。

估计未来现金流量现值=880 000÷(1+6%)=830 188.68（元）

信用减值损失恢复=830 188.68-754 716.98=75 471.70（元）

借：债权投资减值准备	75 471.70	
贷：信用减值损失		75 471.70

20×4 年 12 月 31 日，该项债权投资转回减值准备前的账面价值为 754 716.98 元，未来收回金额按照初始确定的实际利率 6%计算的现值为 830 188.68 元，确认信用减值损失转回 75 471.70 元。20×4 年 12 月 31 日，该项债权投资账面价值的构成如下：

面值=800 000（元）

应计利息=160 00（元）

利息调整贷差=27 281.55（元）

减值准备=178 001.47-75 471.70=102 529.77（元）

账面价值=800 000+160 000-27 281.55-102 529.77=830 188.68（元）

（4）20×5 年 12 月 31 日，确认当年投资收益。

票面利息=800 000×5%=40 000（元）

投资收益=830 188.68×6%=49 811.32（元）

利息调整贷差摊销=49 811.32-40 000=9 811.32（元）

借：债权投资——应计利息	40 000	
贷：投资收益		40 000
借：债权投资——利息调整	9 811.32	
贷：投资收益		9 811.32

20×5 年 12 月 31 日，该项债权投资账面价值的构成如下：

面值=800 000（元）

应计利息=160 000+40 000=200 000（元）

利息调整贷差=27 281.55-9 811.32=17 470.23（元）

减值准备=102 529.77（元）

账面价值=800 000+200 000-17 470.23-102 529.77=880 000（元）

（5）20×6 年 1 月 1 日，收回债权投资的面值和利息。

借：银行存款	880 000.00	
债权投资——利息调整	17 470.23	
债权投资减值准备	102 529.77	
贷：债权投资——债券面值		800 000.00
——应计利息		200 000.00

第二节　其他债权投资

其他债权投资

一、其他债权投资概述

其他债权投资是指同时符合下列条件的金融资产：

（1）企业管理该金融资产的业务模式既以收取合同现金流量为目标又以出售该金融资产为目标。

（2）该金融资产的合同条款规定，在特定日期产生的现金流量仅为对本金和以未偿付本金金额为基础的利息的支付。

具体来说，其他债权投资是指既可能持有至到期收取合同现金流量，也可能在到期之前出售的债券投资。企业取得其他债权投资，应将其划分为以公允价值计量且其变动计入其他综合收益的金融资产。在初始确认时，除符合上述条件的金融资产外，企业还可以将非交易性权益工具投资（如企业持有的限售股等）指定为以公允价值计量且其变动计入其他综合收益的金融资产，并确认股利收入。该指定一经做出，不得撤销。

其他债权投资采用实际利率法计算的利息应当计入当期损益，计入各期损益的金额应当与债权投资按摊余成本计量而计入各期损益的金额相等；该金融资产由于公允价值变动产生的所有利得或损失，应当计入其他综合收益；该金融资产发生的减值损失或利得，应当计入当期损益；该金融资产终止确认时，之前计入其他综合收益的累计利得或损失，应当从其他综合收益中转出，计入当期损益。

为了反映其他债权投资的取得、处置、公允价值变动等情况，企业应当设置“其他债权投资”科目，并设置“债券面值”“利息调整”“应计利息”“公允价值变动”明细科目。

二、其他债权投资的取得

企业取得的债券如划分为其他债权投资，应按该债券的公允价值和相关交易费用（不含可以抵扣的增值税进项税额）之和作为该金融资产的入账价值，分别借记“其他债权投资——债券面值”“其他债权投资——应计利息”“应收利息”“应交税费——应交增值税（进项税额）”科目，借记或贷记“其他债权投资——利息调整”科目；根据实际支付的价款，贷记“银行存款”等科目。

【例 5-13】20×3 年 1 月 1 日，甲公司购入乙公司当天发行的三年期分期付息债券，面值为 80 000 元，票面利率为 5%，每年 12 月 31 日付息，实际支付价款 77 961.69 元（其中包含准予抵扣的增值税进项税额 100 元）；甲公司既可能将其持有至到期，也可能提前出售，将其确认为其他债权投资。实际利率为 6%。编制会计分录如下：

借：其他债权投资——债券面值	80 000.00	
应交税费——应交增值税（进项税额）	100.00	
贷：其他债权投资——利息调整		2 138.31
银行存款		77 961.69

三、其他债权投资的收益

企业将债权投资划分为其他债权投资，应按照债券的摊余成本和初始确认的实际利率确定投资收益，根据应收的票面利息，借记“其他债权投资——应计利息”“应收利息”等科目；根据以实际利率计算的实际利息收入，贷记“投资收益”科目；根据两者的差额，借记或贷记“其他债权投资——利息调整”科目。

【例 5-14】承例 5-13，甲公司各年末确认该其他债权投资的投资收益，实际利率为 6%。为了简化举例，编制投资收益及利息调整贷差摊销表进行各期的会计处理，详见表 5-5。

表 5-5 投资收益及利息调整贷差摊销表（分期付息） 单位：元

日期	实收票面利息	投资收益	利息调整贷差摊销	利息调整贷差余额	摊余成本
	（1）= 面值×5%	（2）= 期初（5）×6%	（3）=（2）-（1）	（4）= 期初（4）-（3）	（5）= 期初（5）+（3）
20×3.01.01				2 138.31	77 861.69
20×3.12.31	4 000	4 671.70	671.70	1 466.61	78 533.39
20×4.12.31	4 000	4 712.00	712.00	754.61	79 245.39
20×5.12.31	4 000	4 754.61	754.61	0	80 000.00

注：含尾数调整。

20×3 年 12 月 31 日编制的会计分录如下：

借：银行存款 4 000.00

　　其他债权投资——利息调整 671.70

　　贷：投资收益 4 671.70

其他年份以此类推。

四、其他债权投资的期末计价

资产负债表日，其他债权投资应当按照公允价值计量。按照我国企业会计准则的规定，其他债权投资公允价值与账面价值的差额，即公允价值的变动，不得计入当期损益，而应作为所有者权益变动，计入其他综合收益，借记或贷记“其他债权投资——公允价值变动”科目，贷记或借记“其他综合收益——金融资产公允价值变动”科目。

【例 5-15】承例 5-14，甲公司各年年末持有的债券的公允价值见表 5-6。

表 5-6 公允价值变动计算表 单位：元

日期	摊余成本（1）	公允价值（2）	累计公允价值变动（3）=（2）-（1）	本期公允价值变动（4）=（3）-期初（3）
20×3.12.31	78 533.39	78 604.00	70.61	70.61
20×4.12.31	79 245.39	79 271.00	25.61	-45.00
20×5.12.31	80 000.00	80 000.00	0	-25.61

注：含尾数调整。

20×3 年 12 月 31 日编制的会计分录如下：

借：其他债权投资——公允价值变动　　70.61

　　贷：其他综合收益——金融资产公允价值变动　　70.61

其他年份以此类推。

五、其他债权投资的出售

企业出售其他债权投资，应终止确认该金融资产，将实际收到的金额与其账面价值的差额确认为投资收益，同时，将原累计计入其他综合收益的公允价值变动转为投资收益。企业应根据实际收到的出售价款，借记“银行存款”等科目；根据其账面价值，贷记“其他债权投资”科目；根据其差额，贷记或借记“投资收益”科目。同时，根据累计公允价值变动原计入其他综合收益的金额，借记或贷记“其他综合收益——金融资产公允价值变动”科目，贷记或借记“投资收益”科目。

【例 5-16】承例 5-15，假定 20×5 年 1 月 3 日，甲公司出售该债券，实际收到的价值为 79 280 元；该债券的账面价值为 79 271 元，其中，面值为 80 000 元，利息调整贷差为 754.61 元，公允价值变动为 25.61 元。编制会计分录如下：

借：银行存款　　79 280.00

　　其他债权投资——债券面值　　754.61

　　贷：其他债权投资——债券面值　　80 000.00

　　　　　　　　　　——公允价值变动　　25.61

　　　　投资收益　　9.00

借：其他综合收益——金融资产公允价值变动　　25.61

　　贷：投资收益　　25.61

六、其他债权投资的减值

如果其他债权投资的公允价值预期发生信用损失，应当确认为减值损失，计提减值准备。

对于其他债权投资，企业应当在其他综合收益中确认其减值准备，并将减值损失或利得计入当期损益，而不应减少该金融资产在资产负债表中列示的账面价值。

为了反映该金融资产减值准备的计提和核销等情况，应在“其他综合收益”科目下设置“金融资产减值准备”明细科目，该明细科目贷方登记计提的其他债权投资减值准备，借方登记转回以及处置其他债权投资核销的减值准备，期末贷方余额表示尚未核销的其他债权投资减值准备。

企业确认的其他债权投资信用减值损失，应根据减值的金额，借记“信用减值损失”科目，贷记“其他综合收益——金融资产减值准备”科目，不调整该金融资产的账面价值。如果该金融资产的减值恢复，应编制相反的会计分录。

【例 5-17】（1）20×1 年 1 月 1 日，华钢股份公司以银行存款 808 927 元购买了乙公司于当日发行的总面值为 800 000 元、票面利率为 5%、5 年期的到期一次付息债券，确认为其他债权投资；还以银行存款支付了购买该债券发生的交易费用 13 780 元（其中包含准予抵扣的增值税进项税额 780 元）；计算确定的实际利率为 4%。

入账价值=808 927+13 780-780=821 927（元）

利息调整借差：821 927-800 000=21 927（元）

借：其他债权投资——债券面值　　800 000

——利息调整　　21 927

应交税费——应交增值税（进项税额）　　780

贷：银行存款　　822 707

（2）20×1 年 12 月 31 日，采用实际利率法确认投资收益；当日该债券的公允价值为 850 000 元，华钢股份公司预计到期时该债券的现金流量现值为 830 000 元，且逆转的可能性较小，确认资产减值。

1）确认投资收益及利息调整摊销。

票面利息=800 000×5%=40 000（元）

投资收益=821 927×4%=32 877（元）

利息调整借差摊销=40 000-32 877=7 123（元）

借：其他债权投资——应计利息　　40 000

贷：其他债权投资——利息调整　　7 123

投资收益　　32 877

该债券摊余成本=821 927+40 000-7 123=854 804（元）

2）确认公允价值变动。

公允价值变动=850 000-854 804=-4 804（元）

借：其他综合收益——金融资产公允价值变动　　4 804

贷：其他债权投资——公允价值变动　　4 804

3）确认减值损失。

减值损失=850 000-830 000=20 000（元）

借：信用减值损失　　20 000

贷：其他综合收益——金融资产减值准备　　20 000

20×1 年 12 月 31 日，在资产负债表上，该金融资产以其账面价值（即公允价值）850 000 元列示，资产减值不影响其列示金额。

（3）20×2 年 12 月 31 日，采用实际利率法确认投资收益；当日该债券的公允价值为 885 000 元，华钢股份公司预计到期时该债券的现金流量现值为 870 000 元。

1）确认投资收益及利息调整摊销。

票面利息=800 000×5%=40 000（元）

投资收益=854 804×4%=34 192（元）

利息调整借差摊销=40 000-34 192=5 808（元）

借：其他债权投资——应计利息　　40 000

贷：其他债权投资——利息调整　　5 808

投资收益　　34 192

该债券摊余成本=854 804+40 000-5 808=888 996（元）

2）确认公允价值变动。

公允价值变动=885 000-888 996-(-4 804)=808（元）

借：其他债权投资——公允价值变动　　808

　　贷：其他综合收益——金融资产公允价值变动　　　　　　　　　　　　　808

3）确认减值损失。

减值损失=885 000-870 000-20 000=-5 000（元）

借：其他综合收益——金融资产减值准备　　　　　　　　　　5 000

　　贷：信用减值损失　　　　　　　　　　　　　　　　　　　　5 000

20×2 年 12 月 31 日，在资产负债表上，该金融资产以其账面价值（即公允价值）885 000 元列示，资产减值不影响其列示金额。

第三节　其他权益工具投资

其他权益工具投资

一、其他权益工具投资概述

其他权益工具投资主要是指非交易性股票以及不具有控制、共同控制和重大影响的且没有公允价值的股权等。企业取得其他权益工具投资，一般应指定为以公允价值计量且其变动计入其他综合收益的金融资产。例如，企业持有的上市公司限售股尽管在活跃市场上有报价，但由于出售受到限制，不能随时出售，可指定为以公允价值计量且其变动计入其他综合收益的金融资产。其他权益工具投资的公允价值变动应计入其他综合收益；终止确认时，之前计入其他综合收益的累计利得或损失应当从其他综合收益中转出，计入留存收益。其他权益工具投资不需要计提减值准备。

其他权益工具投资一般应当以公允价值计量。但在用以确定公允价值的近期信息不足或者公允价值的可能估计金额分布范围很广的情况下，如果成本能够在该分布范围内反映对公允价值的最佳估计，则该成本可代表其在该分布范围内对公允价值的恰当估计。例如，持有的在活跃市场没有报价且对被投资企业不存在控制、共同控制和重大影响的股权投资，无法随时出售，也应确认为其他权益工具投资。

为了反映其他权益工具投资的取得、处置、公允价值变动等情况，企业应当设置“其他权益工具投资”科目，并设置“成本”和“公允价值变动”明细科目。

二、其他权益工具投资的取得

企业取得的股权如果划分为其他权益工具投资，应按该股权的公允价值和相关交易费用（不含可以抵扣的增值税进项税额）之和作为初始投资成本，借记“其他权益工具投资——成本”科目；按照可以抵扣的增值税进项税额，借记“应交税费——应交增值税（进项税额）”科目，贷记“银行存款”等科目。如果支付的价款中包含了已宣告但尚未发放的现金股利，应确认为应收项目，借记“应收股利”科目。

【例 5-18】华钢股份公司 20×1 年 4 月 1 日购入 A 公司股票 10 000 股，每股市价为 20 元，实际支付价款 200 000 元，另支付交易费用 1 060 元（其中准予抵扣的增值税进项税额为 60 元），该股票在一年内不得出售，华钢股份公司将其确认为其他权益工具投资。编制会计分录如下：

借：其他权益工具投资——成本　　　　　　　　　　　　　201 000

　　应交税费——应交增值税（进项税额）　　　　　　　　　　60

贷：银行存款　　　　　　　　　　　　　　　　　　　　　　　　　201 060

三、其他权益工具投资的收益

企业将股权投资划分为其他权益工具投资，对于收到的属于取得该股权支付价款中包含的已宣告发放的现金股利，应视为该债权的收回，借记“银行存款”等科目，贷记“应收股利”科目；在该股权持有期间被投资单位宣告发放的现金股利，应将其确认为投资收益，宣告日，应借记“应收股利”科目，贷记“投资收益”科目；收到现金股利时，应借记“银行存款”等科目，贷记“应收股利”科目。

【例 5-19】承例 5-18，20×1 年 5 月 10 日，A 公司宣告分派现金股利 0.20 元/股，5 月 30 日 A 公司实际发放现金股利。华钢股份公司编制会计分录如下：

（1）A 公司 5 月 10 日宣告发放现金股利。

华钢股份公司应收现金股利=0.20×10 000=2 000（元）

借：应收股利　　　　　　　　　　　　　　　　　　　　　2 000

　　贷：投资收益　　　　　　　　　　　　　　　　　　　　　　2 000

（2）5 月 30 日华钢股份公司收到现金股利。

借：银行存款　　　　　　　　　　　　　　　　　　　　　2 000

　　贷：应收股利　　　　　　　　　　　　　　　　　　　　　　2 000

四、其他权益工具投资的期末计价

资产负债表日，其他权益工具投资应当按照公允价值计量。按照我国企业会计准则的规定，其他权益工具投资的公允价值与账面价值的差额，即公允价值的变动，不得计入当期损益，而应作为所有者权益变动，计入其他综合收益，借记或贷记“其他权益工具投资——公允价值变动”科目，贷记或借记“其他综合收益——金融资产公允价值变动”科目。

【例 5-20】承例 5-18，20×1 年 12 月 31 日，华钢股份公司持有的 A 公司股票的账面价值为 201 000 元，公允价值为 190 000 元，公允价值下跌 11 000 元。编制会计分录如下：

借：其他综合收益——金融资产公允价值变动　11 000

　　贷：其他权益工具投资——公允价值变动　　　11 000

五、其他权益工具投资的出售

企业出售其他权益工具投资，应将实际收到的价款与其账面价值的差额计入其他综合收益；同时将累计确认的其他综合收益转为留存收益，不计入当期损益。企业应根据实际收到的出售价款，借记“银行存款”等科目；根据其账面价值，贷记“其他权益工具投资”科目；根据其差额，贷记或借记“其他综合收益——金融资产公允价值变动”科目。同时，根据累计公允价值变动原计入其他综合收益的金额，借记或贷记“其他综合收益——金融资产公允价值变动”科目，贷记或借记“利润分配——未分配利润”科目。

【例 5-21】承例 5-20，20×2 年 3 月 5 日，华钢股份公司将持有的 A 公司股票全部出售，收取价款 188 000 元；A 公司股票的账面价值为 190 000 元，其中，初始投资成本为 201 000 元，公允价值变动为-11 000 元。编制会计分录如下：

（1）出售 A 公司股票。

借：银行存款　　188 000
　　其他综合收益——金融资产公允价值变动　　2 000
　　其他权益工具投资——公允价值变动　　11 000
　　贷：其他权益工具投资——成本　　201 000

（2）结转累计计入其他综合收益的公允价值变动。

累计其他综合收益变动=-11 000-2 000=-13 000（元）

借：利润分配——未分配利润　　13 000
　　贷：其他综合收益——金融资产公允价值变动　　13 000

导入案例分析：华钢股份公司取得上述金融资产时，根据它的业务模式和合同现金流量特征判断，应划分为以摊余成本计量的金融资产，以“债权资产”进行核算。债权投资从企业管理金融资产的业务模式看，由于管理者的意图是持有至到期，不准备随时出售，因而主要是收取合同现金流量。

20×1 年 1 月 1 日，由于该金融资产的业务模式发生改变，应将其重分类为以公允价值计量且其变动计入其他综合收益的金融资产，以“其他债权投资”进行核算。具体来说，其他债权投资是指既可能持有至到期收取合同现金流量，也可能在到期之前出售的债券投资。

第六章　长期股权投资

学习目标

1. 掌握长期股权投资取得的核算、长期股权投资核算的成本法和权益法。
2. 理解取得长期股权投资的企业与被投资企业的关系、长期投资减值的核算。
3. 了解长期股权投资的概念。

知识框架

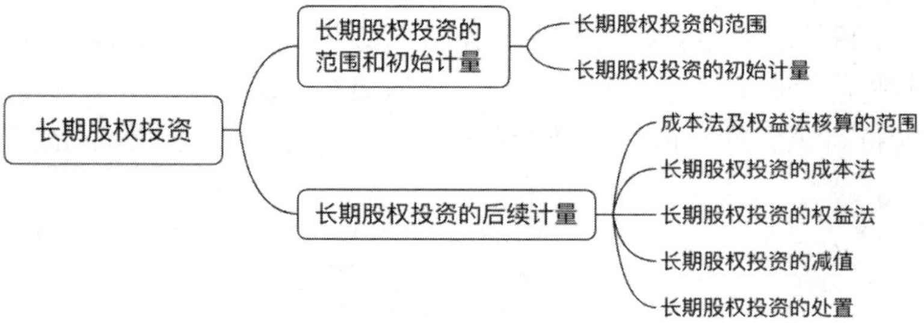

导入案例

案例：华钢股份公司上年初购入环球股份有限公司股票 300 000 股，占环球股份有限公司全部普通股 400 000 股的 75%，并准备长期持有。上年末，环球股份有限公司财务报告有净利润 60 000 元，实际分派净利润 50%。华钢股份公司只在收到环球股份有限公司分派的股利 22 500 元时作了如下会计处理：

借：银行存款　　　22 500

　　贷：长期股权投资　　　22 500

案例思考：

（1）企业的账务处理违反了投资会计核算的什么规定？

（2）企业的会计处理造成了哪些会计信息失真？

第一节　长期股权投资的范围和初始计量

长期股权投资是指企业对被投资企业实施控制、共同控制或施加重大影响的权益性投资。

一、长期股权投资的范围

本章涉及的长期股权投资是指应当按照《企业会计准则第 2 号——长期股权投资》进行核算的权益性投资，主要包括以下 3 个方面：

（1）投资能够对被投资企业实施控制的权益性投资，即对子公司的投资。

（2）投资方与其他合营方一同对被投资企业实施共同控制且对被投资企业净资产享有权利的权益性投资，即对合营企业的投资。

（3）投资方对被投资企业具有重大影响的权益性投资，即对联营企业的投资。

除上述以外其他的权益性投资，包括风险投资机构、共同基金，以及类似主体持有的、在初始确认时按照《企业会计准则第 22 号——金融工具确认和计量》的规定以公允价值计量且其变动计入当期损益的金融资产，投资主体对不纳入合并报表的子公司的权益性投资，应当按照《企业会计准则第 22 号——金融工具确认和计量》的规定核算。

二、长期股权投资的初始计量

企业的长期股权投资可以分为两类：一类是形成控股合并的长期股权投资，另一类是未形成控股合并的长期股权投资。控股合并是指一家公司通过股权投资取得对另一家公司控制权的行为。形成控股合并的长期股权投资又分为同一控制下控股合并的长期股权投资和非同一控制下控股合并的长期股权投资。不同方式取得的长期股权投资，会计处理方法有所不同。

（一）形成控股合并的长期股权投资

1. 同一控制下控股合并的长期股权投资

同一控制下企业合并形成的长期股权投资

同一控制下的企业合并，合并方以支付现金、转让非现金资产或承担债务方式作为合并对价的，应当在合并日按照取得被合并方所有者权益账面价值的份额作为长期股权投资的初始投资成本。长期股权投资的初始投资成本与支付的现金、转让的非现金资产及所承担债务账面价值之间的差额，应当调整资本公积；资本公积不足冲减的，调整留存收益。合并方以发行权益性证券作为合并对价的，应按发行股份的面值总额作为股本，长期股权投资初始投资成本与所发行股份面值总额之间的差额，应当调整资本公积；资本公积不足冲减的，调整留存收益。

具体进行会计处理时，合并方在合并日按取得被合并方所有者权益账面价值的份额，借记“长期股权投资”科目，按应享有被投资企业已宣告但尚未发放的现金股利或利润借记“应收股利”科目，按支付的合并对价的账面价值贷记有关资产或负债科目，按其差额贷记“资本公积——资本溢价或股本溢价”科目，如为借方差额，应借记“资本公积——资本溢价或股本溢价”科目，资本公积（资本溢价或股本溢价）不足冲减的，借记“盈余公积”“利润分配——未分配利润”科目。上述业务如以发行权益性证券方式进行，应按发行权益性证券的面值总额，贷记“股本”科目。

在确定同一控制下企业合并形成的长期股权投资时应注意，企业合并前合并方与被合并方适用的会计政策不同的，在以被合并方的账面价值为基础确定形成的长期股权投资成本时，首先应基于重要性原则，统一合并方与被合并方的会计政策。在按照合并方的会计政策对被合并方资产、负债的账面价值进行调整的基础上计算确定长期股权投资的初始投资成本。

购买方支付的价款中如果含有已宣告发放但尚未支取的现金股利，应作为债权处理，不计入长期股权投资成本。

合并方发生的审计、法律服务、评估咨询等中介费用以及其他相关管理费用，于发生时计入当期损益，根据直接相关费用的价款借记“管理费用”科目，根据可以抵扣的增值税借记“应交税费——应交增值税（进项税额）”等科目，根据支付的全部款项贷记“银行存款”等科目。

企业合并中，合并方发行的债券或承担其他债务支付的手续费、佣金等，应当计入所发行债券及其他债务的初始成本。

企业合并中，发行权益性证券发生的手续费、佣金等费用，应当抵减权益性证券溢价收入；溢价收入不足冲减的，冲减留存收益。

【例 6-1】华钢股份公司为 A 公司和 B 公司的母公司。20×1 年 1 月 1 日，华钢股份公司将其持有 A 公司 60%的股权转让给 B 公司，双方协商确定的价格为 8 000 000 元，以货币资金支付；此外，B 公司还以货币资金支付审计、评估费 10 600 元（其中可以抵扣的增值税为 600 元）。合并日，A 公司所有者权益的账面价值为 12 000 000 元；B 公司资本公积余额为 2 000 000 元。

B 公司长期股权投资的初始投资成本为 720（1200×60%）万元。

借：长期股权投资——投资成本	7 200 000	
资本公积——资本溢价	800 000	
管理费用	10 000	
应交税费——应交增值税（进项税额）	600	
贷：银行存款		8 010 600

【例 6-2】20×1 年 1 月 15 日华钢股份公司以账面原价 150 万元、累计摊销 20 万元、减值准备 4 万元、公允价值 200 万元的土地使用权作为对价，自同一控制下的甲公司手中取得乙公司 60%的股权。土地使用权转让适用的增值税率为 9%，合并日乙公司账面净资产为 120 万元。合并当日华钢股份公司“资本公积——资本溢价”10 万元，盈余公积结存 5 万元。华钢股份公司与乙公司的会计年度和采用的会计政策相同，且属于同一主体控制。

（1）华钢股份公司长期股权投资的初始投资成本为 72（120×60%）万元。

（2）华钢股份公司应编制如下会计分录：

借：长期股权投资	720 000	
资本公积	100 000	
盈余公积	50 000	
利润分配——未分配利润	570 000	
累计摊销	200 000	
无形资产减值准备	40 000	
贷：无形资产——土地使用权		1 500 000
应交税费——应交增值税（销项税额）		180 000

【例 6-3】20×1 年 7 月 25 日，华钢股份公司以账面余额 800 万元、存货跌价准备 100 万元、公允价值 1000 万元的库存商品换取乙公司 70%的股权，该商品的增值税率为 13%，消费税率为 5%。乙公司账面净资产为 800 万元。华钢股份投资当日“资本公积——资本溢价”为 70 万元，“盈余公积”为 50 万元。华钢股份与乙公司的会计年度和采用的会计政策相同，且属于同一主体控制。

（1）华钢股份长期股权投资的初始投资成本为 560（800×70%）万元。

（2）华钢股份公司应编制如下会计分录：

借：长期股权投资	5 600 000	
资本公积	700 000	
盈余公积	500 000	

利润分配——未分配利润　2 000 000
存货跌价准备　1 000 000
　贷：库存商品　8 000 000
　　应交税费——应交增值税（销项税额）　1 300 000
　　　　——应交消费税　500 000

【例 6-4】 20×1 年 5 月 20 日，华钢股份公司以一台生产设备为合并对价取得乙公司 80%的股权，并于当日起能够对乙公司实施控制。合并日，该设备的账面原价为 700 万元，已提折旧 200 万元，已提减值准备 30 万元，公允价值为 800 万元，增值税率为 13%。乙公司净资产的账面价值为 600 万元。华钢股份公司与乙公司的会计年度和采用的会计政策相同，且属于同一主体控制。华钢股份公司投资当日“资本公积——资本溢价”为 50 万元，盈余公积为 20 万元。

（1）华钢股份公司长期股权投资的初始投资成本为 480（600×80%）万元。

（2）华钢股份公司应编制如下会计分录：

借：固定资产清理　4 700 000
　累计折旧　2 000 000
　固定资产减值准备　300 000
　贷：固定资产　7 000 000
借：长期股权投资　4 800 000
　资本公积　500 000
　盈余公积　200 000
　利润分配——未分配利润　240 000
　贷：固定资产清理　4 700 000
　　应交税费——应交增值税（销项税额）　1 040 000

【例 6-5】 华钢股份公司定向增发 600 万股普通股（每股面值 1 元）作为对价自甲公司手中取得乙公司 60%的股权，每股的公允价值为 10 元。华钢股份公司为此支付给券商 8 万元的发行费用。合并日，乙公司账面净资产总额为 1 300 万元。华钢股份公司与乙公司的会计年度和采用的会计政策相同，且属于同一主体控制。

华钢股份公司长期股权投资的初始投资成本为 780（1 300×60%）万元，应编制如下会计分录：

（1）发行股票时：

借：长期股权投资　7 800 000
　贷：股本　6 000 000
　　资本公积——股本溢价　1 800 000

（2）支付发行费用时：

借：资本公积——股本溢价　80 000
　贷：银行存款　80 000

【例 6-6】 20×1 年 5 月 20 日，华钢股份公司以发行公司债券的方式取得母公司控制的乙公司 90%的股权，并于当日起能够对乙公司实施控制。华钢股份公司所发行的公司债券的面值为 500 万元，票面年利率为 6%，每年末付息，到期还本。华钢股份公司另行支付发行费用

2 万元。合并日，乙公司所有者权益在最终控制方合并财务报表中的账面价值为 600 万元。华钢股份公司与乙公司的会计年度和采用的会计政策相同。

（1）长期股权投资的入账成本为 540（600×90%）万元。

（2）华钢股份公司的会计分录如下：

借：长期股权投资——乙公司　　5 400 000
　　贷：应付债券——面值　　　　5 000 000
　　　　　　　——利息调整　　　400 000

支付发行费用时：

借：应付债券——利息调整　　20 000
　　贷：银行存款　　　　　　20 000

2. 非同一控制下控股合并的长期股权投资

非同一控制下的企业合并中，购买方应当按照确定的企业合并成本作为长期股权投资的初始投资成本。企业合并成本包括购买方付出的资产、发生或承担的负债、发行的权益性证券的公允价值以及为进行企业合并发生的各项直接相关费用。

非同一控制下企业合并形成的长期股权投资

非同一控制下的企业合并是将合并行为看作是一方购买另一方的交易，原则上购买方为了取得对被购买方的控制权而放弃的资产、发生或承担的负债、发行的权益性证券等均应按其在购买日的公允价值计量，所有为进行企业合并而支付对价的公允价值之和以及发生的各项相关费用作为合并中形成长期股权投资的成本。其中，支付非货币性资产为对价的，所支付非货币性资产在购买日的公允价值与其账面价值的差额应作为资产处置损益，计入企业合并当期的利润表。

但是，购买方为企业合并发生的审计、法律服务、评估咨询等中介费用以及其他相关管理费用应当于发生时计入当期损益，根据直接相关费用的价款借记“管理费用”科目，根据可以抵扣的增值税借记“应交税费——应交增值税（进项税额）”等科目，根据支付的全部款项贷记“银行存款”等科目。

企业合并中，合并方发行的债券或承担其他债务支付的手续费、佣金等应当计入所发行债券及其他债务的初始成本。

企业合并中，发行权益性证券发生的手续费、佣金等费用，应当抵减权益性证券溢价收入；溢价收入不足冲减的，冲减留存收益。

【例 6-7】20×1 年 1 月 1 日，华钢股份公司将其持有 A 公司 60%的股权转让给 B 公司，双方协商确定的价格为 8 000 000 元，以货币资金支付；此外，B 公司还以货币资金支付审计、评估费 10 600 元（其中可以抵扣的增值税为 600 元）。合并日，A 公司所有者权益的账面价值为 12 000 000 元；B 公司资本公积余额为 2 000 000 元。B 公司应编制如下会计分录：

借：长期股权投资　　8 000 000
　　管理费用　　10 000
　　应交税费——应交增值税（进项税额）　　600
　　贷：银行存款　　8 010 600

【例 6-8】20×1 年 1 月 15 日，华钢股份公司以账面原价 150 万元、累计摊销 20 万元、减值准备 4 万元、公允价值 200 万元的土地使用权作为对价自甲公司手中取得乙公司 60%的股权。土地使用权转让适用的增值税率为9%，合并日乙公司账面净资产为120万元。合并当日华钢股份公司“资本公积——资本溢价”10万元，盈余公积结存5万元。华钢股份公司与乙公司的会计年度和采用的会计政策相同，华钢股份公司与乙公司不属于关联方。华钢股份公司应编制如下会计分录：

借：长期股权投资	2 180 000	
累计摊销	200 000	
无形资产减值准备	40 000	
贷：无形资产		1 500 000
应交税费——应交增值税（销项税额）		180 000
资产处置损益		740 000

【例6-9】20×1年3月25日，华钢股份公司以账面余额800万元、存货跌价准备100万元、公允价值1000万元的库存商品换取乙公司70%的股权，该商品的增值税率为13%，消费税率为5%。乙公司账面净资产为800万元。华钢股份公司投资当日“资本公积——资本溢价”为70万元，“盈余公积”为50万元。华钢股份公司与乙公司的会计年度和采用的会计政策相同，华钢股份公司与乙公司不属于关联方。华钢股份公司应编制如下会计分录：

借：长期股权投资	11 300 000	
贷：主营业务收入		10 000 000
应交税费——应交增值税（销项税额）		1 300 000
借：主营业务成本	7 000 000	
存货跌价准备	1 000 000	
贷：库存商品		8 000 000
借：税金及附加	500 000	
贷：应交税费——应交消费税		500 000

【例6-10】20×1年5月20日，华钢股份公司以一台生产设备为合并对价取得乙公司80%的股权，并于当日起能够对乙公司实施控制。合并日，该设备的账面原价为700万元，已提折旧200万元，已提减值准备30万元，公允价值为800万元，增值税率为13%。乙公司净资产的账面价值为600万元。华钢股份公司与乙公司的会计年度和采用的会计政策相同。华钢股份公司投资当日“资本公积——资本溢价”为50万元，“盈余公积”为20万元，华钢股份公司与乙公司不属于关联方。华钢股份公司应编制如下会计分录：

借：固定资产清理	4 700 000	
累计折旧	2 000 000	
固定资产减值准备	300 000	
贷：固定资产		7 000 000
借：长期股权投资	9 040 000	
贷：固定资产清理		8 000 000
应交税费——应交增值税（销项税额）		1 040 000
借：固定资产清理	3 300 000	
贷：资产处置损益		3 300 000

【例6-11】华钢股份公司定向增发600万股普通股（每股面值1元）作为对价自甲公司

手中取得乙公司 60%的股权，每股的公允价值为 10 元。华钢股份公司为此支付给券商 8 万元的发行费用。合并日，乙公司账面净资产总额为 1 300 万元。华钢股份公司与乙公司的会计年度和采用的会计政策相同。华钢股份公司应编制如下会计分录：

借：长期股权投资　　60 000 000
　贷：股本　　6 000 000
　　资本公积——股本溢价　　54 000 000
借：资本公积——股本溢价　　80 000
　贷：银行存款　　80 000

（二）未形成控股合并的长期股权投资

未形成控股合并的长期股权投资，其初始投资成本的确定与形成非同一控制下控股合并的长期股权投资成本的确定方法基本相同，但发生的审计、法律服务、评估咨询等中介费用以及其他相关费用应计入长期股权投资成本。

（1）以支付现金取得的长期股权投资，应当按照实际支付的购买价款作为长期股权投资的初始投资成本，包括购买过程中支付的手续费等必要支出，但不包括被投资企业已宣告发放的现金股利或利润。

【例 6-12】20×1 年 2 月 10 日，华钢股份公司自公开市场中买入乙公司 20%的股份，实际支付价款 80 000 000 元。在购买过程中支付手续费等相关费用 1 000 000 元。该股份取得后能够对乙公司施加重大影响。华钢股份公司应当按照实际支付的购买价款作为取得长期股权投资的成本，编制如下会计分录：

借：长期股权投资——乙公司——成本　　81 000 000
　贷：银行存款　　81 000 000

（2）以发行权益性证券方式取得的长期股权投资，其成本为所发行权益性证券的公允价值。为发行权益性证券支付的手续费、佣金等应自权益性证券的溢价发行收入中扣除，溢价收入不足的，应冲减盈余公积和未分配利润。

【例 6-13】20×1 年 3 月，华钢股份公司通过增发 30 000 000 股（每股面值 1 元）本企业普通股为对价取得对 B 公司 20%的股权。按照增发前一定时期的平均股价计算，该 30 000 000 股普通股的公允价值为 52 000 000 元。为增发该部分普通股，华钢股份公司支付了 2 000 000 元的佣金和手续费。取得 B 公司该部分股权后，华钢股份公司能够对 B 公司施加重大影响。

本例中华钢股份公司应当以所发行股份的公允价值作为取得长期股权投资的成本，编制如下会计分录：

借：长期股权投资——B 公司——成本　　52 000 000
　贷：股本　　30 000 000
　　资本公积——股本溢价　　22 000 000
借：资本公积——股本溢价　　2 000 000
　贷：银行存款　　2 000 000

（3）投资者投入的长期股权投资，应当按照投资合同或协议约定的价值作为初始投资成本，但合同或协议约定价值不公允的除外。

投资者投入的长期股权投资，是指投资者以其持有的对第三方的投资作为出资投入企业，接受投资的企业在确定所取得的长期股权投资的成本时，原则上应按照投资各方在投资合同或协议中约定的价值作为其初始投资成本。例外的情况是，如果投资各方在投资合同或协议中约定的价值明显高于或低于该项投资公允价值的，应以公允价值作为长期股权投资的初始投资成本，由该项出资构成实收资本（或股本）的部分与确认的长期股权投资初始投资成本之间的差额相应调整资本公积（资本溢价）。

【例 6-14】华钢股份公司以其持有的对 B 公司的长期股权投资作为出资，在 A 公司增资扩股的过程中投入 A 公司，取得 A 公司 10 000 000 股普通股（每股面值为 1 元）。该项对 B 公司的投资本身不存在活跃的市场，无法取得其公允价值信息，但根据 A 公司股票在增资扩股后的价格判断，该项作为出资的长期股权投资的公允价值约为 40 000 000 元。A 公司取得 B 公司股权后，无法对 B 公司实施控制、共同控制或施加重大影响，也无法通过合理的方式确定其公允价值。

A 公司应进行的账务处理如下：

借：长期股权投资——B 公司　　40 000 000

　　贷：股本　　10 000 000

　　　　资本公积——股本溢价　　30 000 000

第二节　长期股权投资的后续计量

企业取得的长期股权投资，在确定其初始投资成本后，持续持有期间，视对被投资企业的影响程度等情况的不同应分别采用成本法及权益法进行核算。

一、成本法及权益法核算的范围

投资企业对被投资企业具有共同控制或重大影响的长期股权投资应当采用权益法核算。投资企业持有的对子公司的投资，在母公司个别财务报表中按成本法核算。

二、长期股权投资的成本法

长期股权投资核算的成本法

采用成本法核算的长期股权投资，初始投资或追加投资时，按照初始投资或追加投资时的成本增加长期股权投资的账面价值，同一控制下的控股合并形成的长期股权投资初始投资成本为合并日取得被合并方账面所有者权益的份额。

被投资企业宣告分派的现金股利或利润中，投资企业享有的部分应确认为当期投资收益。投资企业在确认自被投资企业应分得的现金股利或利润后，应当考虑长期股权投资是否发生减值。在判断该类长期股权投资是否存在减值迹象时，应当关注长期股权投资的账面价值是否大于享有被投资企业净资产（包括相关商誉）账面价值的份额等情况。出现类似情况时，企业应当按照《企业会计准则第 8 号——资产减值》的规定对长期股权投资进行减值测试，可收回金额低于长期股权投资账面价值的，应当计提减值准备。

【例 6-15】华钢股份公司于 20×0 年 4 月 10 日取得甲公司 6%的股权，成本为 12 000 000 元。20×1 年 2 月 6 日，甲公司宣告分派利润，华钢股份公司按照持股比例可取得 100 000 元。假定华钢股份公司在取得甲公司股权后对甲公司的财务和经营决策不具有控制、共同控制或重大影响，且该投资不存在活跃的交易市场、公允价值无法可靠取得。甲公司于 20×1 年 2 月 12 日实际分派利润。

华钢股份公司应进行的账务处理如下：

借：长期股权投资——甲公司	12 000 000	
贷：银行存款		12 000 000
借：应收股利	100 000	
贷：投资收益		100 000
借：银行存款	100 000	
贷：应收股利		100 000

进行上述处理后，如相关长期股权投资存在减值迹象的，应当进行减值测试。

三、长期股权投资的权益法

长期股权投资核算的权益法

投资企业对被投资企业具有共同控制或重大影响的长期股权投资应当采用权益法核算。在确定能否对被投资企业实施共同控制或重大影响时，应当考虑投资企业和其他方持有的被投资企业当期可转换公司债券、当期可执行认股权证等潜在表决权因素的影响。

“共同控制”是指按照合同约定对某项经济活动共有的控制。其特点是，合营各方均受到合营合同的限制和约束，任何一个合营方均不能单独控制合营企业的生产经营活动，涉及合营企业基本经营活动的决策需要各合营方一致同意。投资企业与其他合营方一同对被投资企业实施共同控制的，被投资企业为投资企业的合营企业。

“重大影响”是指对一个企业的财务和经营政策有参与决策的权力，但并不能够控制或与其他方一起共同控制这些政策的制定。重大影响通常体现为在被投资企业的董事会或类似权力机构中派有代表、参与被投资企业的政策制定过程、与被投资企业之间发生重要交易、向被投资企业派出管理人员或是向被投资企业提供关键技术资料等。在投资企业能够对被投资企业施加重大影响的情况下，被投资企业为其联营企业。

采用权益法核算的长期股权投资，一般的核算程序如下：

（1）初始投资或追加投资时，按照初始投资成本或追加投资的成本增加长期股权投资的账面价值。

（2）比较初始投资成本与投资时应享有被投资企业可辨认净资产公允价值的份额，对于初始投资成本大于应享有被投资企业可辨认净资产公允价值份额的，不要求调整长期股权投资的成本；对于初始投资成本小于应享有被投资企业可辨认净资产公允价值份额的，应对长期股权投资的成本进行调整，并计入取得当期的损益。

（3）持有投资期间，随着被投资企业所有者权益的变动相应调整增加或减少长期股权投资的账面价值，并分情况处理：对属于因被投资企业实现净损益产生的所有者权益的变动，投资企业按照持股比例计算应享有的份额，增加或减少长期股权投资的账面价值，同时确认为当期投资损益；对被投资企业除净损益以外其他因素导致的所有者权益变动，在持股比例不变的情况下，按照持股比例计算应享有或应分担的份额，增加或减少长期股权投资的账面价值，同时确认为资本公积（其他资本公积）。

（4）被投资企业宣告分派现金股利或利润时，投资企业按持股比例计算应分得的部分，一般应冲减长期股权投资的账面价值。

（一）初始投资成本的调整

投资企业取得对联营企业或合营企业的投资以后，对于取得投资时点上投资成本与应享有被投资企业可辨认净资产公允价值份额之间的差额，应区别以下情况处理：

（1）投资成本大于取得投资时应享有被投资企业可辨认净资产公允价值份额的，该部分差额体现为投资企业在购入该项投资过程中通过作价体现出的与所取得股权份额相对应的商誉。该部分差额不要求调整长期股权投资的成本。

（2）投资成本小于取得投资时应享有被投资企业可辨认净资产公允价值份额的，两者之间的差额体现为交易双方在作价过程中转让方对投资企业给予的让步或是出于其他方面的考虑给予投资企业的无偿经济利益流入，应计入取得投资当期的损益。

【例 6-16】华钢股份公司于 20×1 年 1 月 1 日取得 A 公司 30%的股权，实际支付价款 30 000 000 元。取得投资时被投资企业账面所有者权益的构成（假定该时点被投资企业各项可辨认资产、负债的公允价值与其账面价值相同）详见表 6-1。

表 6-1　取得投资时 A 公司账面所有者权益的构成

项目	金额/元
实收资本	30 000 000
资本公积	24 000 000
盈余公积	6 000 000
未分配利润	15 000 000
所有者权益总额	75 000 000

假定在 A 公司的董事会中，所有股东均以其持股比例行使表决权。华钢股份公司在取得对 A 公司的股权后，派人参与了 A 公司的财务和生产经营决策。因能够对 A 公司的生产经营决策施加重大影响，华钢股份公司对该项投资采用权益法核算。取得投资时，华钢股份公司应进行的账务处理如下：

借：长期股权投资——A 公司——成本　　30 000 000

　贷：银行存款　　30 000 000

长期股权投资的成本 30 000 000 元大于取得投资时应享有 A 公司可辨认净资产公允价值的份额 22 500 000（75 000 000×30%）元，不对其初始投资成本进行调整。

假定上例中取得投资时 A 公司可辨认净资产公允价值为 120 000 000 元，华钢股份公司按持股比例 30%计算确定应享有 36 000 000 元，则初始投资成本与应享有 A 公司可辨认净资产公允价值份额之间的差额 6 000 000 元应计入取得投资当期的损益。

借：长期股权投资——A 公司——成本　　36 000 000

　贷：银行存款　　30 000 000

　　营业外收入　　6 000 000

（二）投资损益的确定

投资损益确定的一般原则有下述两个。

（1）在确认应享有或应分担被投资企业的净利润或净亏损时，如果取得投资时被投资企业各项资产、负债的公允价值与其账面价值不同，投资企业在计算确定投资收益时，不能完全以被投资企业自身核算的净利润与持股比例计算确定，而是需要在被投资企业实现净利润的基础上经过适当调整后确定。

在确认应享有被投资企业的净利润或净亏损时，主要应考虑以下因素对被投资企业净利润的影响：

1）以取得投资时被投资企业固定资产、无形资产的公允价值为基础计提的折旧额或摊销额对被投资企业净利润的影响。如取得投资时被投资企业固定资产公允价值高于账面价值，对于投资企业来讲，相关固定资产的折旧额应以取得投资时该固定资产的公允价值为基础确定，并根据被投资企业已计提的折旧额与对于投资企业来讲应计提的折旧额之间的差额对被投资企业的净利润进行调整。

2）被投资企业有关长期资产以投资企业取得投资时的公允价值为基础计算确定的减值准备金额对被投资企业净利润的影响。

3）被投资企业采用的会计政策和会计期间与投资企业不一致时，应按投资企业的会计政策和会计期间对被投资企业的财务报表进行调整，以调整后的净利润为基础计算确认投资损益。

投资企业无法合理确定取得投资时被投资企业各项可辨认资产公允价值的，或者投资时被投资企业可辨认资产的公允价值与账面价值相比两者之间的差额不具重要性的，或是无法取得对被投资企业净利润进行调整所需资料的，可以按照被投资企业的账面净利润与持股比例计算的结果直接确认为投资损益。

【例 6-17】假定在华钢股份公司长期股权投资的成本大于取得投资时 B 公司可辨认净资产公允价值份额的情况下，20×1 年 B 公司实现净利润 8 000 000 元。华钢股份公司、B 公司均以公历年度作为会计年度，采用相同的会计政策。由于投资时 B 公司各项资产、负债的账面价值与其公允价值相同，不需要对 B 公司的净利润进行调整，华钢股份公司应确认的投资收益为 2 400 000（8 000 000×30%）元，一方面增加长期股权投资的账面价值，另一方面作为利润表中的投资收益确认。

华钢股份公司应编制的会计分录如下：

借：长期股权投资——B 公司——损益调整　　　2 400 000

　　贷：投资收益——B 公司　　　2 400 000

【例 6-18】华钢股份公司于 20×1 年 1 月 2 日购入乙公司 30%的股份，购买价款为 20 000 000 元，并自取得股份之日起派人参与乙公司的生产经营决策。取得投资日，乙公司可辨认净资产公允价值为 60 000 000 元，除表 6-2 所列的项目外，其他资产、负债的公允价值与账面价值相同。

表 6-2　取得投资日 B 公司部分资产账面价值与公允价值

项目	账面价值/元	已提折旧/元	公允价值/元	原预计使用年限/年	剩余使用年限/年
存货	5 000 000		7 000 000		
固定资产	10 000 000	2 000 000	12 000 000	20	16
无形资产	6 000 000	1 200 000	8 000 000	10	8
小计	21 000 000	3 200 000	27 000 000		

假定乙公司 20×1 年实现净利润 6 000 000 元，其中在华钢股份公司取得投资时的账面存

货 5 000 000 元中有 80%对外出售。甲公司与乙公司的会计年度和采用的会计政策相同。

华钢股份公司在确定其应享有乙公司 20×1 年的投资收益时，应在乙公司实现净利润的基础上，根据取得投资时有关资产的账面价值与其公允价值差额的影响进行调整（假定不考虑所得税影响）。

调整后的净利润= 6 000 000-(7 000 000-5 000 000)×80%-(12 000 000÷16-10 000 000÷20)-(8 000 000÷8-6 000 000÷10) = 3 750 000（元）

华钢股份公司应享有份额 = 3 750 000×30% = 1 125 000（元）

华钢股份公司应编制如下会计分录：

借：长期股权投资——乙公司——损益调整　　1 125 000

　贷：投资收益　　1 125 000

（2）在确认投资收益时，除考虑有关资产、负债的公允价值与账面价值差异的调整外，对于投资企业与其联营企业及合营企业之间发生的未实现内部交易损益也应予以抵销。即投资企业与联营企业及合营企业之间发生的未实现内部交易损益按照持股比例计算归属于投资企业的部分应当予以抵销，在此基础上确认投资损益。投资企业与被投资企业发生的内部交易损失，按照《企业会计准则第 8 号——资产减值》等规定属于资产减值损失的，应当全额确认。投资企业对于纳入其合并范围的子公司与其联营企业及合营企业之间发生的内部交易损益也应当按照上述原则进行抵销，在此基础上确认投资损益。

应当注意的是，该未实现内部交易损益的抵销既包括顺流交易也包括逆流交易。其中，顺流交易是指投资企业向其联营企业或合营企业出售资产的交易，逆流交易是指联营企业或合营企业向投资企业出售资产的交易。当该未实现内部交易损益体现在投资企业或其联营企业、合营企业持有的资产账面价值中时，相关的损益在计算确认投资损益时应予抵销。

1）对于联营企业或合营企业向投资企业出售资产的逆流交易，在该交易存在未实现内部交易损益的情况下（即有关资产未对外部独立第三方出售），投资企业在采用权益法计算确认应享有联营企业或合营企业的投资损益时，应抵销该未实现内部交易损益的影响。当投资企业自其联营企业或合营企业购买资产时，在将该资产出售给外部独立的第三方之前，不应确认联营企业或合营企业因该交易产生的损益中本企业应享有的部分。

因逆流交易产生的未实现内部交易损益，在未对外部独立第三方出售之前，体现在投资企业持有资产的账面价值中。投资企业对外编制合并财务报表的，应在合并财务报表中对长期股权投资及包含未实现内部交易损益的资产账面价值进行调整，抵销有关资产账面价值中包含的未实现内部交易损益，并相应调整对联营企业或合营企业的长期股权投资。

【例 6-19】华钢股份公司于 20×1 年 1 月 1 日取得甲公司 20%有表决权的股份，能够对甲公司施加重大影响。华钢股份公司取得该项投资时，甲公司各项可辨认资产、负债的公允价值与其账面价值相同。20×1 年 8 月，甲公司将其成本为 9 000 000 元的某商品以 15 000 000 元的价格出售给华钢股份公司，华钢股份公司将取得的商品作为存货。至 20×1 年 12 月 31 日，华钢股份公司仍未对外出售该存货。甲公司 20×1 年实现净利润 48 000 000 元。假定不考虑所得税因素，华钢股份公司在按照权益法确认应享有甲公司 20×1 年净损益时应进行以下账务处理：

借：长期股权投资——甲公司——损益调整

　　8 400 000 [(48 000 000-6 000 000)×20%]

　贷：投资收益　　8 400 000

进行上述处理后，华钢股份公司如需编制合并财务报表，在合并财务报表中，因该未实现内部交易损益体现在华钢股份公司持有存货的账面价值当中，应在合并财务报表中进行以下调整：

借：长期股权投资——甲公司——损益调整

1 200 000 [(15 000 000-9 000 000)×20%]

贷：存货　　1 200 000

假定 20×2 年，华钢股份公司将该商品以 18 000 000 元对外部独立第三方出售，因该部分内部交易损益已经实现，华钢股份公司在确认应享有甲公司 20×2 年净损益时，应考虑将原来未确认的该部分内部交易损益计入投资损益，即应在考虑其他因素计算确定的投资损益的基础上调整增加 1 200 000 元。假定甲公司 20×2 年实现的净利润为 30 000 000 元。华钢股份的账务处理如下：

借：长期股权投资——甲公司——损益调整

7 200 000 [(30 000 000-6 000 000)×20%]

贷：投资收益　　7 200 000

2）对于投资企业向联营企业或合营企业出售资产的顺流交易，在该交易存在未实现内部交易损益的情况下（即有关资产未对外部独立第三方出售），投资企业在采用权益法计算确认应享有联营企业或合营企业的投资损益时，应抵销该未实现内部交易损益的影响，同时调整对联营企业或合营企业长期股权投资的账面价值。

【例 6-20】华钢股份公司持有甲公司 20%有表决权的股份，能够对甲公司施加重大影响。20×1 年，华钢股份公司将其账面价值为 9 000 000 元的商品以 15 000 000 元的价格出售给甲公司。至 20×1 年 12 月 31 日，甲公司未将该批商品对外部独立第三方出售。华钢股份公司取得该项投资时，甲公司各项可辨认资产、负债的公允价值与其账面价值相同，两者在以前期间未发生过内部交易。甲公司 20×1 年实现净利润 30 000 000 元。假定不考虑所得税因素，华钢股份公司在该项交易中实现净利润 6 000 000 元，其中的 1 200 000 元是针对本公司持有的对联营企业的权益份额，在采用权益法计算确认投资损益时应予抵销，即华钢股份公司应当进行如下账务处理：

借：长期股权投资——甲公司——损益调整

4 800 000 [(30 000 000-6 000 000)×20%]

贷：投资收益　　4 800 000

华钢股份公司如需编制合并财务报表，在合并财务报表中对该未实现内部交易损益应进行以下调整：

借：营业收入　　3 000 000（15 000 000×20%）

贷：营业成本　　1 800 000（9 000 000×20%）

投资收益　　1 200 000

应当说明的是，投资企业与其联营企业及合营企业之间发生的无论是顺流交易还是逆流交易，所产生的未实现内部交易损失，属于所转让资产发生减值损失的，有关的未实现内部交易损失不应予以抵销。

（三）取得现金股利或利润的处理

采用权益法核算的长期股权投资，投资企业自被投资企业取得的现金股利或利润应冲减长期股权投资的账面价值。在被投资企业宣告分派现金股利或利润时，借记“应收股利” 科目，贷记“长期股权投资——损益调整”科目；自被投资企业取得的现金股利或利润超过已确认损益调整的部分应视同投资成本的收回，冲减长期股权投资的账面价值，贷记“长期股权投资——成本”科目。

（四）超额亏损的确认

权益法下，投资企业确认应分担被投资企业发生的损失，原则上应以长期股权投资及其他实质上构成长期权益的项目减记至零为限，投资企业负有承担额外损失义务的除外。这里所讲的“其他实质上构成长期权益的项目”主要是指长期性的应收项目等，应收被投资企业的长期债权从目前来看没有明确的清偿计划并且在可预见的未来期间也不可能进行清偿的，从实质上来看，即构成长期权益。

采用权益法核算的情况下，投资企业在确认应分担被投资企业发生的亏损时，应按照以下顺序处理：

（1）减记长期股权投资的账面价值。

（2）在长期股权投资的账面价值减记至零的情况下，考虑是否有其他构成长期权益的项目，如果有，则以其他实质上构成对被投资企业长期权益的账面价值为限，继续减记。

（3）在有关其他实质上构成对被投资企业长期权益的价值也减记至零的情况下，如果按照投资合同或协议约定，投资企业需要承担额外义务的，则需按预计将承担责任的金额确认相关的损失。

除按上述顺序已确认的损失以外仍有额外损失的，应在账外作备查登记，不再予以确认。在确认了有关投资损失以后，被投资企业于以后期间实现盈利的，应按以上相反顺序恢复其他实质上构成对被投资企业净投资的长期权益及长期股权投资的账面价值。

【例 6-21】华钢股份公司持有甲公司 40%的股权，20×0 年 12 月 31 日的账面价值为 20 000 000 元，包括投资成本以及因甲公司实现净利润而确认的投资收益。甲公司 20×1 年由于一项主要经营业务市场条件发生骤变，当年度发生亏损 30 000 000 元。假定华钢股份公司在取得投资时，甲公司各项可辨认资产、负债的公允价值与其账面价值相同，采用的会计政策和会计期间也相同，则华钢股份公司 20×1 年应确认的投资损失为 12 000 000 元。确认上述投资损失后，长期股权投资的账面价值变为 8 000 000 元。

如果甲公司 20×1 年的亏损额为 60 000 000 元，则华钢股份公司按其持股比例确认应分担的损失为 24 000 000（60 000 000×40%）元，但期初长期股权投资的账面价值仅为 20 000 000 元，如果没有其他实质上构成对被投资企业净投资的长期权益项目，则华钢股份公司应确认的投资损失仅为 20 000 000 元，超额损失在账外进行备查登记；如果在确认了 20 000 000 元的投资损失后，华钢股份公司账上仍有应收甲公司的长期应收款 8000 000 元（实质上构成对甲公司净投资），则在长期应收款的账面价值大于 4 000 000 元的情况下，应进一步确认投资损失 4 000 000 元。华钢股份公司应进行的账务处理如下：

借：投资收益	24 000 000	
贷：长期股权投资——甲公司——成本、损益调整		20 000 000
长期应收款——甲公司——超额亏损		4 000 000

（五）被投资企业其他综合收益变动的处理

被投资企业其他综合收益发生变动的，投资方应当按照归属于本企业的部分相应调整长期股权投资的账面价值，同时增加或减少其他综合收益。

【例 6-22】华钢股份公司持有乙公司 30%的股份，能够对乙公司施加重大影响。当期乙公司因持有的其他权益工具投资公允价值的变动计入其他综合收益的金额为 20 000 000 元，除该事项外，乙公司当期实现的净利润为 80 000 000 元。假定华钢股份公司与乙公司适用的会计政策、会计期间相同，两者在当期以及以前期间未发生任何内部交易，投资时乙公司各项可辨认资产、负债的公允价值与账面价值相同。不考虑相关税费等其他因素影响。华钢股份公司应进行以下账务处理：

借：长期股权投资——乙公司——损益调整　　24 000 000
　　　　　　　　　　——其他综合收益　　6 000 000
　贷：投资收益　　24 000 000
　　　其他综合收益　　6 000 000

（六）被投资企业除净损益、其他综合收益以及利润分配以外的所有者权益的其他变动

采用权益法核算的情况下，投资企业对于被投资企业除净损益、其他综合收益以及利润分配以外的所有者权益的其他变动的因素主要包括被投资企业接收其他股东的资本性投入、被投资企业发行可分离交易的可转债中包含的权益成分、以权益结算的股份支付、其他股东对被投资企业增资导致投资方持股比例变动等。在持股比例不变的情况下，应按照持股比例与被投资企业除净损益以外的所有者权益的其他变动中归属于本企业的部分相应调整长期股权投资的账面价值，同时增加或减少资本公积（其他资本公积）。

四、长期股权投资的减值

（一）长期股权投资的可收回金额

每年年末，企业应对长期股权投资的账面价值进行检查。如果出现减值迹象，应对可收回金额进行估计。可收回金额应当根据长期股权投资的公允价值减去处置费用后的净额与长期股权投资预计未来现金流量的现值两者之间较高者确定。

（二）长期股权投资及减值损失

如果长期股权投资可收回金额的计量结果表明可收回金额低于账面价值，说明长期股权投资已经发生减值损失，应当将其账面价值减记至可收回金额，借记“资产减值损失”科目，贷记“长期股权投资减值准备”科目。长期股权投资减值损失已经确认，在以后会计期间不得转回。

五、长期股权投资的处置

长期股权投资的处置

企业处置长期股权投资时，应相应结转与所售股权相对应的长期股权投资的账面价值，出售所得价款与处置长期股权投资账面价值之间的差额应确认为处置损益。

采用权益法核算的长期股权投资，原计入其他综合收益和资本公积的金额，在处置时亦应进行结转，将与所出售股权相对应的部分在处置时自其他综合收益和资本公积转入当期损益。

【例 6-23】华钢股份公司原持有 B 公司 40%的股权，20×1 年 11 月 30 日，华钢股份公司出售所持有 B 公司股权中的 25%，出售时华钢股份公司账面上对 B 公司长期股权投资的构成为：投资成本 36 000 000 元，损益调整为 9 600 000 元，其他权益变动为 6 000 000 元。出售取得价款 14 100 000 元。

（1）华钢股份公司确认处置损益的账务处理如下：

借：银行存款　　14 100 000

　　贷：长期股权投资——B 公司——成本　　9 000 000

　　　　　　　　　　——损益调整　　2 400 000

　　　　　　　　　　——其他权益变动　　1 500 000

　　　　投资收益　　1 200 000

（2）除应将实际取得价款与出售长期股权投资的账面价值进行结转，确认为处置当期损益外，还应将原计入资本公积的部分按比例转入当期损益。

借：资本公积——其他资本公积——B 公司　　1 500 000

　　贷：投资收益　　1 500 000

导入案例分析：

（1）该企业对环球股份有限公司的投资已具有控股的性质，按会计制度规定，应采用成本法进行核算。该企业实际应确认的投资收益应为 22 500（60 000×50%×75%）元。而企业按分派的股利数计入长期股权投资，这是按权益法的处理，从而隐匿了 22 500 元的投资利益。

（2）错用长期投资的账务处理方法，不仅歪曲了投资收益，在成本法下也因长期投资账户账面价值不应随被投资企业权益的增减变化而作出相应的调整，使得长期投资账面价值失实。

第七章　固 定 资 产

学习目标

1. 掌握取得固定资产的核算、固定资产折旧的核算、固定资产处置和清查的核算。
2. 理解固定资产后续支出的会计处理原则和固定资产减值的核算。
3. 了解固定资产的性质。

知识框架

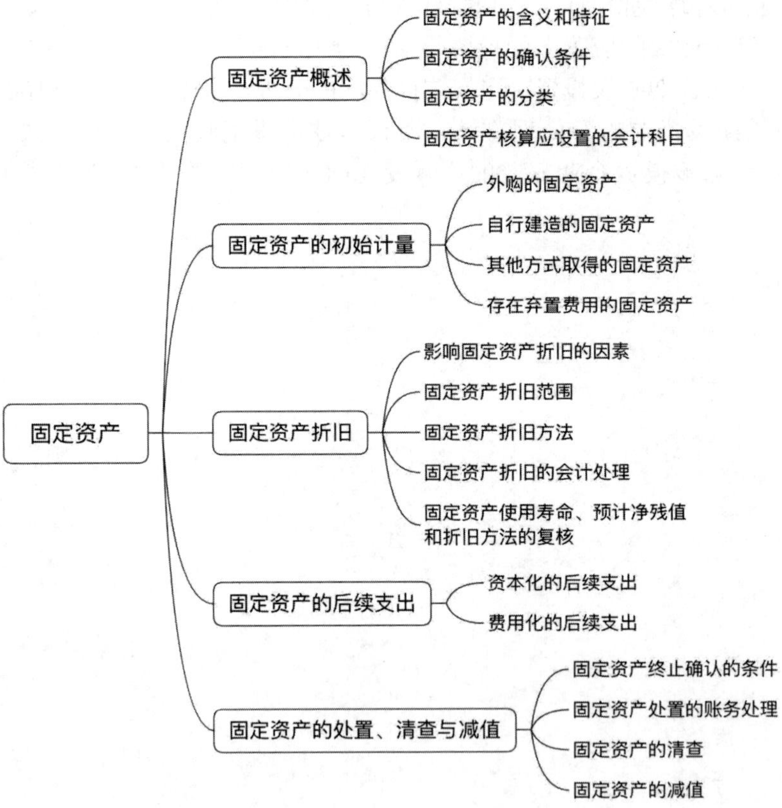

导入案例

案例：华钢股份公司在20×2年2月购买了一台生产用机器设备，设备不需要安装，可直接使用。20×7年3月，为提高生产效率，对该设备进行更新改造并于20×7年5月再次投入使用。20×9年5月，该设备因遭受自然灾害发生严重毁损转入清理。

案例思考：

（1）华钢股份公司购买的这台生产用机器设备应列为哪一项资产来核算？

（2）公司在对这台设备相关经济业务进行账务处理时涉及哪些会计核算科目？

（3）这台设备在初始购入、持有、更新改造、处置等过程中如何进行会计处理？

第一节 固定资产概述

一、固定资产的含义和特征

固定资产，是指同时具有下列特征的有形资产：

（1）为生产商品、提供劳务、出租或经营管理而持有的。

（2）使用寿命超过一个会计年度。

从固定资产的定义看，固定资产具有以下 3 个特征：

（1）为生产商品、提供劳务、出租或经营管理而持有。

企业持有固定资产的目的是生产商品、提供劳务、出租或经营管理，即企业持有的固定资产是企业的劳动工具或手段，而不是用于出售的产品。其中，“出租”的固定资产是指企业以经营租赁方式出租的机器设备类固定资产，不包括以经营租赁方式出租的建筑物，后者属于企业的投资性房地产，不属于固定资产。

（2）固定资产的使用寿命超过一个会计年度。

固定资产的使用寿命，是指企业使用固定资产的预计期间或者该固定资产所能生产产品或提供劳务的数量。通常情况下，固定资产的使用寿命是指使用固定资产的预计期间，比如自用房屋建筑物的使用寿命表现为企业对该建筑物的预计使用年限。对于某些机器设备或运输设备等固定资产，其使用寿命表现为以该固定资产所能生产产品或提供劳务的数量，例如汽车或飞机等，按其预计行驶或飞行里程估计使用寿命。

（3）固定资产是有形资产。

固定资产具有实物特征，这一特征将固定资产与无形资产区别开来。有些无形资产可能同时符合固定资产的其他特征，如无形资产为生产商品、提供劳务而持有，使用寿命超过一个会计年度，但是由于其没有实物形态，所以不属于固定资产。

二、固定资产的确认条件

固定资产在符合定义的前提下，应当同时满足以下两个条件才能加以确认：

（1）该固定资产有关的经济利益很可能流入企业。

资产最重要的特征是预期会给企业带来经济利益。企业在确认固定资产时，需要判断与该项固定资产有关的经济利益是否很可能流入企业。如果与该项固定资产有关的经济利益很可能流入企业，并同时满足固定资产确认的其他条件，那么企业应将其确认为固定资产，否则不应将其确认为固定资产。

（2）该固定资产的成本能够可靠地计量。

成本能够可靠地计量是资产确认的一项基本条件。企业在确定固定资产成本时必须取得确凿证据。但是，有时需要根据所获得的最新资料对固定资产的成本进行合理的估计。比如，企业对于已达到预定可使用状态但尚未办理竣工决算的固定资产，需要根据工程预算、工程造价或者工程实际发生的成本等资料，按估计价值确定其成本，办理竣工决算后，再按照实际成本调整原来的暂估价值。

三、固定资产的分类

企业对固定资产进行恰当的分类，有利于加强对固定资产的有效管理。固定资产可以按不同的标准进行分类。

（一）按固定资产经济用途分类

按固定资产的经济用途，可以分为生产经营用固定资产和非生产经营用固定资产。生产经营用固定资产，是指直接服务于企业生产、经营过程的各种固定资产，如生产经营用的房屋、建筑物、机器、设备、器具和工具等。非生产经营用固定资产，是指不直接服务于生产、经营过程的各种固定资产，如职工宿舍、食堂、浴室、理发室等使用的房屋、设备和其他固定资产等。

（二）按固定资产使用情况分类

按固定资产的使用情况，可以分为使用中固定资产、未使用固定资产和不需用固定资产。

（1）使用中固定资产：是指正在使用中的经营性和非经营性固定资产。由于季节性经营或大修理等原因，暂时停止使用的固定资产仍属于企业使用中固定资产；企业出租（指经营性租赁）给其他单位使用的固定资产和内部替换使用的固定资产，也属于使用中固定资产。

（2）未使用固定资产：是指已完工或已购建但尚未交付使用的新增固定资产以及因进行改建、扩建等原因暂停使用的固定资产，如企业购建的尚待安装的固定资产、经营任务变更停止使用的固定资产以及主要的备用设备等。

（3）不需用固定资产：是指本企业多余或不适用的各种固定资产。

在实务中，企业可以按照固定资产的经济用途和使用情况综合分类。由于企业的经营性质、经营规模各不相同，企业对固定资产的分类不可能完全一致。企业应当根据固定资产准则，并结合自身实际情况，制定固定资产目录，包括每类或每项固定资产的使用寿命、预计净残值、折旧方法等，并编制成册，经股东大会或董事会（或类似机构）批准，按照法律、法规等的规定报送有关各方备案。

四、固定资产核算应设置的会计科目

为了反映和监督固定资产的取得、计提折旧和处置等情况，企业一般需要设置“固定资产”“累计折旧”“工程物资”“在建工程”“固定资产清理”等科目。

1. “固定资产”科目

“固定资产”科目核算企业固定资产的原价。该科目借方登记企业增加的固定资产原价，贷方登记企业减少的固定资产原价。期末借方余额，反映企业期末固定资产的账面原价。“固定资产”科目一般分为三级，企业除了应设置“固定资产”总账科目，还应设置“固定资产登记簿”和“固定资产卡片”，按固定资产类别、使用部门和每项固定资产进行明细核算。

2. “累计折旧”科目

“累计折旧”科目属于“固定资产”科目的调整科目，核算企业固定资产的累计折旧。该科目贷方登记计提的固定资产折旧，借方登记减少的固定资产转出的累计已提折旧。期末贷方余额，反映企业提取的固定资产折旧累计数。

3. “工程物资”科目

“工程物资”科目核算企业为在建工程而准备的各种物资的实际成本。该科目的借方登记企业购入工程物资的成本，贷方登记领用工程物资的成本。期末借方余额，反映企业为工程购入但尚未领用的专用物资的成本。

4. “在建工程”科目

“在建工程”科目核算企业基建、更新改造等在建工程发生的支出，包括需要安装的设备的价值。该科目的借方登记企业各项在建工程的实际支出，贷方登记完工工程转出的成本。期末借方余额，反映企业尚未达到预定可使用状态的在建工程的成本。

5. “固定资产清理”科目

“固定资产清理”科目核算企业因出售、报废、毁损、对外投资、非货币性资产交换、债务重组等原因转入清理的固定资产价值及其在清理过程中所发生的清理费用和清理收入的情况。该科目借方登记转入清理的固定资产净值、清理过程中发生的清理费用以及应交的税金，贷方登记出售固定资产的价值、残料价值和变价收入。期末借方余额，反映企业尚未清理完毕的固定资产清理净损失；期末如为贷方余额，则反映企业尚未清理完毕的固定资产清理净收益。固定资产清理完成时，借方登记转出的清理净收益，贷方登记转出的清理净损失，结转清理净收益、净损失后，该科目无余额。该科目应按被清理的固定资产设置明细账，进行明细核算。

此外，企业固定资产、在建工程、工程物资发生减值的，还应当设置“固定资产减值准备”“在建工程减值准备”“工程物资减值准备”等科目进行核算。

第二节　固定资产的初始计量

固定资产的确认与初始计量

固定资产的初始计量是指确定固定资产的取得成本。取得成本包括企业为购建某项固定资产达到预定可使用状态前所发生的一切合理的、必要的支出。在实务中，企业取得固定资产的方式是多种多样的，包括外购、自行建造、投资者投入以及非货币性资产交换、债务重组、企业合并和融资租赁等，取得的方式不同，其成本的具体构成内容及确定方法也不尽相同。

一、外购的固定资产

企业外购固定资产的成本包括购买价款、相关税费、使固定资产达到预定可使用状态前所发生的可归属于该项资产的运输费、装卸费、安装费和专业人员服务费等。

外购固定资产是否达到预定可使用状态，需要根据具体情况进行分析判断。如果购入不需安装的固定资产，购入后即可发挥作用，因此购入后即可达到预定可使用状态。如果购入需安装的固定资产，只有安装调试后达到设计要求或合同规定的标准，该项固定资产才可发挥作用，才意味着达到预定可使用状态。企业应当区别需要安装和不需要安装等具体情况对外购固定资产进行会计处理。

（一）不需要安装的固定资产

企业购入的固定资产，如果不需要安装就可以直接交付使用，其账务处理比较简单。购入固定资产的成本为企业实际支付的购买价款、包装费、运杂费、保险费、专业人员服务费和相关税费（不含可抵扣的增值税进项税额）等。

企业作为一般纳税人，购入不需要安装的固定资产时，按应计入固定资产成本的金额，借记“固定资产”科目，取得增值税专用发票、海关完税证明、公路发票等增值税扣税凭证，并经税务机关认证可以抵扣的，应按专用发票上注明的增值税进项税额，借记“应交税费——应交增值税（进项税额）”科目，贷记“银行存款”“应付账款”“应付票据”等科目。

【例 7-1】20×1 年 2 月 18 日，华钢股份公司购入一台不需要安装的生产设备。取得的增值税专用发票上注明的价值为 120 000 元，增值税税额为 15 600 元；发生的运输费用为 6 000 元，增值税税额为 540 元；全部款项已通过银行转账支付。除上述增值税外，不考虑其他税费。华钢股份公司应编制如下会计分录：

借：固定资产	126 000	
应交税费——应交增值税（进项税额）	16 140	
贷：银行存款		142 140

（二）需要安装的固定资产

需要安装的固定资产，是指购入的固定资产只有安装调试后才能达到设计要求或合同规定的标准，该项固定资产才可发挥作用。其取得成本是在前者取得成本的基础上，加上安装调试成本等。

企业作为一般纳税人，按照购入需安装的固定资产的取得成本，借记“在建工程”科目，按购入固定资产时可抵扣的增值税进项税额，借记“应交税费——应交增值税（进项税额）”科目，贷记“银行存款”“应付账款”等科目；按照发生的安装调试成本，借记“在建工程”科目，按取得的外部单位提供的增值税专用发票上注明的增值税进项税额，借记“应交税费——应交增值税（进项税额）”科目，贷记“银行存款”等科目；耗用了本单位的材料或人工的，按应承担的成本金额，借记“在建工程”科目，贷记“原材料”“应付职工薪酬”等科目。安装完成达到预定可使用状态时，由“在建工程”科目转入“固定资产”科目，借记“固定资产”科目，贷记“在建工程”科目。

【例 7-2】20×1 年 3 月 1 日，华钢股份公司购入一台需要安装的生产用机器设备，取得的增值税专用发票上注明的设备价款为 500 000 元，增值税进项税额为 65 000 元；安装设备时，领用本公司原材料一批，价值 30 000 元，购进该批原材料时支付的增值税进项税额为 3 900 元；支付安装工人的工资为 4 900 元。假定不考虑其他相关税费，华钢股份公司的账务处理如下（除特殊说明外，本章例题中的公司均为增值税一般纳税人）：

（1）支付设备价款、增值税、运输费合计为 565 000 元。

借：在建工程——××设备	500 000	
应交税费——应交增值税（进项税额）	65 000	
贷：银行存款		565 000

（2）领用本公司原材料、支付安装工人工资等费用合计为 34 900 元。

借：在建工程——××设备	34 900	
贷：原材料		30 000
应付职工薪酬		4 900

（3）设备安装完毕达到预定可使用状态。

借：固定资产——××设备	534 900	
贷：在建工程——××设备		534 900

固定资产的成本=500 000 +34 900 =534 900（元）

（三）一笔款项购入多项无单独标价的固定资产

在实务中，企业可能以一笔款项同时购入多项没有单独标价的资产。如果这些资产均符合固定资产的定义，并满足固定资产的确认条件，则应将各项资产单独确认为固定资产，并按各项固定资产公允价值的比例对总成本进行分配，分别确定各项固定资产的成本。如果以一笔款项购入的多项资产中还包括固定资产以外的其他资产，也应按类似的方法予以处理。

【例 7-3】20×1 年 5 月 18 日，华钢股份公司向 A 公司一次购入 3 套不同型号且具有不同生产能力的设备 A、B 和 C。华钢股份公司为该批设备共支付价款 5 000 000 元，增值税进项税额 650 000 元；包装费 20 000 元，增值税进项税额 1 200 元；全部以银行转账支付。假定 A、B 和 C 设备分别满足固定资产确认条件，公允价值分别为 1 560 000 元、2 340 000 元和 1 300 000 元。假定不考虑其他相关税费，华钢股份公司的账务处理如下：

（1）确定应计入固定资产成本的金额，包括购买价款、包装费等。

5 000 000+20 000=5 020 000（元）

（2）确定 A、B 和 C 设备的价值分配比例。

A 设备应分配的固定资产价值比例：1 560 000/(1 560 000+2 340 000+1 300 000)×100%=30%

B 设备应分配的固定资产价值比例：2 340 000/(1 560 000+2 340 000+1 300 000)×100%=45%

C 设备应分配的固定资产价值比例：1 300 000/(1 560 000+2 340 000+1 300 000)×100%=25%

（3）确定 A、B 和 C 设备各自的成本。

A 设备的成本=5 020 000×30%=1 506 000（元）

B 设备的成本=5 020 000×45%=2 259 000（元）

C 设备的成本=5 020 000×25%=1 255 000（元）

（4）编制会计分录。

借：固定资产——A 设备	1 506 000	
——B 设备	2 259 000	
——C 设备	1 255 000	
应交税费——应交增值税（进项税额）	651 200	
贷：银行存款		5 671 200

（四）小规模纳税人的账务处理

企业作为小规模纳税人，购入固定资产发生的增值税进项税额应计入固定资产成本，借记“固定资产”或“在建工程”科目，不通过“应交税费——应交增值税（进项税额）”科目核算。

【例 7-4】甲公司为增值税小规模纳税人，20×1 年 5 月 10 日用银行存款购入一台需要安装的设备，增值税专用发票上注明的价款为 100 000 元，增值税税额为 13 000 元，支付安装费 20 000 元，增值税税额为 1 800 元。甲公司应编制如下会计分录：

（1）购入进行安装时：

借：在建工程	113 000	
贷：银行存款		113 000

（2）支付安装费时：

借：在建工程	21 800	
贷：银行存款		21 800

（3）设备安装完毕交付使用时：

该设备的成本=113 000+21 800=134 800（元）

借：固定资产　　　　134 800

　　贷：在建工程　　　　134 800

在本例中，由于甲公司为小规模纳税人，按照现行增值税制度规定，其购入固定资产发生的增值税进项税额合计 14 800 元，不得从销项税额中抵扣，而应计入固定资产成本，记入“在建工程”科目的借方。

企业购买固定资产通常在正常信用条件期限内付款，但也会发生超过正常信用条件购买固定资产的经济业务，如采用分期付款方式购买资产，且在合同中规定的付款期限比较长，超过了正常信用条件。在这种情况下，该项购货合同实质上具有融资性质，购入固定资产的成本不能以各期付款额之和确定，而应以各期付款额的现值之和确定。

二、自行建造的固定资产

自行建造固定资产的成本，由建造该项资产达到预定可使用状态前所发生的必要支出构成，包括工程物资成本、人工成本、交纳的相关税费、应予资本化的借款费用以及应分摊的间接费用等。

企业自行建造固定资产，应先通过“在建工程”科目核算，工程达到预定可使用状态时，再从“在建工程”科目转入“固定资产”科目。企业自行建造固定资产，主要有自营和出包两种方式，由于采用的建设方式不同，其会计处理也不同。无论采用何种方式，所建工程都应当按照实际发生的支出确定其工程成本并单独核算。

（一）自营方式建造固定资产

企业以自营方式建造固定资产，意味着企业自行组织工程物资采购、自行组织施工人员从事工程施工。企业为建造固定资产准备的各种物资应当按照实际支付的买价、运输费、保险费等相关税费作为实际成本，记入“工程物资”科目，并按照各种专项物资的种类进行明细核算。工程完工后，剩余的工程物资转为本企业存货的，按其实际成本或计划成本进行结转。

建造固定资产领用工程物资、原材料或库存商品，应按其实际成本转入所建工程成本。自营方式建造固定资产应负担的职工薪酬，辅助生产部门为之提供的水、电、运输等劳务，以及其他必要支出等也应计入所建工程项目的成本，借记“在建工程”科目，贷记“工程物资”“原材料”“库存商品”“应付职工薪酬”“银行存款”等科目。符合资本化条件，应计入所建造固定资产成本的借款费用按照《企业会计准则第 17 号——借款费用》的有关规定处理。

所建造的固定资产已达到预定可使用状态但尚未办理竣工结算的，应当自达到预定可使用状态之日起，根据工程预算、造价或工程实际成本等，按暂估价值转入固定资产，借记“固定资产”科目，贷记“在建工程”科目，并按有关计提固定资产折旧的规定计提固定资产折旧。待办理竣工决算手续后再调整原来的暂估价值，但不需要调整原已计提的折旧额。

【例 7-5】华钢股份公司为增值税一般纳税人，20×1 年 8 月 12 日，自行建造厂房一幢，购入为工程准备的各种物资 500 000 元，增值税专用发票上注明的增值税税额为 65 000 元，全部用于工程建设。领用本公司生产的水泥一批，实际成本为 400 000 元，相关进项税额为 52 000 元。

工程人员应计工资 100 000 元。支付的其他费用并取得增值税专用发票，注明安装费 30 000 元，税率 9%，增值税税额 2 700 元。工程完工并达到预定可使用状态。华钢股份公司应编制如下会计分录：

（1）购入工程物资时：

借：工程物资	500 000	
应交税费——应交增值税（进项税额）	65 000	
贷：银行存款		565 000

（2）工程领用全部工程物资时：

借：在建工程	500 000	
贷：工程物资		500 000

（3）工程领用本公司生产的水泥时：

借：在建工程	400 000	
贷：库存商品		400 000

（4）分配工程人员薪酬时：

借：在建工程	100 000	
贷：应付职工薪酬		100 000

（5）支付工程发生的其他费用时：

借：在建工程	30 000	
应交税费——应交增值税（进项税额）	2 700	
贷：银行存款		32 700

（6）工程完工并达到预定可使用状态时：

工程完工转入固定资产的成本=500 000+400 000+100 000+30 000=1 030 000（元）

借：固定资产	1 030 000	
贷：在建工程		1 030 000

高危行业企业按照国家规定提取的安全生产费，应计入相关产品的成本或当期损益，同时记入“专项储备”科目。企业使用提取的安全生产费形成固定资产的，应当通过“在建工程”科目归集所发生的支出，待安全项目完工达到预定可使用状态时确认为固定资产；同时，按照形成固定资产的成本冲减专项储备，并确认相同金额的累计折旧。该固定资产在以后期间不再计提折旧。

（二）出包方式建造固定资产

在出包方式下，企业通过招标方式将工程项目发包给建造承包商，由建造承包商组织施工。企业采用出包方式进行的固定资产工程，其工程的具体支出主要由建造承包商核算，在这种方式下，“在建工程”科目主要反映企业与建造承包商办理工程价款结算的情况，企业支付给建造承包商的工程价款作为工程成本，通过“在建工程”科目核算。

【例 7-6】华钢股份公司为增值税一般纳税人，20×1 年 1 月 10 日，将一幢厂房的建造工程包给丙公司（为增值税一般纳税人）承建，按合理估计的发包工程进度和合同规定向丙公司结算进度款并取得丙公司开具的增值税专用发票，注明工程款 600 000 元，税率 9%，增值税税额 54 000 元。20×2 年 7 月 1 日，工程完工后，收到丙公司有关工程结算单据和增值税专用发票，补付工程款并取得丙公司开具的增值税专用发票，注明工程款 400 000，税率 9%，增值税税额 36 000 元。工程完工并达到预定可使用状态。华钢股份公司应编制如下会计分录：

（1）按合理估计的发包进度和合同规定向丙公司结算进度款时：

借：在建工程	600 000	
应交税费——应交增值税（进项税额）	54 000	
贷：银行存款		654 000

（2）补付工程款时：

借：在建工程	400 000	
应交税费——应交增值税（进项税额）	36 000	
贷：银行存款		436 000

（3）工程完工并达到预定可使用状态时：

借：固定资产	1 000 000	
贷：在建工程		1 000 000

三、其他方式取得的固定资产

企业取得固定资产的其他方式主要包括接受投资者投资、租入、非货币性资产交换、债务重组等。

1. 接受投资者投入的固定资产

接受固定资产投资的企业，一方面企业的资产增加，另一方面企业的所有者权益增加。固定资产的入账价值，按投资合同或协议约定的价值加上应支付的相关税费来确定，但合同或协议约定的价值不公允的除外。固定资产的入账价值与实收资本（或股本）的差额记入“资本公积”账户。

2. 租入固定资产

企业对所有租赁（短期租赁和低价值资产租赁除外）确认使用权资产和租赁负债，按照《企业会计准则第 21 号——租赁》来进行会计处理。

3. 非货币性资产交换、债务重组等方式取得的固定资产

非货币性资产交换、债务重组等方式取得的固定资产分别按照《企业会计准则第 7 号——非货币性资产交换》《企业会计准则第 12 号——债务重组》等的规定确定。但是，其后续计量和披露应当执行固定资产准则的规定。

四、存在弃置费用的固定资产

对于特殊行业的特定固定资产，在确定其初始成本时还应考虑弃置费用。弃置费用通常是指根据国家法律和行政法规、国际公约等规定，企业承担的环境保护和生态恢复等义务所确定的支出，如核电站核设施等的弃置和恢复环境义务。

弃置费用的金额与其现值比较通常较大，需要考虑货币时间价值，对于这些特殊行业的特定固定资产，企业应当根据《企业会计准则第 13 号——或有事项》，按照现值计算确定应计入固定资产成本的金额和相应的预计负债。在固定资产的使用寿命内按照预计负债的摊余成本和实际利率计算确定的利息费用应当在发生时计入财务费用。

一般工商企业的固定资产发生的报废清理费用不属于弃置费用，应当在发生时作为固定资产处置费用处理。

第三节 固定资产折旧

固定资产折旧

固定资产折旧，是指在固定资产的使用寿命内，按照确定的方法对应计折旧额进行的系统分摊。应计折旧额，是指应当计提折旧的固定资产的原价扣除其预计净残值后的金额。如果已对固定资产计提减值准备，还应当扣除已计提的固定资产减值准备累计金额。

一、影响固定资产折旧的因素

影响固定资产折旧的因素主要有以下几个：

（1）原始价值。原始价值，也称原价或原值，是指固定资产的原始成本，即初始入账金额。某些特殊情况下，固定资产的重置成本也可替代固定资产的原始价值成为折旧计算的基数。

（2）预计使用寿命。预计使用寿命，是指企业使用固定资产的预计期间或者该固定资产所能生产产品或提供劳务的数量。企业确定固定资产使用寿命时应考虑以下因素：

1）该项资产预计生产能力或实物产量。

2）该项资产预计有形损耗和无形损耗。

3）法律或者类似规定对该项资产使用的限制。如对于融资租入固定资产的租赁期限。

（3）预计净残值。预计净残值，是指假定固定资产预计使用寿命已满并处于使用寿命终了时的预期状态，企业目前从该项资产处置中获得的扣除预计处置费用后的金额。在计提折旧时，固定资产的预计净残值应从固定资产原始价值中扣除。

（4）固定资产减值准备。固定资产减值准备，是指固定资产已计提的固定资产减值准备累计金额。

二、固定资产折旧范围

企业应当对所有的固定资产计提折旧，但是已提足折旧仍继续使用的固定资产和单独计价入账的土地除外。

在确定计提折旧的范围时应注意以下几点：

（1）固定资产应当按月计提折旧，并根据用途计入相关资产的成本或当期损益。固定资产应自达到预定可使用状态时开始计提折旧，终止确认或划分为持有待售非流动资产时停止计提折旧。为了简化核算，当月增加的固定资产，当月不计提折旧，从下月起计提折旧；当月减少的固定资产，当月仍计提折旧，从下月起不计提折旧。

（2）固定资产提足折旧后，不论能否继续使用，均不再计提折旧，提前报废的固定资产也不再补提折旧。所谓提足折旧是指已经提足该项固定资产的应计折旧额。

（3）已达到预定可使用状态但尚未办理竣工决算的固定资产，应当按照估计价值确定其成本并计提折旧；待办理竣工决算后再按实际成本调整原来的暂估价值，但不需要调整原已计提的折旧额。

三、固定资产折旧方法

企业应当根据与固定资产有关的经济利益的预期消耗方式合理选择折旧方法。可选用的折旧方法包括年限平均法、工作量法、双倍余额递减法和年数总和法等。

企业选用不同的固定资产折旧方法，将影响固定资产使用寿命期间内不同时期的折旧费用。因此，固定资产的折旧方法一经确定，不得随意变更。如需变更应当符合固定资产准则的规定，至少于每年年度终了对固定资产的使用寿命、预计净残值和折旧方法进行复核时按复核的结果进行处理。

（一）年限平均法

年限平均法，又称直线法，是指将固定资产的应计折旧额均衡地分摊到固定资产预计使用寿命内的一种方法。采用这种方法计算的每期折旧额相等。计算公式如下：

年折旧率=(1-预计净残值率)/预计使用寿命（年）×100%

月折旧率=年折旧率/12

月折旧额=固定资产原价×月折旧率

【例 7-7】华钢股份公司有一幢厂房，原价为 5 000 000 元，预计可使用 20 年，预计报废时的净残值率为 2%。要求：计算该厂房的年折旧率和折旧额、月折旧率和月折旧额。

年折旧率=(1-2%)/20=4.9%

年折旧额=5 000 000×4.9%=245 000（元）

或：

年折旧额=(5 000 000-5 000 000×2%)/20=245 000（元）

月折旧率=4.9%/12=0.41%

月折旧额=5 000 000×0.41%=20 500（元）

采用年限平均法计算固定资产折旧虽然比较简便，但它也存在着一些明显的局限性。首先，固定资产在不同使用年限提供的经济效益是不同的。一般来讲，固定资产在其使用前期工作效率相对较高，所带来的经济利益也就多；而在其使用后期，工作效率一般呈下降趋势，因而所带来的经济利益也就逐渐减少。对此年限平均法不予考虑，明显是不合理的。其次，固定资产在不同的使用年限发生的维修费用也不一样。固定资产的维修费用将随着其使用时间的延长而不断增加，而年限平均法也没有考虑这一因素。

当固定资产各期负荷程度相同时，各期应分摊相同的折旧费，这时采用年限平均法计算折旧是合理的。但是，如果固定资产各期负荷程度不同，采用年限平均法计算折旧，则不能反映固定资产的实际使用情况，计提的折旧额与固定资产的损耗程度也不相符。

（二）工作量法

工作量法是根据实际工作量计算每期应提折旧额的一种方法。计算公式如下：

单位工作量折旧额=固定资产原价×(1-预计净残值率)/预计总工作量

某项固定资产月折旧额=该固定资产当月工作量×单位工作量折旧额

【例 7-8】华钢股份公司的一台机器设备原价为 800 000 元，预计生产产品产量为 4 000 000 个，预计净残值率为 5%，本月生产产品 40 000 个。假设华钢股份公司没有对该机器设备计提减值准备。要求：计算该台机器设备的本月折旧额。

单个产品折旧额=800 000×(1-5%)/4 000 000=0.19（元/个）

本月折旧额=40 000×0.19=7 600（元）

工作量法假定固定资产价值的降低不是由于时间的推移，而是由于使用。对于在使用期内工作量负担程度差异大，提供的经济效益不均衡的固定资产而言，特别是在有形磨损比经济折旧更为重要的情况下，工作量法的这一假定是合理的。

但是，工作量法把有形损耗看作是引起固定资产折旧的唯一因素。由于无形损耗的客观存在，固定资产即使不使用也会发生折旧，使用工作量法难以在账面上对这种情况做出反映。

（三）双倍余额递减法

双倍余额递减法是指在不考虑固定资产预计净残值的情况下，根据每期期初固定资产原价减去累计折旧后的金额（即固定资产净值）和双倍的直线法折旧率计算固定资产折旧的一种方法。计算公式如下：

年折旧率=2/预计使用寿命（年）×100%

月折旧率=年折旧率/12

月折旧额=固定资产净值×月折旧率

【例 7-9】华钢股份公司某项设备原价为 120 万元，预计使用寿命为 5 年，预计净残值率为 4%；假设华钢股份公司没有对该机器设备计提减值准备。

华钢股份公司按双倍余额递减法计提折旧，每年折旧额计算如下：

年折旧率=2/5×100% =40%

第 1 年应提的折旧额=120×40% =48（万元）

第 2 年应提的折旧额=(120-48)×40% =28.8（万元）

第 3 年应提的折旧额= (120-48 -28.8)×40% =17.28（万元）

从第 4 年起改按年限平均法（直线法）计提折旧：

第 4 年、第 5 年应提的折旧额=(120-48-28.8-17.28-120×4%)÷2=10.56（万元）

由于每年年初固定资产净值没有扣除预计净残值，因此，在应用这种方法计算折旧额时必须注意不能使固定资产的净值降低到其预计净残值以下，即采用双倍余额递减法计提折旧的固定资产，通常在其折旧年限到期前两年内，将固定资产净值扣除预计净残值后的余额平均摊销。

（四）年数总和法

年数总和法，又称年限合计法，是将固定资产的原价减去预计净残值的余额乘以一个以固定资产尚可使用寿命为分子、以预计使用寿命逐年数字之和为分母的逐年递减的分数计算每年的折旧额。计算公式如下：

年折旧率=尚可使用寿命/预计使用寿命的年数总和×100%

月折旧率=年折旧率/12

月折旧额=(固定资产原价-预计净残值)×月折旧率

【例 7-10】沿用例 7-9，采用年数总和法计算的各年折旧额见表 7-1。

表 7-1 各年折旧额（年数总和法） 金额单位：元

年份	尚可使用年限	原价-净残值	年折旧率	每年折旧额	累计折旧
第 1 年	5	1 152 000	5/15	384 000	384 000
第 2 年	4	1 152 000	4/15	307 200	691 200
第 3 年	3	1 152 000	3/15	230 400	921 600
第 4 年	2	1 152 000	2/15	153 600	1 075 200
第 5 年	1	1 152 000	1/15	76 800	1 152 000

双倍余额递减法和年数总和法都属于加速折旧法，特点是在固定资产使用的早期多提折旧，后期少提折旧，其递减的速度逐年加快，从而相对加快折旧的速度，目的是使固定资产成本在估计使用寿命内加快得到补偿。

四、固定资产折旧的会计处理

固定资产应当按月计提折旧，计提的折旧应通过“累计折旧”科目核算，并根据用途计入相关资产的成本或当期损益。

（1）企业基本生产车间所使用的固定资产，其计提的折旧应计入制造费用。

（2）管理部门所使用的固定资产，其计提的折旧应计入管理费用。

（3）销售部门所使用的固定资产，其计提的折旧应计入销售费用。

（4）自行建造固定资产过程中使用的固定资产，其计提的折旧应计入在建工程成本。

（5）经营租出的固定资产，其计提的折旧应计入其他业务成本。

【例 7-11】华钢股份公司 20×1 年 1 月份固定资产计提折旧情况如下：第一生产车间厂房计提折旧 7.6 万元，机器设备计提折旧 9 万元；管理部门房屋建筑物计提折旧 13 万元，运输工具计提折旧 4.8 万元；销售部门房屋建筑物计提折旧 6.4 万元，运输工具计提折旧 5.26 万元。此外，本月第一生产车间新购置一台设备，原价为 122 万元，预计使用寿命 10 年，预计净残值 1 万元，按年限平均法计提折旧。

本例中，新购置的设备本月不计提折旧，应从 20×1 年 2 月开始计提折旧。

华钢股份公司 20×1 年 1 月份计提折旧的账务处理如下：

借：制造费用——第一生产车间	166 000	
管理费用	178 000	
销售费用	116 600	
贷：累计折旧		460 600

值得注意的是，企业在选择固定资产折旧方法时，应当根据与固定资产有关的经济利益的预期消耗方式做出决定。由于收入可能受到投入、生产过程、销售等因素的影响，这些因素与固定资产有关经济利益的预期消耗方式无关，因此，企业不应以包括使用固定资产在内的经济活动所产生的收入为基础进行折旧。

五、固定资产使用寿命、预计净残值和折旧方法的复核

由于固定资产的使用寿命长于一年，属于企业的非流动资产，企业至少应当于每年年度终了对固定资产的使用寿命、预计净残值和折旧方法进行复核。

在固定资产使用过程中，其所处的经济环境、技术环境以及其他环境有可能对固定资产的使用寿命和预计净残值产生较大影响。例如，固定资产使用强度比正常情况大大加强，致使固定资产实际使用寿命大大缩短；替代该项固定资产的新产品的出现致使其实际使用寿命缩短，预计净残值减少等。为真实反映固定资产为企业提供经济利益的期间及每期实际的资产消耗，企业至少应当于每年年度终了对固定资产的使用寿命和预计净残值进行复核。如有确凿证据表明，固定资产使用寿命预计数与原先估计数有差异，应当调整固定资产使用寿命；如果固定资产预计净残值预计数与原先估计数有差异，应当调整预计净残值。

固定资产使用过程中所处经济环境、技术环境以及其他环境的变化也可能致使与固定资

产有关的经济利益的预期消耗方式发生重大改变。如果固定资产给企业带来经济利益的方式发生重大变化，企业也应相应改变固定资产折旧方法。例如，某企业以前年度采用年限平均法计提固定资产折旧，此次年度复核中发现，与该固定资产相关的技术发生很大变化，年限平均法已很难反映该项固定资产给企业带来经济利益的方式，因此，决定变年限平均法为加速折旧法。

企业应当结合自身的实际情况制定固定资产目录、分类方法、每类或每项固定资产的使用寿命、预计净残值、折旧方法等。固定资产使用寿命、预计净残值和折旧方法的改变应作为会计估计变更处理。

第四节 固定资产的后续支出

固定资产的后续支出

固定资产的后续支出是指固定资产在使用过程中发生的更新改造支出、修理费用等。企业的固定资产投入使用后，由于各个组成部分耐用程度不同或者使用条件不同，往往会发生固定资产的局部损坏。为了保持固定资产的正常运转和使用，充分发挥其使用效能，就必然产生必要的后续支出。

后续支出的处理原则为：符合资本化条件的，应计入固定资产成本或其他相关资产的成本（例如，与生产产品相关的固定资产的后续支出计入相关产成品的成本），同时将被替换部分的账面价值扣除；不符合资本化条件的，应当计入当期损益。

一、资本化的后续支出

固定资产发生可资本化的后续支出时，企业一般应将该固定资产的原价、已计提的累计折旧和减值准备转销，将固定资产的账面价值转入在建工程，并在此基础上重新确定固定资产原价。当固定资产转入在建工程时，应停止计提折旧。在固定资产发生的后续支出完工并达到预定可使用状态时，再从在建工程转为固定资产，并按重新确定的固定资产原价、使用寿命、预计净残值和折旧方法计提折旧。固定资产发生的可资本化的后续支出通过“在建工程”科目核算。

企业发生的某些固定资产后续支出可能涉及替换原固定资产的某组成部分，当发生的后续支出符合固定资产确认条件时，应将其计入固定资产成本，同时将被替换部分的账面价值扣除。这样可以避免将替换部分的成本和被替换部分的成本同时计入固定资产成本，导致固定资产成本高估。企业对固定资产进行定期检查发生的大修理费用，符合资本化条件的，可以计入固定资产成本或其他相关资产的成本；不符合资本化条件的，应当费用化，计入当期损益。固定资产在定期大修理间隔期间照提折旧。

【例 7-12】A 航空公司为增值税一般纳税人，20×0 年 12 月购入一架飞机，总计花费 80 000 000 元（含发动机），发动机当时的购价为 5 000 000 元。公司未将发动机作为一项单独的固定资产进行核算。20×9 年 6 月末，公司开辟新航线，航程增加。为延长飞机的空中飞行时间，公司决定更换一部性能更为先进的发动机。公司以银行存款购入新发动机一台，增值税专用发票上注明的购买价为 7 000 000 元，增值税税额为 910 000 元；另支付安装费用并取得增值税专用发票，注明安装费 100 000 元，税率 9%，增值税税额 9 000 元。假定飞机的年折旧率为 3%，不考虑相关税费的影响，公司的账务处理如下：

（1）20×9 年 6 月末，飞机的累计折旧金额为 80 000 000×3%×8.5=20 400 000（元），固定资产转入在建工程。

借：在建工程　　59 600 000
　　累计折旧　　20 400 000
　　贷：固定资产　　80 000 000

（2）购入并安装新发动机。

借：工程物资　　7 000 000
　　应交税费——应交增值税（进项税额）　　910 000
　　贷：银行存款　　7 910 000

借：在建工程　　7 000 000
　　贷：工程物资　　7 000 000

（3）支付安装费用。

借：在建工程　　100 000
　　应交税费——应交增值税（进项税额）　　9 000
　　贷：银行存款　　109 000

（4）20×9 年年初老发动机的账面价值为 5 000 000-5 000 000×3%×8.5=3 725 000（元），终止确认老发动机的账面价值。假定报废处理，无残值。

借：营业外支出——非流动性资产处置损失　　3 725 000
　　贷：在建工程　　3 725 000

（5）发动机安装完毕，投入使用。固定资产的入账价值为 59 600 000+7 000 000+100 000-3 725000=62 975 000（元）。

借：固定资产　　62 975 000
　　贷：在建工程　　62 975 000

二、费用化的后续支出

与固定资产有关的修理费用等后续支出，不符合资本化条件的，应当根据不同情况分别在发生时计入当期管理费用或销售费用。

【例 7-13】华钢股份公司为增值税一般纳税人，20×1 年 12 月 9 日，自行对管理部门使用的设备进行日常修理，发生修理费并取得增值税专用发票，注明修理费 5 000 元，税率 13%，增值税税额 650 元。华钢股份公司应编制如下会计分录：

借：管理费用　　5 000
　　应交税费——应交增值税（进项税额）　　650
　　贷：银行存款　　5 650

第五节　固定资产的处置、清查与减值

一、固定资产终止确认的条件

固定资产满足下列条件之一的，应当予以终止确认：

（1）该固定资产处于处置状态。

固定资产处置包括固定资产的出售、转让、报废或毁损、对外投资、非货币性资产交换、

债务重组等。处于处置状态的固定资产不再用于生产商品、提供劳务、出租或经营管理，因此不再符合固定资产的定义，应予终止确认。

（2）该固定资产预期通过使用或处置不能产生经济利益。

固定资产的确认条件之一是“与该固定资产有关的经济利益很可能流入企业”，如果一项固定资产预期通过使用或处置不能产生经济利益，那么它就不再符合固定资产的定义和确认条件，应予终止确认。

固定资产的处置

二、固定资产处置的账务处理

企业在生产经营过程中，可能将不适用或不需用的固定资产对外出售转让，或因磨损、技术进步等原因对固定资产进行报废，或因遭受自然灾害而对毁损的固定资产进行处理。对于上述事项在进行会计处理时，应当按照规定程序办理有关手续，结转固定资产的账面价值，计算有关的清理收入、清理费用、残料价值等。固定资产处置通过“固定资产清理”科目进行核算，其会计处理一般经过以下几个步骤：

（1）固定资产转入清理。固定资产转入清理时，按固定资产账面价值，借记“固定资产清理”科目；按已计提的累计折旧，借记“累计折旧”科目；按已计提的减值准备，借记“固定资产减值准备”科目；按固定资产账面余额，贷记“固定资产”科目。

（2）发生的清理费用。固定资产清理过程中发生的有关费用以及应支付的相关税费，借记“固定资产清理”“应交税费——应交增值税（进项税额）”科目，贷记“银行存款”等科目。

（3）出售收入和残料等的处理。企业收回出售固定资产的价款、残料价值和变价收入等，应冲减清理支出。按实际收到的出售价款以及残料变价收入等，借记“银行存款”“原材料”等科目，贷记“固定资产清理”“应交税费——应交增值税（销项税额）”等科目。

（4）确认应收责任单位（或个人）赔偿损失。企业计算或收到的应由保险公司或过失人赔偿的损失，应冲减清理支出，借记“其他应收款”“银行存款”等科目，贷记“固定资产清理”科目。

（5）清理净损益的处理。固定资产清理完成后产生的清理净损益，依据固定资产处置方式的不同，分别适用不同的处理方法。

1）因已丧失使用功能或因自然灾害发生毁损等原因而报废清理产生的利得或损失应计入营业外收支。属于生产经营期间正常报废清理产生的处理净损失，借记“营业外支出——处置非流动资产损失”科目，贷记“固定资产清理”科目；属于生产经营期间由于自然灾害等非正常原因造成的，借记“营业外支出——非常损失”科目，贷记“固定资产清理”科目；如为净收益，贷记“营业外收入”科目。

2）因出售、转让等原因产生的固定资产处置利得或损失应计入资产处置损益。产生处置净损失的，借记“资产处置损益”科目，贷记“固定资产清理”科目；如为净收益，借记“固定资产清理”科目，贷记“资产处置损益”科目。

【例 7-14】华钢股份公司为增值税一般纳税人，现有一台设备由于性能等原因决定提前报废，原价（成本）为 500 000 元，相关增值税税额为 85 000 元，已计提折旧 450 000 元，未计提减值准备。报废时的残值变价收入为 20 000 元，增值税税额为 2 600 元。报废清理过程中发生自行清理费用 3 500 元。有关收入、支出均通过银行办理结算。华钢股份公司应编制如下会计分录：

（1）将报废固定资产转入清理时：

借：固定资产清理	50 000	
累计折旧	450 000	
贷：固定资产		500 000

（2）收回残料变价收入时：

借：银行存款	22 600	
贷：固定资产清理		20 000
应交税费——应交增值税（销项税额）		2 600

（3）支付清理费用时：

借：固定资产清理	3 500	
贷：银行存款		3 500

（4）结转报废固定资产产生的净损失时：

借：营业外支出——处置非流动资产损失	33 500	
贷：固定资产清理		33 500

【例 7-15】华钢股份公司为增值税一般纳税人，20×9 年 11 月 21 日，出售一座建筑物（系 20×5 年 5 月 10 日完工），原价（成本）为 2 000 000 元，已计提折旧 1 200 000 元，已计提减值准备 300 000 元。实际出售价格为 1 200 000 元，增值税税率为 9%，增值税税额为 108 000 元，款项已存入银行。华钢股份公司应编制如下会计分录：

（1）将出售固定资产转入清理时：

借：固定资产清理	500 000	
累计折旧	1 200 000	
固定资产减值准备	300 000	
贷：固定资产		2 000 000

（2）收到出售固定资产的价款和税款时：

借：银行存款	1 308 000	
贷：固定资产清理		1 200 000
应交税费——应交增值税（销项税额）		108 000

（3）结转出售固定资产实际的净损益时：

借：固定资产清理	700 000	
贷：资产处置损益——非流动资产收益		700 000

三、固定资产的清查

企业应当定期或者至少于每年年末对固定资产进行清查盘点，以保证固定资产核算的真实性，充分挖掘企业现有固定资产的潜力。在固定资产清查过程中，如果发现盘盈、盘亏的固定资产，应当填制固定资产盘盈盘亏报告表。清查固定资产的损溢，应当及时查明原因，并按照规定程序报批处理。

（一）固定资产盘盈的会计处理

企业在财产清查中盘盈的固定资产，根据《企业会计准则第 28 号——会计政策、会计估计变更和差错更正》的规定，应作为重要的前期差错处理。企业在财产清查中盘盈的固定资产，在按管理权限报经批准处理前应先通过“以前年度损益调整”科目核算。

盘盈的固定资产，应按重置成本确定其入账价值，借记“固定资产”科目，贷记“以前年度损益调整”科目。

【例 7-16】华钢股份公司为增值税一般纳税人，20×1 年 2 月 18 日在财产清查过程中发现，20×0 年 11 月购入的一台设备尚未入账，重置成本为 89 000 元，假定华钢股份公司按净利润的 10%提取盈余公积，不考虑相关税费及其他因素的影响。华钢股份公司应编制如下会计分录：

（1）盘盈固定资产时：

借：固定资产　　89 000

　　贷：以前年度损益调整　　89 000

（2）结转为留存收益时：

借：以前年度损益调整　　89 000

　　贷：盈余公积——法定盈余公积　　8 900

　　　　利润分配——未分配利润　　80 100

（二）固定资产盘亏的会计处理

固定资产盘亏造成的损失，应当计入当期损益。企业在财产清查中盘亏的固定资产，按盘亏固定资产的账面价值，借记“待处理财产损溢——待处理固定资产损溢”科目；按已计提的累计折旧，借记“累计折旧”科目；按已计提的减值准备，借记“固定资产减值准备”科目；按固定资产原价，贷记“固定资产”科目。

企业按管理权限报经批准后处理时，按可收回的保险赔偿或过失人赔偿，借记“其他应收款”科目；按应计入营业外支出的金额，借记“营业外支出——盘亏损失”科目，贷记“待处理财产损溢”科目。

【例 7-17】华钢股份公司为增值税一般纳税人，20×1 年 6 月 15 日进行财产清查时发现短缺笔记本电脑一台，原价为 8 000 元，已计提折旧 2 000 元，购入时增值税税额为 1 040 元。华钢股份公司应编制如下会计分录：

（1）盘亏固定资产时：

借：待处理财产损溢　　6 000

　　累计折旧　　2 000

　　贷：固定资产　　8 000

（2）笔记本电脑因盘亏，其购入时的增值税进项税额中不可从销项税额中抵扣的金额为(8 000-2 000)×13%=780（元）。转出不可抵扣的进项税额时：

借：待处理财产损溢　　780

　　贷：应交税费——应交增值税（进项税额转出）　　780

（3）报经批准转销时：

借：营业外支出——盘亏损失　　6 780

　　贷：待处理财产损溢　　6 780

固定资产是一种价值较高、使用期限较长的有形资产，因此，对于管理规范的企业而言，盘盈、盘亏的固定资产较为少见。企业应当健全制度，加强管理，定期或者至少于每年年末对固定资产进行清查盘点，以保证固定资产核算的真实性和完整性。如果清查中发现固定资产损溢的应及时查明原因，在期末结账前处理完毕。

四、固定资产的减值

固定资产的初始入账价值是历史成本，由于固定资产使用年限较长，市场条件和经营环境的变化、科学技术的进步、企业经营管理不善等原因都可能导致固定资产创造未来经济利益的能力大大下降。因此，固定资产的真实价值有可能低于账面价值，在期末必须对固定资产减值损失进行确认。

企业应当在资产负债表日判断固定资产是否存在减值迹象。有确凿证据表明固定资产存在减值迹象的，应当进行减值测试，估计其可收回金额。可收回金额，是指资产的公允价值减去处置费用后的净额与资产预计未来现金流量的现值两者之中的较高者。如果固定资产的可收回金额低于其账面价值，则表明固定资产发生了减值。企业应当将该固定资产的账面价值减记至可收回金额，减记的金额确认为减值损失，计入当期损益，借记“固定资产减值损失——计提的固定资产减值准备”科目，同时计提相应的资产减值准备，贷记“固定资产减值准备”科目。

需要强调的是，根据《企业会计准则第 8 号——资产减值》的规定，企业固定资产减值损失一经确定，在以后会计期间不得转回。

【例 7-18】20×1 年 12 月 31 日，华钢股份公司的某生产线存在可能发生减值的迹象。经计算，该生产线的可收回金额合计为 1 540 000 元，账面价值为 1 789 000 元，以前年度未对该生产线计提过减值准备。

由于该生产线的可收回金额为 1 540 000 元，账面价值为 1 789 000 元，可收回金额低于账面价值，应按两者之间的差额 249 000（1 789 000-1 540 000）元计提固定资产减值准备。华钢股份公司应编制如下会计分录：

借：资产减值损失——计提的固定资产减值准备　　249 000
　　贷：固定资产减值准备　　249 000

导入案例分析：

（1）华钢股份公司购买的这台生产用机器设备应列为固定资产来核算。

（2）该公司在对这台设备相关经济业务进行账务处理时，涉及的会计核算科目有“固定资产”“应交税费——应交增值税(进项税额)”“累计折旧”“在建工程”“工程物资”“固定资产清理”等。

（3）公司购进设备时，需确认固定资产的初始入账成本，同时确认可抵扣的增值税进项税额；设备使用过程中，需根据固定资产的预估使用寿命选择恰当的折旧方法对设备按月计提折旧；设备更新改造过程中，需将固定资产转入在建工程，更新改造过程中的各项费用，符合资本化条件的，计入在建工程，不符合资本化条件的，计入当期损益；设备更新改造完毕，达到可使用状态后，再由“在建工程”转入“固定资产”科目；设备因遭受自然灾害发生严重毁损转入清理，结转固定资产的账面价值，计算有关的清理收入、清理费用、残料价值等，确认固定资产清理净损益。

第八章　无 形 资 产

学习目标

1. 掌握取得无形资产的核算、内部研究和开发支出的核算、无形资产摊销的核算、无形资产处置的核算。

2. 理解无形资产后续计量的原则。

3. 了解无形资产的性质。

知识框架

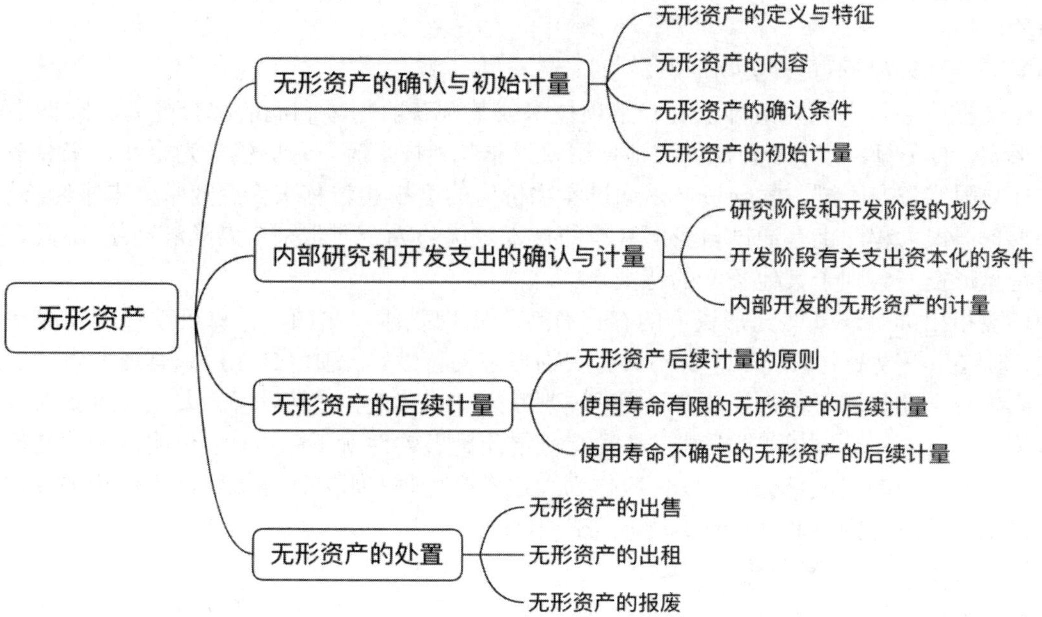

导入案例

案例： 华钢股份公司与新湘公司于20×0年10月达成一份投资协议：华钢股份公司以其特种镍钢的生产技术作价20亿元投入新湘公司，从而拥有新湘公司10%的股份。

案例思考： 本案例中特种镍钢的生产技术将以何种类型的资产在新湘公司的账上反映？这种资产有何特征？

第一节　无形资产的确认与初始计量

无形资产的
确认与初始计量

一、无形资产的定义与特征

无形资产，是指企业拥有或者控制的没有实物形态的可辨认非货币性资产。无形资产具有以下特征：

（1）由企业拥有或者控制并能为其带来未来经济利益的资源。

预计能为企业带来未来经济利益是作为一项资产的本质特征，无形资产也不例外。通常情况下，企业拥有或者控制的无形资产，是指企业拥有该项无形资产的所有权，且该项无形资产能够为企业带来未来经济利益。但在某些情况下并不需要企业拥有其所有权，如果企业有权获得某项无形资产产生的经济利益，同时又能约束其他人获得这些经济利益，则说明企业控制了该无形资产，或者说控制了该无形资产产生的经济利益，并受法律的保护。比如，企业自行研制的技术通过申请依法取得专利权后，在一定期限内拥有了该专利技术的法定所有权。又如，企业与其他企业签订合约转让商标权，由于合约的签订，使商标使用权转让方的相关权利受到法律的保护。

（2）无形资产不具有实物形态。

无形资产通常表现为某种权利、某项技术或某种获取超额利润的综合能力。它们不具有实物形态，看不见、摸不着，比如土地使用权、非专利技术等。无形资产为企业带来经济利益的方式与固定资产不同，固定资产是通过实物价值的磨损和转移来为企业带来未来经济利益，而无形资产很大程度上是通过自身所具有的技术等优势为企业带来未来经济利益，不具有实物形态是无形资产区别于其他资产的特征之一。

需要指出的是，某些无形资产的存在有赖于实物载体。比如，计算机软件需要存储在介质中，但这并不改变无形资产本身不具有实物形态的特性。一项包含无形和有形要素的资产是属于固定资产还是属于无形资产，需要通过判断来加以确定，通常以哪个要素更重要作为判断的依据。例如，计算机控制的机械工具没有特定计算机软件就不能运行，说明该软件是构成相关硬件不可缺少的组成部分，该软件应作为固定资产处理；如果计算机软件不是相关硬件不可缺少的组成部分，则该软件应作为无形资产核算。

（3）无形资产具有可辨认性。

要作为无形资产进行核算，该资产必须是能够区别于其他资产可单独辨认的，如企业持有的专利权、非专利技术、商标权、土地使用权、特许权等。从可辨认性角度考虑，商誉是与企业整体价值联系在一起的，无形资产的定义要求无形资产是可辨认的，以便与商誉清楚地区分开来。企业合并中取得的商誉代表了购买方为从不能单独辨认并独立确认的资产中获得预期未来经济利益而付出的代价。这些未来经济利益可能产生于取得的可辨认资产之间的协同作用，也可能产生于购买者在企业合并中准备支付的、但不符合在财务报表上确认条件的资产。从计量上来讲，商誉是企业合并成本大于合并中取得的各项可辨认资产、负债公允价值份额的差额，代表的是企业未来现金流量大于每一单项资产产生未来现金流量的合计金额，其存在无法与企业自身区分开来，由于不具有可辨认性，虽然商誉也是没有实物形态的非货币性资产，但不构成无形资产。符合以下条件之一的，则认为其具有可辨认性：

1）能够从企业中分离或者划分出来，并能单独用于出售或转让等，而不需要同时处置在同一获利活动中的其他资产，则说明无形资产可以辨认。某些情况下无形资产可能需要与有关的合同一起用于出售、转让等，这种情况下也视为可辨认无形资产。

2）产生于合同性权利或其他法定权利，无论这些权利是否可以从企业或其他权利和义务中转移或者分离。如一方通过与另一方签订特许权合同而获得的特许使用权，通过法律程序申请获得的商标权、专利权等。

如果企业有权获得一项无形资产产生的未来经济利益，并能约束其他方获取这些利益，则表明企业控制了该项无形资产。例如，对于会产生经济利益的技术知识，若其受到版权、贸易协议约束（如果允许）等法定权利或雇员保密法定职责的保护，那么说明该企业控制了相关利益，应确认为无形资产。客户关系、人力资源等，由于企业无法控制其带来的未来经济利益，不符合无形资产的定义，不应将其确认为无形资产。内部产生的品牌、报刊名、客户名单和实质上类似项目的支出不能与整个业务开发成本区分开来，因此这类项目也不应确认为无形资产。

（4）无形资产属于非货币性资产。

非货币性资产，是指企业持有的货币资金和将以固定或可确定的金额收取的资产以外的其他资产。无形资产由于没有发达的交易市场，一般不容易转化成现金，在持有过程中为企业带来未来经济利益的情况不确定，不属于以固定或可确定的金额收取的资产，属于非货币性资产。货币性资产主要有现金、银行存款、应收账款、应收票据和短期有价证券等，它们的共同特点是直接表现为固定的货币数额或在将来收到一定货币数额的权利。应收款项等资产也没有实物形态，其与无形资产的区别在于无形资产属于非货币性资产，而应收款项等资产则不属于非货币性资产。另外，虽然固定资产也属于非货币性资产，但其为企业带来经济利益的方式与无形资产不同，固定资产是通过实物价值的磨损和转移来为企业带来未来经济利益，而无形资产很大程度上是通过某些权利、技术等优势为企业带来未来经济利益。

二、无形资产的内容

无形资产通常包括专利权、非专利技术、商标权、著作权、特许权、土地使用权等。

（一）专利权

专利权是指国家专利主管机关依法授予发明创造专利申请人，对其发明创造在法定期限内所享有的专有权利，包括发明专利权、实用新型专利权和外观设计专利权。发明专利权的期限为20年，实用新型专利权的期限为10年，外观设计专利权的期限为15年，均自申请日起计算。

（二）非专利技术

非专利技术，也称专有技术，是指不为外界所知、在生产经营活动中已采用、不享有法律保护、可以带来经济效益的各种技术和诀窍。非专利技术一般包括工业专有技术、商业贸易专有技术、管理专有技术等。非专利技术并不是专利法的保护对象，非专利技术用自我保密的方式来维持其独占性，具有经济性、机密性和动态性等特点。

（三）商标权

商标是用来辨认特定的商品或劳务的标记。商标权指专门在某类指定的商品或产品上使用特定的名称或图案的权利。经商标局核准注册的商标为注册商标，包括商品商标、服务商标、集体商标、证明商标；商标注册人享有商标专用权，受法律保护。注册商标的有效期为10年，自核准注册之日起计算。办理注册商标有效期满，需要继续使用的，应当在期满前12个月内按照规定办理续展手续；在此期间未能办理的，可以给予6个月的宽展期。每次续展注册的有效期为10年，自该商标上一届有效期满次日起计算。期满未办理续展手续的，注销其注册商标。

（四）著作权

著作权，又称版权，是指作者及其创作的文学、科学和艺术作品依法享有的某些特殊权利。著作权包括作品署名权、发表权、修改权和保护作品完整权，还包括复制权、发行权、出租权、展览权、表演权、放映权、广播权、信息网络传播权、摄制权、改编权、翻译权、汇编权以及应当由著作权人享有的其他权利。著作权人包括作者和其他依法享有著作权的公民、法人或者其他组织。著作权属于作者，创作作品的公民是作者。由法人或者其他组织主持，代表法人或者其他组织意志创作，并由法人或者其他组织承担责任的作品，法人或者其他组织视为作者。作者的署名权、修改权、保护作品完整权的保护期不受限制。公民的作品，其发表权、复制权、发行权、出租权、展览权、表演权、放映权、广播权、信息网络传播权、摄制权、改编权、翻译权、汇编权以及应当由著作权人享有的其他权利的保护期，为作者终生及其死亡后50年，截止于作者死亡后第50年的12月31日；如果是合作作品，截止于最后死亡的作者死亡后第50年的12月31日。

（五）特许权

特许权，又称经营特许权、专营权，是指企业在某一地区经营或销售某种特定商品的权利或是一家企业接受另一家企业使用其商标、商号、技术秘密等的权利。通常有两种形式：一种是由政府机构授权，准许企业使用或在一定地区享有经营某种业务的特权，如水、电、邮电通信等专营权、烟草专卖权等；另一种指企业依照签订的合同，有限期或无限期使用另一家企业的某些权利，如连锁店、分店使用总店的名称等。通常在特许权转让合同中规定了特许权转让的期限、转让人和受让人的权利和义务。转让人一般要向受让人提供商标、商号等的使用权，传授专有技术，并负责培训营业人员，提供经营所必需的设备和特殊原料。受让人则需要向转让人支付取得特许权的费用，开业后则按营业收入的一定比例或其他计算方法支付享用特许权费用。

（六）土地使用权

土地使用权，是指国家准许某企业在一定期间内对国有土地享有开发、利用、经营的权利。根据我国土地管理法的规定，我国土地实行公有制，任何单位和个人不得侵占、买卖或者以其他形式非法转让。企业取得土地使用权的方式大致有行政划拨取得、外购取得（例如以缴纳土地出让金方式取得）、投资者投资取得几种。通常情况下，作为投资性房地产或者作为固定资产核算的土地，按照投资性房地产或固定资产核算；以缴纳土地出让金等方式外购的土地使用权、投资者投入等方式取得的土地使用权，作为无形资产核算。

三、无形资产的确认条件

无形资产在符合定义的前提下，同时满足以下两个确认条件时，才能予以确认：

（1）与该资产有关的经济利益很可能流入企业。

作为无形资产确认的项目，必须具备产生的经济利益很可能流入企业这个条件。通常情况下，无形资产产生的未来经济利益可能包括在销售商品、提供劳务的收入中，或者企业使用该项无形资产而减少或节约的成本中，或体现在获得的其他利益中。例如，生产加工企业在生产工序中使用了某种知识产权，使其降低了未来生产成本，而不是增加未来收入。在实施这种判断时，需要对无形资产在预计使用寿命内可能存在的各种经济因素做出合理估计，并且应当有明确的证据支持，比如，企业是否有足够的人力资源、高素质的管理队伍、相关的硬件设备、相关的原材料等来配合无形资产为企业创造经济利益。同时，更为重要的是关注一些外界因素的影响，比如是否存在相关的新技术、新产品冲击与无形资产相关的技术或据其生产的产品的市场等。在实施判断时，企业的管理当局应对无形资产的预计使用寿命内存在的各种因素做出最稳健的估计。

（2）该无形资产的成本能够可靠地计量。

成本能够可靠地计量是资产确认的一项基本条件。比如，企业内部产生的品牌、报刊名等，因其成本无法可靠计量，不作为无形资产确认。又如，一些高新科技企业的科技人才，假定其与企业签订了服务合同，且合同规定其在一定期限内不能为其他企业提供服务。在这种情况下，虽然这些科技人才的知识在规定的期限内预期能够为企业创造经济利益，但由于这些技术人才的知识难以辨认，且形成这些知识所发生的支出难以计量，因而不能作为企业的无形资产加以确认。

四、无形资产的初始计量

无形资产通常是按实际成本计量，即以取得无形资产并使之达到预定用途而发生的全部支出作为无形资产的成本。对于不同来源取得的无形资产，其初始成本构成也不尽相同。

（一）外购的无形资产成本

外购的无形资产，其成本包括购买价款、相关税费以及直接归属于使该项资产达到预定用途所发生的其他支出。其中，直接归属于使该项资产达到预定用途所发生的其他支出包括使无形资产达到预定用途所发生的专业服务费用、测试无形资产是否能够正常发挥作用的费用等。以下两项不包括在无形资产的初始成本中：

（1）为引入新产品进行宣传发生的广告费、管理费用及其他间接费用。

（2）无形资产已经达到预定用途以后发生的费用。例如，在形成预定经济规模之前发生的初始运作损失，以及在无形资产达到预定用途之前发生的其他经营活动的支出，如果该经营活动并非是无形资产达到预定用途必不可少的，则有关经营活动的损益应于发生时计入当期损益，而不构成无形资产的成本。

外购的无形资产，应按其取得成本进行初始计量；如果购入的无形资产超过正常信用条件延期支付价款，实质上具有融资性质，应按所取得无形资产购买价款的现值计量其成本，现值与应付价款之间的差额作为未确认的融资费用，在付款期间内按照实际利率法确认为利息费用。

【例 8-1】因华钢股份公司某项生产活动需要甲公司已获得的专利技术，如果使用了该项专利技术，华钢股份公司预计其生产能力比原先提高 20%，销售利润率增长 15%。为此，华钢股份公司从甲公司购入一项专利权，按照协议约定以现金支付，实际支付的价款为 300 万元，并支付相关税费 1 万元和有关专业服务费用 5 万元，款项已通过银行转账支付。

分析：

（1）华钢股份公司购入的专利权符合无形资产的定义，即华钢股份公司能够拥有或者控制该项专利技术，符合可辨认的条件，同时是不具有实物形态的非货币性资产。

（2）华钢股份公司购入的专利权符合无形资产的确认条件。首先，华钢股份公司的某项生产活动需要甲公司已获得的专利技术，华钢股份公司使用了该项专利技术，预计华钢股份公司的生产能力比原先提高 20%，销售利润率增长 15%，即经济利益很可能流入；其次，华钢股份公司购买该项专利权的成本为 300 万元，另外支付相关税费和有关专业服务费用 6 万元，即成本能够可靠计量。由此，符合无形资产的确认条件。

无形资产初始计量的成本=300+1+5 =306（万元）

华钢股份公司的账务处理如下：

借：无形资产——专利权 3 060 000

　贷：银行存款 3 060 000

【例 8-2】 20×1 年 1 月 8 日，华钢股份公司从乙公司购买一项商标权，由于华钢股份公司资金周转比较紧张，经与乙公司协商采用分期付款方式支付款项。合同规定，该项商标权总计 1 000 万元，每年末付款 200 万元，5 年付清。假定银行同期贷款利率为 5%。为了简化核算，假定不考虑其他有关税费（已知 5 年期 5%利率，其年金现值系数为 4.329 5）。

华钢股份公司的有关计算及账务处理见表 8-1。

表 8-1　未确认的融资费用　　　　金额单位：万元

年份	融资余额	利率	本年利息=融资余额×利率	付款	还本=付款-利息	未确认融资费用=上年余额-本年利息
0	865.90					134.10
1	709.20	0.05	43.30	200.00	156.70	90.80
2	544.66	0.05	35.46	200.00	164.54	55.34
3	371.89	0.05	27.23	200.00	172.77	28.11
4	190.48	0.05	18.59	200.00	181.41	9.52
5	0.00	0.05	9.52	200.00	190.48	0.00
合计			134.10	1 000.00	865.90	

无形资产现值=1 000×20%×4.329 5 = 865.90（万元）

未确认的融资费用=1 000-865.90=134.10（万元）

借：无形资产——商标权 8 659 000

　　未确认融资费用 1 341 000

　贷：长期应付款 10 000 000

20×1 年年底付款时：

借：长期应付款 2 000 000

　贷：银行存款 2 000 000

借：财务费用 433 000

　贷：未确认融资费用 433 000

20×2 年年底付款时：

借：长期应付款 2 000 000

　贷：银行存款 2 000 000

借：财务费用 354 600

贷：未确认融资费用 354 600

20×3 年年底付款时：

借：长期应付款 2 000 000

贷：银行存款 2 000 000

借：财务费用 272 300

贷：未确认融资费用 272 300

20×4 年年底付款时：

借：长期应付款 2 000 000

贷：银行存款 2 000 000

借：财务费用 185 900

贷：未确认融资费用 185 900

20×5 年年底付款时：

借：长期应付款 2 000 000

贷：银行存款 2 000 000

借：财务费用 95 200

贷：未确认融资费用 95 200

（二）投资者投入的无形资产成本

投资者投入的无形资产成本，应当按照投资合同或协议约定的价值确定无形资产的取得成本。投资合同或协议约定价值不公允的，应按无形资产的公允价值作为无形资产初始成本入账。

【例 8-3】因乙公司创立的商标已有较好的声誉，华钢股份公司预计使用乙公司商标后可使其未来利润增长 30%。为此，华钢股份公司与乙公司协议商定，乙公司以其商标权投资于华钢股份公司，双方协议价格（等于公允价值）为 500 万元，华钢股份公司另支付印花税等相关税费 2 万元，款项已通过银行转账支付。

该商标权的初始计量应当以取得时的成本为基础。取得时的成本为投资协议约定的价格 500 万元，加上支付的相关税费 2 万元。

华钢股份公司接受乙公司作为投资的商标权的成本=500+2 =502（万元）

华钢股份公司账务处理如下：

借：无形资产——专利权 5 020 000

贷：实收资本（或股本） 5 000 000

银行存款 20 000

（三）通过非货币性资产交换取得的无形资产成本

企业通过非货币性资产交换取得的无形资产，包括以投资、存货、固定资产或无形资产换入的无形资产等。非货币性资产交换具有商业实质且公允价值能够可靠计量的，在发生补价的情况下，支付补价方应当以换出资产的公允价值加上支付的补价（即换入无形资产的公允价值）和应支付的相关税费作为换入无形资产的成本；收到补价方应当以换入无形资产的公允价值（或换出资产的公允价值减去补价）和应支付的相关税费作为换入无形资产的成本。

（四）通过债务重组取得的无形资产成本

通过债务重组取得的无形资产，是指企业作为债权人取得的债务人用于偿还债务的非现金资产，且企业作为无形资产管理的资产通过债务重组取得的无形资产成本应当以其公允价值入账。

（五）通过政府补助取得的无形资产成本

通过政府补助取得的无形资产成本，应当按照公允价值计量；公允价值不能可靠取得的，按照名义金额计量。

（六）土地使用权的处理

企业取得的土地使用权，通常应当按照取得时所支付的价款及相关税费确认为无形资产。土地使用权用于自行开发建造厂房等地上建筑物时，土地使用权的账面价值不与地上建筑物合并计算其成本，而仍作为无形资产进行核算，土地使用权与地上建筑物分别进行摊销和计提折旧，但下列情况除外：

（1）房地产开发企业取得的土地使用权用于建造对外出售的房屋建筑物，相关的土地使用权应当计入所建造的房屋建筑物成本。

（2）企业外包的房屋建筑物，实际支付的价款中包括土地以及建筑物的价值，则应当对支付的价款按照合理的方法（例如公允价值比例）在土地和地上建筑物之间进行分配；确实无法在地上建筑物与土地使用权之间进行合理分配的，应当全部作为固定资产，按照固定资产确认和计量的规定进行处理。

企业改变土地使用权的用途，将其用于出租增值目的时，应将其转为投资性房地产。

【例 8-4】20×7 年 1 月 1 日，华钢股份公司购入一块土地的使用权，以银行存款转账支付 8 000 万元，并在该土地上自行建造厂房等，发生材料支出 12 000 万元，工资费用 8 000 万元，其他相关费用 10 000 万元等。该工程已经完工并达到预定可使用状态，假定土地使用权的使用年限为 50 年，该厂房的使用年限为 25 年，两者都没有净残值，都采用直线法进行摊销和计提折旧。为简化核算，不考虑其他相关税费。

分析：华钢股份公司购入土地使用权，使用年限为 50 年，表明它属于使用寿命有限的无形资产；在该土地上自行建造厂房，应将土地使用权和地上建筑物分别作为无形资产和固定资产进行核算，并分别摊销和计提折旧。

华钢股份公司的账务处理如下：

（1）支付转让价款时：

借：无形资产——土地使用权	80 000 000	
贷：银行存款		80 000 000

（2）在土地上自行建造厂房时：

借：在建工程	300 000 000	
贷：工程物资		120 000 000
应付职工薪酬		80 000 000
银行存款		100 000 000

（3）厂房达到预定可使用状态时：

借：固定资产	300 000 000	
贷：在建工程		300 000 000

（4）每年分期摊销土地使用权和对厂房计提折旧时：

借：制造费用（土地摊销）	1 600 000	

制造费用（厂房折旧） 12 000 000

贷：累计摊销 1 600 000

累计折旧 12 000 000

（七）企业合并中取得的无形资产成本

企业合并中取得的无形资产，按照企业合并的分类分别处理：

（1）同一控制下吸收合并，按照被合并企业无形资产的账面价值确认为取得时的初始成本；同一控制下控股合并，合并方在合并日编制合并报表时应当按照被合并方无形资产的账面价值作为合并基础。

（2）非同一控制下的企业合并中，购买方取得的无形资产应以其在购买日的公允价值计量，包括：

1）被购买企业原已确认的无形资产。

2）被购买企业原未确认的无形资产，但其公允价值能够可靠计量，购买方就应在购买日将其独立于商誉确认为一项无形资产。例如，被购买方正在进行中的一个研究开发项目，符合无形资产的定义且其公允价值能够可靠计量，则购买方应将其独立于商誉确认为一项无形资产。

在企业合并中，如果取得的无形资产本身可以单独辨认，但其计量或处置必须与有形的或其他无形的资产一并作价，如天然矿泉水的商标可能与特定的泉眼有关，但不能独立于该泉眼出售，在这种情况下，如果该无形资产及与其相关的资产各自的公允价值不能可靠计量，则应将该资产组（即将无形资产与其相关的有形资产一并）独立于商誉确认为单项资产。

第二节 内部研究和开发支出的确认与计量

通常情况下，企业自创商誉以及企业内部产生的无形资产不确认为无形资产，如企业内部产生的品牌、报刊名等。但是，由于确定研究与开发费用是否符合无形资产的定义和相关特征（例如可辨认性）、能否或者何时能够为企业产生预期未来经济利益，以及成本能否可靠地计量尚存在不确定因素，因此，研究与开发活动发生的费用，除了要遵循无形资产确认和初始计量的一般要求外，还需要满足其他特定的条件，才能够确定为一项无形资产。首先，为评价内部产生的无形资产是否满足确认标准，企业应当将资产的形成过程分为研究阶段与开发阶段两部分；其次，对于开发过程中发生的费用，在符合一定条件的情况下才可确认为一项无形资产。在实务中，具体划分研究阶段与开发阶段，以及是否符合资本化的条件，应当根据企业的实际情况以及相关信息予以判断。

一、研究阶段和开发阶段的划分

对于企业自行进行的研究开发项目，应当区分研究阶段与开发阶段，两个部分分别进行核算。

（一）研究阶段

研究阶段是指为获取新的技术和知识等进行的有计划的调研，有关研究活动的例子包括为获取知识而进行的活动；研究成果或其他知识的应用研究、评价和最终选择；材料、设备、产品、工序、系统或服务替代品的研究；新的或经改进的材料、设备、产品、工序、系统或服务的可能替代品的配制、设计、评价和最终选择等。

研究阶段的特点在于：

（1）计划性。研究阶段是建立在有计划的调研基础上的，即研发项目已经董事会或相关管理层的批准，并着手收集相关资料、进行市场调查等。例如，某药品公司为研究开发某药品，经董事会或相关管理层的批准，进行有计划的收集相关资料、市场调查、比较市场中相关药品的药性和效用等活动。

（2）探索性。研究阶段基本上是探索性的，为进一步的开发活动进行资料及相关方面的准备，在这一阶段不会形成阶段性成果。

从研究活动的特点看，其研究是否能在未来形成成果，即通过开发后是否会形成无形资产均具有很大的不确定性，企业也无法证明其能够带来未来经济利益的无形资产的存在，因此，研究阶段的有关支出在发生时应当予以费用化，计入当期损益。

（二）开发阶段

开发阶段是指在进行商业性生产或使用前，将研究成果或其他知识应用于某项计划或设计，以生产出新的或具有实质性改进的材料、装置、产品等。有关开发活动的例子包括生产前或使用前的原型和模型的设计、建造和测试；含新技术的工具、夹具、模具和冲模的设计；不具有商业性生产经济规模的试生产设施的设计、建造和运营；新的或经改造的材料、设备、产品、工序、系统或服务所选定的替代品的设计、建造和测试等。

开发阶段的特点在于：

（1）具有针对性。开发阶段建立在研究阶段基础上，因而，对项目的开发具有针对性。

（2）形成成果的可能性较大。进入开发阶段的研发项目往往形成成果的可能性较大。由于开发阶段相对于研究阶段更进一步，相对于研究阶段来讲，进入开发阶段，则很大程度上形成一项新产品或新技术的基本条件已经具备，此时如果企业能够证明满足无形资产的定义及相关确认条件，则所发生的开发支出可资本化，确认为无形资产的成本。

（三）研究阶段与开发阶段的不同点

（1）目标不同。研究阶段一般目标不具体、不具有针对性，而开发阶段多是针对具体目标、产品、工艺等。

（2）对象不同。研究阶段一般很难具体化到特定项目上，而开发阶段往往形成对象化的成果。

（3）风险不同。研究阶段的成功概率很难判断，一般成功率很低，风险比较大，而开发阶段的成功率较高，风险相对较小。

（4）结果不同。研究阶段的结果多是研究报告等基础性成果，而开发阶段的结果则多是具体的新技术、新产品等。

二、开发阶段有关支出资本化的条件

在开发阶段，判断可以将有关支出资本化计入无形资产成本的条件包括以下 5 个：

（1）完成该无形资产以使其能够使用或出售在技术上具有可行性。企业在判断是否满足该条件时，应以目前阶段的成果为基础，说明在此基础上进一步进行开发所需的技术条件等已经具备，基本上不存在技术上的障碍或其他不确定性。企业在判断时，应提供相关的证据和材料。

（2）具有完成该无形资产并使用或出售的意图。开发某项产品或专利技术产品等，使用或出售通常是根据管理当局进行该项研发活动的目的或意图决定，即研发项目形成成果以后是

为出售，还是为自己使用并从使用中获得经济利益，应当根据管理当局的意图而定。因此，企业的管理当局应能够说明其持有拟开发无形资产的目的，并具有完成该项无形资产开发并使其能够使用或出售的可能性。

（3）无形资产产生经济利益的方式包括能够证明运用该无形资产生产的产品存在市场或无形资产自身存在市场，无形资产将在内部使用的，应当证明其有用性。作为无形资产确认，其基本条件是能够为企业带来未来经济利益。就其能够为企业带来未来经济利益的方式来讲，如果有关的无形资产在形成以后，主要是用于形成新产品或新工艺的，企业应对运用该无形资产生产的产品市场情况进行估计，应能够证明所生产的产品存在市场，并能够带来经济利益的流入；如果有关的无形资产开发以后主要是用于对外出售的，则企业应能够证明市场上存在对该类无形资产的需求，开发以后存在外在的市场可以出售并带来经济利益的流入；如果无形资产开发以后，不是用于生产产品，也不是用于对外出售，而是在企业内部使用的，则企业应能够证明在企业内部使用时对企业的有用性。

（4）有足够的技术、财务资源和其他资源支持，以完成该无形资产的开发，并有能力使用或出售该无形资产。这一条件主要包括：

1）为完成该项无形资产开发具有技术上的可靠性。开发的无形资产并使其形成成果在技术上的可靠性是继续开发活动的关键。因此，必须有确凿证据证明企业继续开发该项无形资产有足够的技术支持和技术能力。

2）财务资源和其他资源支持。财务资源和其他资源支持是能够完成该项无形资产开发的经济基础，因此，企业必须能够证明为完成该项无形资产的开发所需的财务资源和其他资源是否能够足以支持完成该项无形资产的开发。

3）能够证明企业在开发过程中所需的技术、财务和其他资源，以及企业获得这些资源的相关计划等。如在企业自有资金不足以提供支持的情况下，是否存在外部其他方面的资金支持，如银行等金融机构愿意为该无形资产的开发提供所需资金的声明等来证实，并有能力使用或出售该无形资产。

（5）归属于该无形资产开发阶段的支出能够可靠地计量。企业对于开发活动发生的支出应单独核算，如发生的开发人员的工资、材料费等，在企业同时从事多项开发活动的情况下，所发生的支出同时用于支持多项开发活动的，应按照一定的标准在各项开发活动之间进行分配，无法明确分配的，应予费用化计入当期损益，不计入开发活动的成本。

三、内部开发的无形资产的计量

内部研发活动形成的无形资产成本，由可直接归属于该资产的创造、生产并使该资产能够以管理层预定的方式运作的所有必要支出组成。可直接归属成本包括开发该无形资产时耗费的材料、劳务成本、注册费，在开发该无形资产过程中使用的其他专利权和特许权的摊销，以及按照借款费用的处理原则可资本化的利息支出。在开发无形资产过程中发生的除上述可直接归属于无形资产开发活动的其他销售费用、管理费用等间接费用，无形资产达到预定用途前发生的可辨认的无效和初始运作损失，为运行该无形资产发生的培训支出等不构成无形资产的开发成本。

值得说明的是，内部开发无形资产的成本仅包括在满足资本化条件的时点至无形资产达到预定用途前发生的支出总和；对于同一项无形资产在开发过程中达到资本化条件之前已经费用化计入当期损益的支出不再进行调整。

（一）基本原则

企业内部研究和开发无形资产，其在研究阶段的支出全部费用化，计入当期损益（管理费用）；开发阶段的支出符合条件的资本化，不符合资本化条件的计入当期损益（管理费用）。如果确实无法区分研究阶段的支出和开发阶段的支出，应将其所发生的研发支出全部费用化，计入当期损益。

（二）具体账务处理方法

（1）企业自行开发无形资产发生的研发支出，不满足资本化条件的，借记“研发支出——费用化支出”科目；满足资本化条件的，借记“研发支出——资本化支出”科目，贷记“原材料”“银行存款”“应付职工薪酬”等科目。

（2）企业以其他方式取得的正在进行中的研究开发项目，应按确定的金额，借记“研发支出——资本化支出”科目，贷记“银行存款”等科目。以后发生的研发支出，应当比照上述第一条原则进行处理。

（3）研究开发项目达到预定用途形成无形资产的，应按“研发支出——资本化支出”科目的余额，借记“无形资产”科目，贷记“研发支出——资本化支出”科目。

【例 8-5】20×1 年 1 月 1 日，华钢股份公司经董事会批准研发某项新产品专利技术，该公司董事会认为，研发该项目具有可靠的技术和财务等资源的支持，并且一旦研发成功将降低该公司生产产品的生产成本。该公司在研究开发过程中发生材料费 5 000 万元、人工工资 1 000 万元，以及其他费用 4 000 万元，总计 10 000 万元，其中符合资本化条件的支出为 6 000 万元。20×1 年 12 月 31 日，该专利技术已经达到预定用途。

分析：首先，华钢股份公司经董事会批准研发某项新产品专利技术，并认为完成该项新型技术无论是技术上还是财务等方面都能够得到可靠的资源支持，并且一旦研发成功将降低公司的生产成本，因此，符合条件的开发费用可以资本化；其次，华钢股份公司在开发该项新型技术时，累计发生 10 000 万元的研究与开发支出，其中符合资本化条件的开发支出为 6 000 万元，其符合“归属于该无形资产开发阶段的支出能够可靠地计量”的条件。华钢股份公司的账务处理如下：

（1）发生研发支出：

借：研发支出——费用化支出	40 000 000	
——资本化支出	60 000 000	
贷：原材料		50 000 000
应付职工薪酬		10 000 000
银行存款		40 000 000

（2）20×1 年 12 月 31 日，该专利技术已经达到预定用途：

借：管理费用	40 000 000	
无形资产	60 000 000	
贷：研发支出——费用化支出		40 000 000
——资本化支出		60 000 000

第三节　无形资产的后续计量

无形资产的后续计量及处置

一、无形资产后续计量的原则

无形资产初始确认和计量后，在其后使用该项无形资产期间应以成本减去累计摊销额和累计减值损失后的余额计量。要确定无形资产在使用过程中的累计摊销额，基础是估计其使用寿命，而使用寿命有限的无形资产才需要在估计使用寿命内采用系统合理的方法进行摊销，对于使用寿命不确定的无形资产则不需要摊销。

（一）估计无形资产的使用寿命

企业应当在取得无形资产时分析判断其使用寿命。无形资产的使用寿命如为有限的，应当估计该使用寿命的年限或者构成使用寿命的产量等类似计量单位数量；无法预见无形资产为企业带来未来经济利益期限的，应当视为使用寿命不确定的无形资产。

估计无形资产使用寿命应考虑的主要因素包括：

（1）该资产通常的产品寿命周期，以及可获得的类似资产使用寿命的信息。

（2）技术、工艺等方面的现实情况及对未来发展的估计。

（3）该资产在该行业运用的稳定性和生产的产品或服务的市场需求情况。

（4）现在或潜在的竞争者预期采取的行动。

（5）为维持该资产产生未来经济利益的能力所需要的维护支出，以及企业预计支付有关支出的能力。

（6）对该资产的控制期限，以及对该资产使用的法律或类似限制，如特许使用期间、租赁期间等。

（7）与企业持有的其他资产使用寿命的关联性等。

例如，企业以支付土地出让金方式取得一块土地 50 年的使用权，如果企业准备持续持有，在 50 年期间内没有计划出售，则该项土地使用权预期为企业带来未来经济利益的期间为 50 年。

（二）无形资产使用寿命的确定

某些无形资产的取得源自合同性权利或其他法定权利，其使用寿命不应超过合同性权利或其他法定权利的期限。但如果企业使用资产的预期的期限短于合同性权利或其他法定权利规定的期限的，则应当按照企业预期使用的期限确定其使用寿命。例如，企业取得一项专利技术，法律保护期间为20年，企业预计运用该专利生产的产品在未来15年内会为企业带来经济利益。就该项专利技术，第三方向企业承诺在 5 年内以其取得之日公允价值的 60%购买该专利权，从企业管理层目前的持有计划来看，准备在 5 年内将其出售给第三方。为此，该项专利权的实际使用寿命为 5 年。如果合同性权利或其他法定权利能够在到期时因续约等延续，则仅当有证据表明企业续约不需要付出重大成本时，续约期才能够包括在使用寿命的估计中。下列情况下，一般说明企业无须付出重大成本即可延续合同性权利或其他法定权利：有证据表明合同性权利或法定权利将被重新延续，如果在延续之前需要第三方同意，则还需有第三方将会同意的证据；有证据表明为获得重新延续所必需的所有条件将被满足，以及企业为延续持有无形资产付出的成本相对于预期从重新延续中流入企业的未来经济利益不具有重要性。如果企业为延续无形资产持有期间而付出的成本与预期从重新延续中流入企业的未来经济利益相比具有重要性，则从本质上来看是企业获得的一项新的无形资产。

没有明确的合同或法律规定无形资产的使用寿命的，企业应当综合各方面情况，例如企业经过努力，聘请相关专家进行论证、与同行业的情况进行比较、参考企业的历史经验等来确定无形资产为企业带来未来经济利益的期限。如果经过这些努力，仍确实无法合理确定无形资产为企业带来经济利益的期限的，才能将该无形资产作为使用寿命不确定的无形资产。例如，企业取得了一项在过去几年市场份额领先的畅销产品的商标。该商标按照法律规定还有 5 年的使用寿命，但是在保护期届满时，企业可每 10 年即以较低的手续费申请延期，同时有证据表明企业有能力申请延期。此外，有关的调查表明，根据产品生命周期、市场竞争等方面情况综合判断，该品牌将在不确定的期间内为企业产生现金流量。综合各方面情况，该商标可视为使用寿命不确定的无形资产。又如，企业通过公开拍卖取得一项出租车运营许可，按照所在地的规定，以现有出租运营许可为限，不再授予新的运营许可，而且在旧的出租车报废以后，有关的运营许可可用于新的出租车。企业估计在有限的未来，其将持续经营出租车行业。对于该运营许可，其为企业带来未来经济利益的期限从目前情况看，无法可靠估计。因此，应视其为使用寿命不确定的无形资产。

（三）无形资产使用寿命的复核

企业至少应当于每年年度终了对无形资产的使用寿命及摊销方法进行复核，如果有证据表明无形资产的使用寿命及摊销方法不同于以前的估计，如由于合同的续约或无形资产应用条件的改善，延长了无形资产的使用寿命，则对于使用寿命有限的无形资产，应改变其摊销年限及摊销方法，并按照会计估计变更进行处理。例如，企业使用的某项非专利技术，原预计使用寿命为 5 年，使用至第 2 年年末，该企业计划再使用 2 年即不再使用，为此，企业应当在第 2 年年末变更该项无形资产的使用寿命，并作为会计估计变更进行处理。又如，某项无形资产计提了减值准备，这可能表明企业原估计的摊销期限需要作出变更。

对于使用寿命不确定的无形资产，如果有证据表明其使用寿命是有限的，则应视为会计估计变更，应当估计其使用寿命并按照使用寿命有限的无形资产的处理原则进行处理。

二、使用寿命有限的无形资产的后续计量

使用寿命有限的无形资产，应在其预计的使用寿命内采用系统合理的方法对应摊金额进行摊销。应摊销金额，是指无形资产的成本扣除残值后的金额。已计提减值准备的无形资产，还应扣除已计提的无形资产减值准备累计金额。使用寿命有限的无形资产，其残值一般应当视为零。

（一）摊销期和摊销方法

无形资产的摊销期自其可供使用（即其达到预定用途）时起至终止确认时止，即无形资产摊销的起始和停止日期为：当月增加的无形资产，当月开始摊销；当月减少的无形资产，当月不再摊销。

在无形资产的使用寿命内系统地分摊其应摊销金额存在多种方法。这些方法包括直线法、产量法等。企业选择的无形资产摊销方法，应当能够反映与该项无形资产有关的经济利益的预期消耗方式，并一致地运用于不同会计期间。例如，受技术陈旧因素影响较大的专利权和专有技术等无形资产，可采用类似固定资产加速折旧的方法进行摊销；有特定产量限制的特许经营权或专利权，应采用产量法进行摊销。无法可靠确定其预期消耗方式的，应当采用直线法进行

摊销。

无形资产的摊销一般应计入当期损益，但如果某项无形资产是专门用于生产某种产品或其他资产，其所包含的经济利益是通过转入到所生产的产品或其他资产中实现的，则无形资产的摊销费用应当计入相关资产的成本。例如，某项专门用于生产过程中的专利技术，其摊销费用应构成所生产产品成本的一部分，计入制造该产品的制造费用。

持有待售的无形资产不进行摊销，按照账面价值与公允价值减去处置费用后的净额孰低进行计量。

企业在选择无形资产摊销方法时，应根据与无形资产有关的经济利益的预期消耗方式做出决定。由于收入可能受到投入、生产过程和销售等因素的影响，这些因素与无形资产有关经济利益的预期消耗方式无关，因此，企业通常不应以包括使用无形资产在内的经济活动所产生的收入为基础进行摊销，但是下列极其有限的情况除外：

（1）企业根据合同约定确定无形资产固有的根本性限制条款（如无形资产的使用时间、使用无形资产生产产品的数量或因使用无形资产而应取得固定的收入总额）的，当该条款为因使用无形资产而应取得的固定的收入总额时，取得的收入可以成为摊销的合理基础，如企业获得勘探开采黄金的特许权，且合同明确规定该特许权在销售黄金的收入总额达到某固定的金额时失效。

（2）有确凿的证据表明收入的金额和无形资产经济利益的消耗是高度相关的。

企业采用车流量法对高速公路经营权进行摊销的，不属于以包括使用无形资产在内的经济活动产生的收入为基础的摊销方法。

（二）残值的确定

除下列情况外，无形资产的残值一般为零：

（1）有第三方承诺在无形资产使用寿命结束时购买该项无形资产。

（2）可以根据活跃市场得到无形资产预计残值信息，并且该市场在该项无形资产使用寿命结束时可能存在。

无形资产的残值，意味着在其经济寿命结束之前企业预计将会处置该无形资产，并且从该处置中取得利益。估计无形资产的残值应以资产处置时的可收回金额为基础。可收回金额是指在预计出售日，出售一项使用寿命已满且处于类似使用状况下，同类无形资产预计的处置价格（扣除相关税费）。残值确定以后，在持有无形资产期间，至少应于每年年末进行复核，预计其残值与原估计金额不同的，应按照会计估计变更进行处理。无形资产的残值重新估计以后高于其账面价值的，无形资产不再摊销，直至残值降至低于账面价值时再恢复摊销。

例如，企业从外单位购入一项实用专利技术的成本为 100 万元，根据目前企业管理层的持有计划，预计 5 年后转让给第三方。根据目前活跃市场上得到的信息，该实用专利技术预计残值为 10 万元。企业采取生产总量法对该项无形资产进行摊销。到第 3 年期末，市场发生变化，经复核重新估计，该项实用专利技术预计残值为 30 万元，如果此时企业已摊销 72 万元，该项实用专利技术账面价值为 28 万元，低于重新估计的该项实用专利技术的残值，则不再对该项实用专利技术进行摊销，直至残值降至低于其账面价值时再恢复摊销。

（三）使用寿命有限的无形资产摊销的账务处理

使用寿命有限的无形资产应当在其使用寿命内采用合理的摊销方法进行摊销。摊销时，应当考虑该项无形资产所服务的对象，并以此为基础将其摊销价值计入相关资产的成本或当期损益。

【例 8-6】20×0 年 1 月 1 日，华钢股份公司从外单位购得一项非专利技术，支付价款 5 000 万元，款项已支付，估计该项非专利技术的使用寿命为 10 年，该项非专利技术用于产品生产；同时，购入一项商标权，支付价款 3 000 万元，款项已支付，估计该商标权的使用寿命为 15 年。假定这两项无形资产的净残值均为零，并按直线法摊销。

本例中，华钢股份公司外购的非专利技术的估计使用寿命为 10 年，表明该项无形资产是使用寿命有限的无形资产，且该项无形资产用于产品生产，因此，应当将其摊销金额计入相关产品的制造成本。华钢股份公司外购的商标权的估计使用寿命为 15 年，表明该项无形资产同样也是使用寿命有限的无形资产，而商标权的摊销金额通常直接计入当期管理费用。

华钢股份公司的账务处理如下：

（1）取得无形资产时：

借：无形资产——非专利技术　　50 000 000

　　　　　　——商标权　　30 000 000

　　贷：银行存款　　80 000 000

（2）按年摊销时：

借：制造费用——非专利技术　　5 000 000

　　管理费用——商标权　　2 000 000

　　贷：累计摊销　　7 000 000

如果华钢股份公司 20×1 年 12 月 31 日根据科学技术发展的趋势判断，20×0 年购入的该项非专利技术在 4 年后将被淘汰，不能再为企业带来经济利益，决定对其再使用 4 年后不再使用。为此，华钢股份公司应当在 20×1 年 12 月 31 日据此变更该项非专利技术的估计使用寿命，并按会计估计变更进行处理。

20×1 年 12 月 31 日累计摊销金额为 10 000 000（5 000 000×2）元，20×2 年无形资产的摊销金额为 1 000[(5 000 -1 000) /4]万元，华钢股份公司 20×2 年对该项非专利技术按年摊销的账务处理如下：

借：制造费用——非专利技术　　10 000 000

　　贷：累计摊销　　10 000 000

三、使用寿命不确定的无形资产的后续计量

根据可获得的相关信息判断，如果无法合理估计某项无形资产的使用寿命的，应作为使用寿命不确定的无形资产进行核算。对于使用寿命不确定的无形资产，在持有期间内不需要摊销，但应当在每个会计期间进行减值测试。其减值测试的方法按照资产减值的原则进行处理，如经减值测试表明已发生减值，则需要计提相应的减值准备，其相关的账务处理为，借记“资产减值损失”科目，贷记“无形资产减值准备”科目。

【例 8-7】20×0 年 1 月 1 日，华钢股份公司购入一项市场领先的畅销产品商标的成本为 6 000 万元，该商标按照法律规定还有 5 年的使用寿命，但是在保护期届满时，华钢股份公司可每 10 年以较低的手续费申请延期，同时华钢股份公司有充分的证据表明其有能力申请延期。此外，有关的调查表明，根据产品生命周期、市场竞争等方面情况综合判断，该商标将在不确定的期间内为企业带来现金流量。

根据上述情况，该商标可视为使用寿命不确定的无形资产，在持有期间内不需要进行摊销。

20×1 年年底，华钢股份公司对该商标按照资产减值的原则进行减值测试，经测试表明该商标已发生减值。20×1 年年底，该商标的公允价值为 4 000 万元。则华钢股份公司的账务处理如下：

（1）20×0 年购入商标时：

借：无形资产——商标权	60 000 000	
贷：银行存款		60 000 000

（2）20×1 年发生减值时：

借：资产减值损失	20 000 000	
贷：无形资产减值准备——商标权		20 000 000

第四节 无形资产的处置

无形资产的处置，主要是指无形资产出售、对外出租、对外捐赠，或者是无法为企业带来未来经济利益时，应予终止确认并转销。

一、无形资产的出售

企业出售某项无形资产，表明企业放弃无形资产的所有权，应将所取得的价款与该无形资产账面价值的差额作为资产处置利得或损失，计入当期损益。但是值得注意的是，企业出售无形资产确认其利得的时点应按照收入确认中的相关原则进行确定。

出售无形资产时，应按实际收到的金额等，借记“银行存款”等科目；按已计提的累计摊销额，借记“累计摊销”科目；原已计提减值准备的，借记“无形资产减值准备”科目；按应支付的相关税费及其他费用，贷记“应交税费”“银行存款”等科目；按其账面余额，贷记“无形资产”科目，按其差额贷记“营业外收入”科目或借记“营业外支出”科目。

【例 8-8】甲企业为增值税一般纳税人，20×1 年 6 月出售一项商标权，所得款项为 1 200 000 元，应交纳增值税 72 000 元。该商标权成本为 3 000 000 元，出售时已摊销金额为 1 800 000 元，已计提减值准备 300 000 元。

甲企业的账务处理如下：

借：银行存款	1 200 000	
累计摊销	1 800 000	
无形资产减值准备——商标权	300 000	
贷：无形资产——商标权		3 000 000
应交税费——应交增值税（销项税额）		72 000
营业外收入——处置非流动资产利得		228 000

二、无形资产的出租

企业将所拥有的无形资产的使用权让渡给他人并收取租金，属于与企业日常活动相关的其他经营活动取得的收入，在满足收入确认条件的情况下，应确认相关的收入及成本，并通过其他业务收支科目进行核算。让渡无形资产使用权而取得的租金收入，借记“银行存款”等科目，贷记“其他业务收入”等科目；摊销出租无形资产的成本并发生与出租有关的各种费用支出时，借记“其他业务成本”科目，贷记“累计摊销”科目。

【例 8-9】20×0 年 1 月 1 日，A 企业将一项专利技术出租给 B 企业使用，该专利技术账面余额为 500 万元，摊销期限为 10 年，出租合同规定，承租方每销售一件用该专利生产的产品，必须付给出租方 10 万元专利技术使用费。假定承租方当年销售该产品 10 件（不考虑相关税费）。

A 企业的账务处理如下：

（1）取得该项专利技术使用费时：

借：银行存款	1 000 000	
贷：其他业务收入		1 000 000

（2）按年对该项专利技术进行摊销：

借：其他业务成本	500 000	
贷：累计摊销		500 000

三、无形资产的报废

如果无形资产预期不能为企业带来未来经济利益，例如该无形资产已被其他新技术所替代或超过法律保护期，不能再为企业带来经济利益的，则不再符合无形资产的定义，应将其报废并予以转销，其账面价值转作当期损益。转销时，应按已计提的累计摊销，借记“累计摊销”科目；按其账面余额，贷记“无形资产”科目；按其差额，借记“营业外支出”科目。已计提减值准备的，还应同时结转减值准备。

【例 8-10】甲企业拥有一项非专利技术，采用直线法进行摊销，预计使用期限为 10 年。现该项非专利技术已被内部研发成功的新技术所替代，并且根据市场调查，用该非专利技术生产的产品已没有市场，预期不能再为企业带来任何经济利益，故应当予以转销。转销时，该项非专利技术的成本为 9 000 000 元，已摊销 6 年，累计计提减值准备 2 400 000 元，该项非专利技术的残值为零。假定不考虑其他相关因素。

甲企业的账务处理如下：

借：累计摊销	5 400 000	
无形资产减值准备——非专利技术	2 400 000	
营业外支出——处置非流动资产损失	1 200 000	
贷：无形资产——非专利技术		9 000 000

导入案例分析：特种镍钢的生产技术将以“无形资产——非专利技术”在新湘公司账上反映。无形资产具有由企业拥有或控制并能为其带来未来经济利益的资源、不具有实物形态、非货币性资产、可辨认性等特征。

第九章　投资性房地产

学习目标

1. 掌握投资性房地产的确认、初始计量和后续计量。
2. 理解投资性房地产的转换与处置。
3. 了解投资性房地产的性质。

知识框架

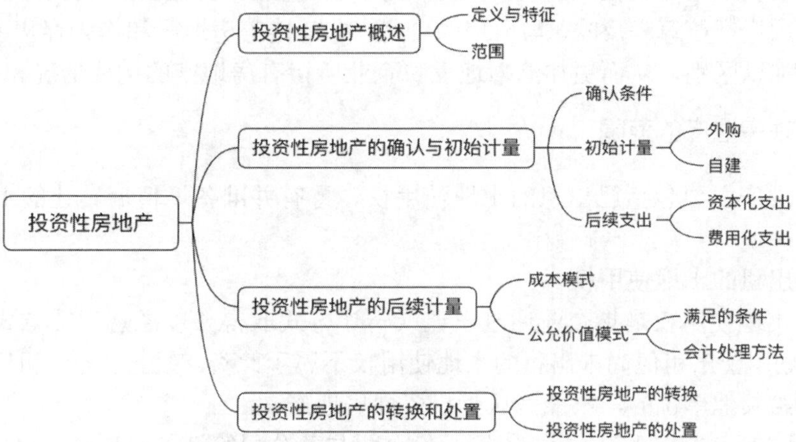

导入案例

案例：华钢股份公司20×0年1月开发了一个精装住宅楼盘，已于20×1年9月完成楼盘验收，其中部分住宅已经出售，其他未出售住宅均计入“存货”科目中的开发产品明细科目。20×2年4月，某会计师事务所接受委托对公司进行年报审计，在审计中审计员小王发现华钢股份公司开发的新住宅楼部分住宅在财务账上计入存货中的“开发产品”科目，但实际上公司销售部已经将8套住宅租给了附近工厂的员工。小王认为这8套住宅的会计核算有误，不应该将其计入存货。

案例思考：这8套已出租住宅到底应该如何进行会计核算？

第一节　投资性房地产概述

一、投资性房地产的定义与特征

投资性房地产是指为赚取租金或资本增值或者两者兼有而持有的房地产。投资性房地产应当能够单独计量和出售。

投资性房地产具有以下特征：

（1）投资性房地产是一种经营性活动。

投资性房地产的主要形式是出租建筑物、出租土地使用权，这实质上属于一种让渡资产使用权行为。房地产租金就是让渡资产使用权取得的使用费收入，是企业为完成其经营目标所从事的经营性活动以及与之相关的其他活动形成的经济利益总流入。投资性房地产的另一种形式是持有并准备增值后转让的土地使用权，尽管其增值收益通常与市场供求、经济发展等因素相关，但目的是增值后转让以赚取增值收益，也是企业为完成其经营目标所从事的经营性活动以及与之相关的其他活动形成的经济利益总流入。

（2）投资性房地产在用途、状态、目的等方面区别于作为生产经营场所的房地产和用于销售的房地产。

企业持有的房地产除了用作自身管理、生产经营活动场所和对外销售之外，出现了将房地产用于赚取租金或增值收益的活动，甚至成为个别企业的主营业务。这就需要将投资性房地产单独作为一项资产核算和反映，与自用的厂房、办公楼等房地产和作为存货（已建完工商品房）的房地产加以区别，从而更加清晰地反映企业所持有房地产的构成情况和盈利能力。

二、投资性房地产的范围

投资性房地产主要包括已出租的土地使用权、持有并准备增值后转让的土地使用权和已出租的建筑物。

（一）已出租的土地使用权

已出租的土地使用权是指企业通过出让或转让方式取得并以经营租赁方式出租的土地使用权。企业计划用于出租但尚未出租的土地使用权不属于此类。对于以经营租赁方式租入土地使用权再转租给其他单位的，不能确认为投资性房地产。

【例 9-1】20×1 年 5 月 10 日，华钢股份公司与乙公司签订了一项经营租赁合同，约定自 20×1 年 6 月 1 日起，华钢股份公司以年租金 8 000 000 元租赁使用乙公司拥有的一块 400 000 平方米的场地，租赁期为 8 年。20×1 年 7 月 1 日，华钢股份公司又将这块场地转租给丙公司，以赚取租金差价，租赁期为 5 年。以上交易假设不违反国家有关规定。

本例中，对于华钢股份公司而言，这项土地使用权不能予以确认，也不属于其投资性房地产。对于乙公司而言，自租赁期开始日（20×1 年 6 月 1 日）起，这项土地使用权属于投资性房地产。

（二）持有并准备增值后转让的土地使用权

持有并准备增值后转让的土地使用权是指企业通过出让或转让方式取得并准备增值后转让的土地使用权。但是，按照国家有关规定认定的闲置土地不属于持有并准备增值的土地使用权。

（三）已出租的建筑物

已出租的建筑物是指企业拥有产权并以经营租赁方式出租的房屋等建筑物，包括自行建造或开发活动完成后用于出租的建筑物。

企业在判断和确认已出租的建筑物时应当把握以下要点：

（1）用于出租的建筑物是指企业拥有产权的建筑物，企业以经营租赁方式租入再转租的建筑物不属于投资性房地产。

（2）已出租的建筑物是企业已经与其他方签订了租赁协议，约定以经营租赁方式出租的建筑物。一般应自租赁协议规定的租赁期开始日起，经营租出的建筑物才属于已出租的建筑物。

（3）企业将建筑物出租，按租赁协议向承租人提供的相关辅助服务在整个协议中不重大的，应当将该建筑物确认为投资性房地产。例如，企业将其办公楼出租，同时向承租人提供维护、保安等日常辅助服务，企业应当将其确认为投资性房地产。

自用房地产、作为存货的房地产不属于投资性房地产。

第二节　投资性房地产的确认、初始计量和后续支出

一、投资性房地产的确认和初始计量

投资性房地产的确认和初始计量

投资性房地产只有在符合定义并同时满足下列条件时，才能予以确认：

（1）与该投资性房地产有关的经济利益很可能流入企业。

（2）该投资性房地产的成本能够可靠地计量。

投资性房地产初始计量时应当按照成本进行计量。

（一）外购投资性房地产的确认和初始计量

企业外购的房地产，只有在购入的同时开始对外出租或用于资本增值，才能作为投资性房地产加以确认。

企业购入房地产未立即出租或用于资本增值的，先将外购的房地产确认为固定资产或无形资产；而后改为出租或用于资本增值的，应当自租赁期开始日或用于资本增值之日起，才能从固定资产或无形资产转换为投资性房地产。

企业外购投资性房地产时，应当按照取得时的实际成本进行初始计量。取得时的实际成本，包括购买价款、相关税费和可直接归属于该资产的其他支出。采用成本模式进行后续计量的，企业应当在购入投资性房地产时，借记“投资性房地产”科目，贷记“银行存款”等科目；采用公允价值模式进行后续计量的，企业应当在购入投资性房地产时，借记“投资性房地产——成本”科目，贷记“银行存款”等科目。

（二）自行建造投资性房地产的确认和初始计量

企业自行建造的房地产，只有在自行建造活动完成（即达到预定可使用状态）的同时开始对外出租或用于资本增值，才能将自行建造的房地产确认为投资性房地产。自行建造投资性房地产的成本由建造该项房地产达到预定可使用状态前发生的必要支出构成。

企业自行建造房地产达到预定可使用状态后未立即出租或用于资本增值的，先将自行建造的房地产确认为固定资产或无形资产；而后改为出租或用于资本增值的，应当自租赁期开始日或用于资本增值之日起，才能从固定资产或无形资产转换为投资性房地产。

自行建造投资性房地产，其成本由建造该项资产达到预定可使用状态前发生的必要支出构成，包括土地开发费、建筑成本、安装成本、应予资本化的借款费用、支付的其他费用和分摊的间接费用等。采用成本模式进行后续计量的，应按照确定的自行建造投资性房地产成本，借记“投资性房地产”科目，贷记“在建工程”或“开发产品”科目；采用公允价值模式进行后续计量的，应按照确定的自行建造投资性房地产成本，借记“投资性房地产——成本”科目，贷记“在建工程”或“开发产品”科目。

【例 9-2】20×1 年 2 月，华钢股份公司从其他单位购入一块土地，并在这块土地上开始自行建造两栋厂房。20×1 年 11 月，华钢股份公司预计厂房即将完工，与乙公司签订了经营租赁合同，将其中的一栋厂房租赁给乙公司使用。租赁合同约定，该厂房于完工时开始起租。20×1 年 12 月 5 日，两栋厂房同时完工。该块土地使用权的成本为 9 000 000 元；两栋厂房的实际造价均为 12 000 000 元，能够单独出售。假设华钢股份公司采用成本模式进行后续计量。

华钢股份公司的账务处理如下：

土地使用权中的对应部分同时转换为投资性房地产 = 9 000 000×1/2= 4 500 000（元）

借：固定资产——厂房	12 000 000	
投资性房地产——厂房	12 000 000	
贷：在建工程——厂房		24 000 000
借：投资性房地产——已出租土地使用权	4 500 000	
贷：无形资产——土地使用权		4 500 000

二、与投资性房地产有关的后续支出

（一）资本化的后续支出

与投资性房地产有关的后续支出，满足投资性房地产确认条件的，应当计入投资性房地产成本。例如，企业为了提高投资性房地产的使用效能，往往需要对投资性房地产进行改建、扩建而使其更加坚固耐用，或者通过装修而改善其室内装潢，改扩建或装修支出满足确认条件的，应当将其资本化。

采用成本模式计量的，投资性房地产进入改扩建或装修阶段后，应当将其账面价值转入改扩建工程，借记“投资性房地产——在建”“投资性房地产累计折旧”等科目，贷记“投资性房地产”科目。发生资本化的改扩建或装修支出，通过“投资性房地产——在建”科目归集，借记“投资性房地产——在建”科目，贷记“银行存款”“应付账款”等科目。改扩建或装修完成后，借记“投资性房地产”科目，贷记“投资性房地产——在建”科目。

采用公允价值模式计量的，投资性房地产进入改扩建或装修阶段，借记“投资性房地产——在建”科目，贷记“投资性房地产——成本”“投资性房地产——公允价值变动”等科目；在改扩建或装修完成后，借记“投资性房地产——成本”科目，贷记“投资性房地产——在建”科目。

企业对某项投资性房地产进行改扩建等再开发且将来仍作为投资性房地产的，再开发期间应继续将其作为投资性房地产，再开发期间不计提折旧或摊销。

【例 9-3】20×1 年 5 月，华钢股份公司与乙公司的一项厂房经营租赁合同即将到期。该厂房原价为 50 000 000 元，已计提折旧 10 000 000 元。为了提高厂房的租金收入，华钢股份公司决定在租赁期满后对该厂房进行改扩建，并与丙公司签订了经营租赁合同，约定自改扩建完工时将该厂房出租给丙公司。20×1 年 5 月 31 日，与乙公司的租赁合同到期，该厂房随即进入改扩建工程。20×1 年 12 月 31 日，该厂房改扩建工程完工，共发生支出 5 000 000 元，均已支付，即日按照租赁合同出租给丙公司。假定华钢股份公司采用成本计量模式。

本例中，改扩建支出属于后续支出，假定符合《企业会计准则第 3 号——投资性房地产》第六条的规定，应当计入投资性房地产的成本。

华钢股份公司的账务处理如下：

（1）20×1 年 5 月 31 日，投资性房地产转入改扩建工程。

借：投资性房地产——厂房——在建　　40 000 000
　　投资性房地产累计折旧　　10 000 000
　　贷：投资性房地产——厂房　　50 000 000

（2）20×1 年 5 月 31 日至 20×1 年 12 月 31 日，发生改扩建支出。

借：投资性房地产——厂房——在建　　5 000 000
　　贷：银行存款　　5 000 000

（3）20×1 年 12 月 31 日，改扩建工程完工。

借：投资性房地产——厂房　　45 000 000
　　贷：投资性房地产——厂房——在建　　45 000 000

【例 9-4】20×1 年 5 月，华钢股份公司与乙公司的一项厂房经营租赁合同即将到期。为了提高厂房的租金收入，华钢股份公司决定在租赁期满后对该厂房进行改扩建，并与丙公司签订了经营租赁合同，约定自改扩建完工时将该厂房出租给丙公司。20×1 年 5 月 31 日，与乙公司的租赁合同到期，该厂房随即进入改扩建工程。20×1 年 5 月 31 日，该厂房账面余额为 20 000 000 元，其中成本 16 000 000 元，累计公允价值变动 4 000 000 元。20×1 年 11 月 30 日该厂房改扩建工程完工，共发生支出 3 000 000 元，均已支付，即日按照租赁合同出租给丙公司。假定华钢股份公司采用公允价值计量模式。

华钢股份公司的账务处理如下：

（1）20×1 年 5 月 31 日，投资性房地产转入改扩建工程。

借：投资性房地产——厂房——在建　　20 000 000
　　贷：投资性房地产——厂房——成本　　16 000 000
　　　　　　　　　　——公允价值变动　　4 000 000

（2）20×1 年 5 月 31 日至 20×1 年 11 月 30 日，发生改扩建支出。

借：投资性房地产——厂房——在建　　3 000 000
　　贷：银行存款　　3 000 000

（3）20×1 年 11 月 30 日，改扩建工程完工。

借：投资性房地产——厂房——成本　　23 000 000
　　贷：投资性房地产——厂房——在建　　23 000 000

（二）费用化的后续支出

与投资性房地产有关的后续支出，不满足投资性房地产确认条件的，如企业对投资性房地产进行日常维护所发生的支出，应当在发生时计入当期损益，借记“其他业务成本”等科目，贷记“银行存款”等科目。

第三节　投资性房地产的后续计量

投资性房地产的后续计量

投资性房地产的后续计量有成本和公允价值两种模式，通常应当采用成本模式计量，满足特定条件时也可以采用公允价值模式计量。但是，同一企业只能采用一种模式对所有投资性房地产进行后续计量，不得同时采用两种计量模式。

一、采用成本模式计量的投资性房地产

采用成本模式进行后续计量的投资性房地产，应当按照《企业会计准则第 4 号——固定资产》或《企业会计准则第 6 号——无形资产》的有关规定按期（月）计提折旧或摊销，借记“其他业务成本”等科目，贷记“投资性房地产累计折旧（摊销）”科目；取得的租金收入，借记“银行存款”等科目，贷记“其他业务收入”等科目。

投资性房地产存在减值迹象的，适用资产减值的有关规定。经减值测试后确定发生减值的，应当计提减值准备，借记“资产减值损失”科目，贷记“投资性房地产减值准备”科目。已经计提减值准备的投资性房地产，其减值损失在以后的会计期间不得转回。

【例 9-5】华钢股份公司将一栋写字楼出租给乙公司使用，确认为投资性房地产，采用成本模式进行后续计量。假设这栋办公楼的成本为 72 000 000 元，按照年限平均法计提折旧，使用寿命为 20 年，预计净残值为零。经营租赁合同约定，乙公司每月等额支付华钢股份公司租金 400 000 元。

华钢股份公司的账务处理如下：

（1）每月计提折旧。

每月计提的折旧= (72 000 000÷20)÷12 = 300 000（元）

借：其他业务成本——出租写字楼折旧	300 000	
贷：投资性房地产累计折旧		300 000

（2）每月确认租金收入。

借：银行存款（或其他应收款）	400 000	
贷：其他业务收入——出租写字楼租金收入		400 000

二、采用公允价值模式计量的投资性房地产

企业存在确凿证据表明投资性房地产的公允价值能够持续可靠取得的，可以采用公允价值模式对投资性房地产进行后续计量。企业一旦选择采用公允价值计量模式，就应当对其所有投资性房地产均采用公允价值模式进行后续计量。

（一）采用公允价值模式进行后续计量的投资性房地产应当满足的条件

采用公允价值模式进行后续计量的投资性房地产应当同时满足以下两个条件：

（1）投资性房地产所在地有活跃的房地产交易市场。所在地，通常指投资性房地产所在的城市。对于大中型城市，应当为投资性房地产所在的城区。

（2）企业能够从活跃的房地产交易市场上取得同类或类似房地产的市场价格及其他相关信息，从而对投资性房地产的公允价值做出合理的估计。

（二）采用公允价值模式进行后续计量的投资性房地产的会计处理规定

采用公允价值模式进行后续计量的投资性房地产应当遵循以下会计处理规定：

（1）不对投资性房地产计提折旧或摊销。企业应当以资产负债表日投资性房地产的公允价值为基础调整其账面价值，公允价值与原账面价值之间的差额计入当期损益。资产负债表日，投资性房地产的公允价值高于原账面价值的差额，借记“投资性房地产——公允价值变动”科目，贷记“公允价值变动损益”科目；公允价值低于原账面价值的差额，作相反的账务处理。

（2）取得的租金收入，借记“银行存款”等科目，贷记“其他业务收入”等科目。

【例 9-6】20×1 年 9 月，华钢股份公司与乙公司签订租赁协议，约定将华钢股份公司新建造的一栋写字楼租赁给乙公司使用，租赁期为 10 年。

20×1 年 12 月 1 日，该写字楼开始起租，写字楼的工程造价为 80 000 000 元，公允价值也为相同金额。该写字楼所在区域有活跃的房地产交易市场，而且能够从房地产交易市场上取得同类房地产的市场报价，华钢股份公司决定采用公允价值模式对该项出租的房地产进行后续计量。

在确定该投资性房地产的公允价值时，华钢股份公司选取了与该处房地产所处地区相近，结构及用途相同的房地产，参照公司所在地房地产交易市场上的平均销售价格。结合周边市场信息和自有房产的特点，20×1 年 12 月 31 日该写字楼的公允价值为 84 000 000 元。

华钢股份公司的账务处理如下：

（1）20×1 年 12 月 1 日，华钢股份公司出租写字楼。

借：投资性房地产——写字楼——成本　　80 000 000

　　贷：固定资产——写字楼　　80 000 000

（2）20×1 年 12 月 31 日，按照公允价值调整其账面价值，公允价值与原账面价值之间的差额计入当期损益。

借：投资性房地产——写字楼——公允价值变动　　4 000 000

　　贷：公允价值变动损益——投资性房地产　　4 000 000

三、投资性房地产后续计量模式的变更

为保证会计信息的可比性，企业对投资性房地产的计量模式一经确定，不得随意变更。只有在房地产市场比较成熟、能够满足采用公允价值模式条件的情况下，才允许企业对投资性房地产从成本模式计量变更为公允价值模式计量。成本模式转为公允价值模式的，应当作为会计政策变更处理，将计量模式变更时，根据公允价值与账面价值的差额调整期初留存收益。企业变更投资性房地产计量模式，符合《企业会计准则第 3 号——投资性房地产》规定的，应当按照计量模式变更日投资性房地产的公允价值，借记“投资性房地产——成本”科目；按照已计提的折旧或摊销，借记“投资性房地产累计折旧（摊销）”科目；原已计提减值准备的，借记“投资性房地产减值准备”科目；按照原账面余额，贷记“投资性房地产”科目；按照公允价值与其账面价值之间的差额，贷记或借记“利润分配——未分配利润”“盈余公积”等科目。已采用公允价值模式计量的投资性房地产，不得从公允价值模式转为成本模式。

第四节　投资性房地产的转换和处置

投资性房地产的
转换和处置

一、投资性房地产的转换

（一）房地产的转换形式及转换日

房地产的转换是指房地产用途的变更。企业有确凿证据表明房地产用途发生改变，满足下列条件之一的，应当将投资性房地产转换为其他资产或者将其他资产转换为投资性房地产：

（1）投资性房地产开始自用，即将投资性房地产转为自用房地产。在此种情况下，转换日为房地产达到自用状态，企业开始将其用于生产商品、提供劳务或经营管理的日期。

（2）作为存货的房地产改为出租，通常是指房地产开发企业将其持有的开发产品以经营

租赁的方式出租，存货相应地转换为投资性房地产。在此种情况下，转换日为房地产的租赁期开始日。租赁期开始日，是指承租人有权行使其使用租赁资产权利的日期。

（3）自用建筑物停止自用，改为出租。即企业将原本用于生产商品、提供劳务或经营管理的房地产改用于出租，固定资产相应地转换为投资性房地产。在此种情况下，转换日为租赁期开始日。

（4）自用土地使用权停止自用，改用于赚取租金或资本增值。即企业将原本用于生产商品、提供劳务或经营管理的土地使用权改用于赚取租金或资本增值，该土地使用权相应地转换为投资性房地产。在此种情况下，转换日为自用土地使用权停止自用后，确定用于赚取租金或资本增值的日期。

（5）房地产企业将用于经营出租的房地产重新开发用于对外销售，从投资性房地产转为存货。在这种情况下，转换日为租赁期满，企业董事会或类似机构作出书面决议明确表明将其重新开发用于对外销售的日期。

以上所指确凿证据包括两个方面：一是企业董事会或类似机构应当就改变房地产用途形成正式的书面决议；二是房地产因用途改变而发生实际状态上的改变，如从自用状态改为出租状态。

（二）房地产转换的会计处理

1. 成本模式下的转换

（1）投资性房地产转换为自用房地产。企业将采用成本模式计量的投资性房地产转换为自用房地产时，应当按该项投资性房地产在转换日的账面余额、累计折旧、减值准备等，分别转入“固定资产”“累计折旧”“固定资产减值准备”等科目；按其账面余额，借记“固定资产”或“无形资产”科目，贷记“投资性房地产”科目；按已计提的折旧或摊销，借记“投资性房地产累计折旧（摊销）”科目，贷记“累计折旧”或“累计摊销”科目；原已计提减值准备的，借记“投资性房地产减值准备”科目，贷记“固定资产减值准备”或“无形资产减值准备”科目。

【例 9-7】20×1 年 8 月 1 日，甲企业将出租在外的厂房收回，开始用于本企业生产商品。该项房地产账面价值为 3 765 万元，其中原价 5 000 万元，累计已提折旧 1 235 万元。假设甲企业采用成本计量模式，甲企业的账务处理如下：

借：固定资产	50 000 000	
投资性房地产累计折旧	12 350 000	
贷：投资性房地产		50 000 000
累计折旧		12 350 000

（2）投资性房地产转换为存货。企业将采用成本模式计量的投资性房地产转换为存货时，应当按照该项房地产在转换日的账面价值，借记“开发产品”科目；按照已计提的折旧或摊销，借记“投资性房地产累计折旧（摊销）”科目；原已计提减值准备的，借记“投资性房地产减值准备”科目；按其账面余额，贷记“投资性房地产”科目。

（3）自用房地产转换为投资性房地产。企业将自用土地使用权或建筑物转换为采用成本模式计量的投资性房地产时，应当按该项建筑物或土地使用权在转换日的原价、累计折旧、减值准备等，分别转入“投资性房地产”“投资性房地产累计折旧（摊销）”“投资性房地产减值准备”科目；按其账面余额，借记“投资性房地产”科目，贷记“固定资产”或“无形资产”科目；按已计提的折旧或摊销，借记“累计折旧”或“累计摊销”科目，贷记“投资性房地产累计折旧（摊销）”科目；原已计提减值准备的，借记“固定资产减值准备”或“无形资产减值准备”科目，贷记“投资性房地产减值准备”科目。

【例 9-8】华钢股份公司拥有一栋本公司总部办公使用的办公楼，公司董事会就将该栋办公楼用于出租形成了书面决议。20×1 年 4 月 10 日，华钢股份公司与乙公司签订了经营租赁协议，将这栋办公楼整体出租给乙公司使用，租赁期开始日为 20×1 年 5 月 1 日，租期为 5 年。20×1 年 5 月 1 日，这栋办公楼的账面余额为 500 000 000 元，已计提折旧 5 000 000 元。假设华钢股份公司所在城市不存在活跃的房地产交易市场。

华钢股份公司的账务处理如下：

20×1 年 5 月 1 日

借：投资性房地产——办公楼　　500 000 000
　　累计折旧　　5 000 000
　　贷：固定资产——办公楼　　500 000 000
　　　　投资性房地产累计折旧　　5 000 000

（4）作为存货的房地产转换为投资性房地产。企业将作为存货的房地产转换为采用成本模式计量的投资性房地产时，应当按该项存货在转换日的账面价值，借记“投资性房地产”科目；原已计提跌价准备的，借记“存货跌价准备”；按其账面余额，贷记“开发产品”等科目。

【例 9-9】华钢股份公司是从事房地产开发的企业，20×1 年 4 月 10 日，华钢股份公司董事会就将其开发的一栋写字楼不再出售改用作出租形成了书面决议。华钢股份公司遂与乙公司签订了租赁协议，将此写字楼整体出租给乙公司使用，租赁期开始日为 20×1 年 5 月 1 日，租赁期为 5 年。20×1 年 5 月 1 日，该写字楼的账面余额为 500 000 000 元，未计提存货跌价准备，转换后采用成本模式进行后续计量。

华钢股份公司的账务处理如下：

20×1 年 5 月 1 日

借：投资性房地产——写字楼　　500 000 000
　　贷：开发产品　　500 000 000

2. 公允价值模式下的转换

（1）投资性房地产转换为自用房地产。企业将采用公允价值模式计量的投资性房地产转换为自用房地产时，应当以其转换当日的公允价值作为自用房地产的账面价值，公允价值与原账面价值的差额计入当期损益。转换日，按该项投资性房地产的公允价值，借记“固定资产”或“无形资产”科目；按该项投资性房地产的成本，贷记“投资性房地产——成本”科目；按该项投资性房地产的累计公允价值变动，贷记或借记“投资性房地产——公允价值变动”科目；按其差额，贷记或借记“公允价值变动损益”科目。

【例 9-10】20×1 年 11 月 1 日，租赁期满，华钢股份公司将出租的写字楼收回，公司董事会就将该写字楼作为办公楼用于本公司的行政管理形成了书面决议。20×1 年 11 月 1 日，该写字楼正式开始自用，相应由投资性房地产转换为自用房地产，当日的公允价值为 72 000 000 元。该项房地产在转换前采用公允价值模式计量，原账面价值为 70 000 000 元，其中成本为 67 000 000 元，公允价值变动为增值 3 000 000 元。

华钢股份公司的账务处理如下：

借：固定资产——写字楼　　72 000 000
　　贷：投资性房地产——写字楼——成本　　67 000 000
　　　　　　　　　　　　　　——公允价值变动　　3 000 000

公允价值变动损益——投资性房地产　　2 000 000

（2）投资性房地产转换为存货。企业将采用公允价值模式计量的投资性房地产转换为存货时，应当以其转换当日的公允价值作为存货的账面价值，公允价值与原账面价值的差额计入当期损益。

转换日，按该项投资性房地产的公允价值，借记“开发产品”等科目；按该项投资性房地产的成本，贷记“投资性房地产——成本”科目；按该项投资性房地产的累计公允价值变动，贷记或借记“投资性房地产——公允价值变动”科目；按其差额，贷记或借记“公允价值变动损益”科目。

（3）自用房地产转换为投资性房地产。企业将自用土地使用权或建筑物转换为采用公允价值模式计量的投资性房地产时，应当按该项土地使用权或建筑物在转换日的公允价值，借记“投资性房地产——成本”科目；按已计提的累计摊销或累计折旧，借记“累计摊销”或“累计折旧”科目；原已计提减值准备的，借记“无形资产减值准备”“固定资产减值准备”科目；按其账面余额，贷记“无形资产”或“固定资产”科目。同时，转换日的公允价值小于账面价值的，按其差额借记“公允价值变动损益”科目；转换日的公允价值大于账面价值的，按其差额贷记“资本公积——其他资本公积”科目。待该项投资性房地产处置时，因转换计入资本公积的部分应转入当期损益。

【例 9-11】20×1 年 8 月，华钢股份公司打算搬迁至新建办公楼，由于原办公楼处于商业繁华地段，华钢股份公司准备将其出租，以赚取租金收入，已经公司董事会批准形成书面决议。20×1 年 12 月底，华钢股份公司完成了搬迁工作，原办公楼停止自用。20×2 年 1 月 1 日，华钢股份公司与乙公司签订了租赁协议，租赁期为 3 年。

在该例中，华钢股份公司应当于租赁期开始日（20×2 年 1 月 1 日）将自用房地产转换为投资性房地产。该办公楼所在地房地产交易活跃，公司能够从市场上取得同类或类似房地产的市场价格及其他相关信息，假设华钢股份公司对出租的该办公楼采用公允价值模式计量。假设 20×2 年 1 月 1 日，该办公楼的公允价值为 380 000 000 元，其原价为 550 000 000 元，已提折旧 150 000 000 元。

华钢股份公司的账务处理如下：

20×2 年 1 月 1 日

借：投资性房地产——办公楼——成本　　380 000 000
　　公允价值变动损益——投资性房地产　　20 000 000
　　累计折旧　　150 000 000
　　贷：固定资产　　550 000 000

（4）作为存货的房地产转换为投资性房地产。企业将作为存货的房地产转换为采用公允价值模式计量的投资性房地产时，应当按该项房地产在转换日的公允价值，借记“投资性房地产——成本”科目；原已计提跌价准备的，借记“存货跌价准备”科目；按其账面余额，贷记“开发产品”等科目。同时，转换日的公允价值小于账面价值的，按其差额借记“公允价值变动损益”科目；转换日的公允价值大于账面价值的，按其差额贷记“资本公积——其他资本公积”科目。待该项投资性房地产处置时，因转换计入资本公积的部分应转入当期损益。

【例 9-12】20×1 年 4 月 15 日，甲房地产开发公司董事会形成书面决议，将其开发的一栋写字楼用于出租。华钢股份公司遂与乙公司签订了租赁协议，租赁期开始日为 20×1 年 5

月 1 日，租赁期为 5 年。20×1 年 5 月 1 日，该写字楼的账面余额为 400 000 000 元，公允价值为 430 000 000 元。

华钢股份公司的账务处理如下：

20×1 年 5 月 1 日

借：投资性房地产——写字楼——成本　　430 000 000

　贷：开发产品　　400 000 000

　　资本公积——其他资本公积——公允价值变动——投资性房地产　　30 000 000

二、投资性房地产的处置

当投资性房地产被处置或者永久退出使用且预计不能从其处置中取得经济利益时，应当终止确认该项投资性房地产。企业出售、转让、报废投资性房地产或者发生投资性房地产毁损，应当将处置收入扣除其账面价值和相关税费后的金额计入当期损益。此外，企业因其他原因，如非货币性资产交换等而减少投资性房地产，也属于投资性房地产的处置。

（一）成本模式计量的投资性房地产的处置

处置采用成本模式计量的投资性房地产时，应当按实际收到的金额，借记“银行存款”等科目，贷记“其他业务收入”科目；按该项投资性房地产的账面价值，借记“其他业务成本”科目；按其账面余额，贷记“投资性房地产”科目；按照已计提的折旧或摊销，借记“投资性房地产累计折旧（摊销）”科目；原已计提减值准备的，借记“投资性房地产减值准备”科目。

【例 9-13】华钢股份公司将其出租的一栋写字楼确认为投资性房地产。租赁期届满后，华钢股份公司将该栋写字楼出售给乙公司，合同价款为 200 000 000 元，乙公司已用银行存款付清。假设这栋写字楼原采用成本模式计量。出售时，该栋写字楼的成本为 180 000 000 元，已计提折旧 20 000 000 元，不考虑相关税费。

华钢股份公司的账务处理如下：

借：银行存款　　200 000 000

　贷：其他业务收入　　200 000 000

借：其他业务成本　　160 000 000

　投资性房地产累计折旧　　20 000 000

　贷：投资性房地产——写字楼　　180 000 000

（二）公允价值模式计量的投资性房地产的处置

处置采用公允价值模式计量的投资性房地产时，应当按实际收到的金额，借记“银行存款”等科目，贷记“其他业务收入”科目；按该项投资性房地产的账面余额，借记“其他业务成本”科目；按其成本，贷记“投资性房地产——成本”科目；按其累计公允价值变动，贷记或借记“投资性房地产——公允价值变动”科目。同时结转投资性房地产累计公允价值变动。若存在原转换日计入资本公积的金额，也一并结转。

导入案例分析：通过对投资性房地产的学习可以发现，企业开发待售的房屋，如果自用或者出租就不能继续以“存货——开发产品”这一科目进行核算，如果自用应确认为固定资产，如果是出租赚取租金，应该确认为投资性房地产，并根据房地产公允价值是否能可靠计量，按成本模式或公允价值模式进行后续计量。因此，审计员小王认为已出租的 8 套住宅会计核算有误是有道理的。

第十章　流 动 负 债

学习目标

1. 掌握短期借款、应付票据、应付账款、预收账款、应交增值税、应交消费税、应付短期薪酬的核算。

2. 理解应付利息、合同负债、其他应交税费的核算。

3. 了解应付股利和其他应付款的核算。

知识框架

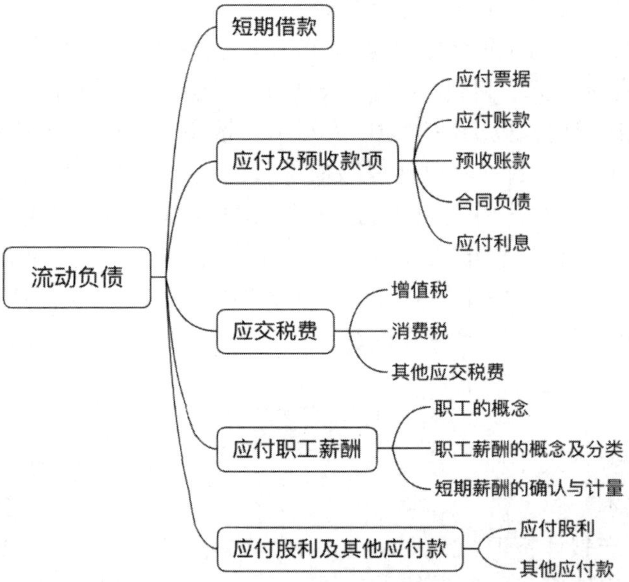

导入案例

案例：小李是华钢股份公司的财务人员，最近遇到了一件麻烦事。事情的经过是这样的，华钢股份公司从供应商处购进原材料，加工成产品，然后再卖给其他企业。由于华钢股份公司资金紧张，该公司先向供应商赊购原材料，等销售产成品收到货款后再偿还给供应商。供应商每次在提供原材料时，为了能提前收到货款给了华钢股份公司一定的折扣。其中规定：若华钢股份公司每次购买原材料能在 10 天之内付款，将给予 2%的现金折扣；若超过 10 天付款，则没有现金折扣，需付全额。小李面对这样的条件，不知该如何下手。

案例思考：若向供应商采购一批原材料，不含税价款为 100 000 元，增值税税额为 13 000 元，究竟是应在 10 天之内付款还是超过 10 天付款呢？若是 10 天内付款，增值税也能享受 2%的现金折扣吗？在会计上应如何处理？

第一节 短期借款

短期借款，是指企业向银行或其他金融机构等借入的期限在一年以下（含一年）的各种借款。企业借入的短期借款构成了一项负债。对于企业发生的短期借款，应设置“短期借款”科目进行核算；每个资产负债表日，企业应计算确定短期借款的应计利息，按照应计的金额，借记“财务费用”“利息支出（金融企业）”等科目，贷记“银行存款”“应付利息”等科目。

【例 10-1】华钢股份公司于 20×1 年 9 月 1 日从银行借入 3 个月的短期借款 500 000 元，月利率 0.8%，利息连同本金到期一次归还。华钢股份公司应编制如下会计分录：

（1）20×1 年 9 月 1 日，借到款项时：

借：银行存款　　500 000

　　贷：短期借款　　500 000

（2）借款之后的 9 月末、10 月末、11 月末，计提借款利息时：

借：财务费用　　4 000

　　贷：应付利息　　4 000（500 000×0.8%）

（3）11 月末，还本付息时：

借：应付利息　　12 000

　　短期借款　　500 000

　　贷：银行存款　　512 000

第二节 应付及预收款项

一、应付票据

应付票据是由出票人出票，付款人在指定日期无条件支付特定的金额给收款人或持票人的票据。企业应设置“应付票据”科目进行核算。应付票据按是否带息分为带息应付票据和不带息应付票据两种。

1. 带息应付票据的处理

由于我国商业汇票期限较短，在期末，通常对尚未支付的应付票据计提利息，计入当期财务费用；票据到期支付票款时，尚未计提的利息部分直接计入当期财务费用。

2. 不带息应付票据的处理

不带息应付票据，其面值就是票据到期时的应付金额。开出并承兑的商业承兑汇票不能如期支付的，应在票据到期时将“应付票据”账面价值转入“应付账款”科目，待协商后再行处理。重新签发新的票据以清偿原应付票据的，再从“应付账款”科目转入“应付票据”科目。银行承兑汇票如果票据到期，企业无力支付到期票款的，承兑银行除凭票向持票人无条件付款外，对出票人尚未支付的汇票金额转作逾期贷款处理。企业无力支付到期银行承兑汇票，在接到银行转来的“×××号汇票无款支付转入逾期贷款户”等有关凭证时，借记“应付票据”科目，贷记“短期借款”科目。对计收的利息，按短期借款利息的处理办法处理。

【例 10-2】华钢股份公司于 20×1 年 6 月 1 日从乙公司购买一批原材料，购买价款为 200 000 元，增值税专用发票上注明的增值税为 26 000 元，原材料已验收入库，华钢股份公司签发并承兑一张为期 3 个月的不带息商业承兑汇票付价税款，票据面值为 226 000 元。20×1 年 8 月 31 日，华钢股份公司向乙公司支付到期应付票据的款项 226 000 元，以银行存款支付。华钢股份公司应编制如下会计分录：

（1）20×1 年 6 月 1 日，开出并承兑商业汇票时：

借：原材料　200 000

　　应交税费——应交增值税（进项税额）　26 000

　　贷：应付票据　226 000

（2）20×1 年 8 月 31 日，支付票据款项时：

借：应付票据　226 000

　　贷：银行存款　226 000

【例 10-3】沿用例 10-2 的资料，假设华钢股份公司于 20×1 年 8 月 31 日应付票据到期时无力向乙公司支付票据款 226 000 元，则乙公司应编制如下会计分录：

借：应付票据　226 000

　　贷：应付账款　226 000

华钢股份公司应编制如下会计分录：

借：应付票据　226 000

　　贷：短期借款　226 000

【例 10-4】沿用例 10-2 的资料，假设华钢股份公司将开出的商业汇票向银行申请承兑，同时以银行存款向承兑银行支付相应的承兑手续费 117 元，则华钢股份公司应编制如下会计分录：

借：财务费用　117

　　贷：银行存款　117

【例 10-5】华钢股份公司于 20×0 年 12 月 1 日从乙公司购买一批原材料，购买价款为 200 000 元，增值税专用发票上注明的增值税为 26 000 元，原材料已验收入库。华钢股份公司签发并承兑一张为期 4 个月的带息商业承兑汇票付价税款，票据面值为 226 000 元，票面利率为 5%。20×0 年 12 月 31 日，华钢股份公司应计 12 月份的票据利息。下一年（即 20×1 年）3 月 31 日，华钢股份公司以银行存款如数支付到期应付票据款项。华钢股份公司应编制如下会计分录：

（1）20×0 年 12 月 1 日，开出并承兑商业汇票时：

借：原材料　200 000

　　应交税费——应交增值税（进项税额）　26 000

　　贷：应付票据　226 000

（2）20×0 年 12 月 31 日，应计商业汇票利息时：

商业汇票 1 个月的应付利息=226 000×5%/12=941.67（元）

借：财务费用　941.67

　　贷：应付利息　941.67

（3）20×1 年 3 月 31 日，偿付到期应付票据款项时：

计提 3 个月利息：

借：财务费用　　　　　　　　　　　　　　　　　　　　2 825.01
　　贷：应付利息　　　　　　　　　　　　　　　　　　　　2 825.01

同时：

借：应付票据　　　　　　　　　　　　　　　　　　　226 000
　　应付利息　　　　　　　　　　　　　　　　　　　　3 766.68
　　贷：银行存款　　　　　　　　　　　　　　　　　　　229 766.68

二、应付账款

应付账款指因购买材料、商品或接受劳务供应等而发生的债务。这是买卖双方由于取得物资或服务与支付货款在时间上不一致而产生的负债。

应付账款入账时间的确定，一般应以与所购买物资所有权有关的风险和报酬已经转移或劳务已经接受为标志。但在实际工作中，一般是区别下列情况处理：在物资和发票账单同时到达的情况下，应付账款一般待物资验收入库后才按发票账单登记入账，这主要是为了确认所购入的物资是否在质量、数量和品种上都与合同上注明的条件相符，以免因先入账而在验收入库时发现购入物资错、漏、破损等问题再行调账，在会计期末仍未完成验收的，则先按合理的估计金额将物资和应付债务入账，事后发现问题再行更正；在物资和发票账单未同时到达的情况下，由于应付账款需根据发票账单登记入账，有时货物已到，发票账单要间隔较长时间才能到达，这笔负债已经成立，应作为一项负债反映。为在资产负债表上客观反映企业所拥有的资产和承担的债务，在实际工作中采用在月份终了将所购物资和应付债务估计入账，待下月初再用红字予以冲回的办法。因购买商品等而产生的应付账款，应设置“应付账款”科目进行核算，用以反映这部分负债的价值。

应付账款一般按应付金额入账，而不按到期应付金额的现值入账。如果购入的资产在形成一笔应付账款时是带有现金折扣的，应付账款入账金额的确定按发票上记载的应付金额的总值（即不扣除折扣）记账。在这种方法下，应按发票上记载的全部应付金额，借记有关科目，贷记“应付账款”科目；获得的现金折扣冲减财务费用。

【例 10-6】20×1 年 12 月 1 日，华钢股份公司从乙公司购入 A 材料 400 吨，单价 250 元（不含税价），总价款 100 000 元，增值税税率 13%，增值税进项税额 13 000 元。上述款项尚未支付，材料已验收入库。20×1 年 12 月 10 日，华钢股份公司以银行存款偿付以上款项 113 000 元。华钢股份公司应编制如下会计分录：

（1）20×1 年 12 月 1 日，赊购原材料并入库时：

借：原材料——A 材料　　　　　　　　　　　　　　　100 000
　　应交税费——应交增值税（进项税额）　　　　　　　13 000
　　贷：应付账款——乙公司　　　　　　　　　　　　　　113 000

（2）20×1 年 12 月 10 日，偿付应付款项时：

借：应付账款　　　　　　　　　　　　　　　　　　　113 000
　　贷：银行存款　　　　　　　　　　　　　　　　　　　113 000

【例 10-7】沿用例 10-6 的资料，假设该购货协议约定，华钢股份公司在 15 天内付清货款，可以享受总货款 1%的现金折扣。那么华钢股份公司在 20×1 年 12 月 10 日偿付款项时应编制如下会计分录：

借：应付账款　　113 000
　　贷：银行存款　　111 870
　　　　财务费用　　1 130

三、预收账款

预收账款，是指企业按照合同规定预收的款项。企业应设置“预收账款”科目，核算预收账款的取得、偿付等情况。该科目贷方登记发生的预收账款金额，借方登记企业冲销的预收账款金额；期末贷方余额，反映企业预收的款项，如为借方余额，反映企业尚未转销的款项。本科目一般应按照客户设置的明细科目进行明细核算。

预收账款的设置应视企业的具体情况而定。如果预收账款比较多，可以设置“预收账款”科目；预收账款不多的，也可以不设置“预收账款”科目，直接记入“应收账款”科目的贷方。

【例 10-8】华钢股份公司为增值税一般纳税人，出租有形动产适用的增值税税率为 13%。20×1 年 7 月 1 日，该公司与乙公司签订经营租赁（非主营业务）设备合同，向乙公司出租设备 3 台，期限为 6 个月，3 台设备租金（含税）共计 67 800 元。合同约定，合同签订日预付租金（含税）22 600 元，合同到期结清全部租金余款。合同签订日，华钢股份公司收到租金并存入银行，开具的增值税专用发票注明租金 20 000 元、增值税税额 2 600 元。租赁期满日，华钢股份公司收到租金余款及相应的增值税。华钢股份公司应编制如下会计分录：

（1）收到乙公司预付租金时：

借：银行存款　　22 600
　　贷：预收账款——乙公司　　20 000
　　　　应交税费——应交增值税（销项税额）　　2 600

（2）每月末确认租金收入时：

每月租金收入=[67 800÷(1+13%)]÷6=10 000（元）

借：预收账款——乙公司　　10 000
　　贷：其他业务收入　　10 000

（3）租赁期满收到租金余款及增值税税款时：

借：银行存款　　45 200
　　贷：预收账款——乙公司　　40 000
　　　　应交税费——应交增值税（销项税额）　　5 200

四、合同负债

“合同负债”科目核算企业已收或应收客户对价而应向客户转让商品的义务。该科目贷方登记企业在向客户转让商品之前已经收到或已经取得无条件收取合同对价权利的金额，借方登记企业向客户转让商品时冲销的金额；期末贷方余额，反映企业在向客户转让商品之前已经收到的合同对价或已经取得的无条件收取合同对价权利的金额。该科目按合同进行明细核算。需要说明的是，对于尚未向客户履行转让商品的义务而已收或应收客户对价中的增值税部分，因不符合合同负债的定义，不应确认为合同负债。

【例 10-9】甲公司为增值税一般纳税人，经营一家健身俱乐部。20×1 年 7 月 1 日，某客户与甲公司签订合同，成为甲公司的会员并向甲公司支付会员费 3 816 元，可在未来的 12 个月内在该俱乐部健身，且没有次数的限制。该业务适用的增值税税率为6%。

本例中，客户在会籍期间可随时来俱乐部健身，且没有次数限制，客户已使用俱乐部健身的次数不会影响其未来继续使用的次数，甲公司在该合同下的履约义务是承诺随时准备在客户需要时为其提供健身服务，因此，该履约义务属于在某一时段内履行的履约义务，并且该履约义务在会员的会籍期间内随时间的流逝而被履行。

甲公司应按照直线法确认收入。

每月应当确认的收入=[3 816÷(1+6%)]÷12=300（元）

甲公司应编制如下会计分录：

（1）7月1日，收到会员费时：

借：银行存款	3 816	
贷：合同负债		3 600
应交税费——待转销项税额		216

（2）7月31日，确认收入，同时将对应的待转销项税额确认为销项税额：

借：合同负债	300	
应交税费——待转销项税额	18	
贷：主营业务收入		300
应交税费——应交增值税（销项税额）		18

以后11个月内每月确认收入会计分录同上。

五、应付利息

应付利息是指企业按照合同约定应支付的利息，包括预提短期借款利息、分期付息到期还本的长期借款、企业债券等应支付的利息。

企业应设置“应付利息”科目核算应付利息的发生、支付情况。该科目贷方登记按照合同约定计算的应付利息，借方登记实际支付的利息，期末贷方余额反映企业应付未付的利息。本科目一般应按照债权人设置的明细科目进行明细核算。企业采用合同约定的利率计算确定利息费用时，按应付合同利息金额，借记“财务费用”等科目，贷记“应付利息”科目；实际支付利息时，借记“应付利息”科目，贷记“银行存款”等科目。

第三节 应交税费

企业在一定时期内取得的营业收入和实现的利润或发生特定经营行为，要按照规定向国家交纳各种税金，这些应交的税金应按照权责发生制的原则确认。这些应交的税金在尚未交纳之前形成企业的一项负债。

一、增值税

增值税是以商品（含货物、加工修理修配劳务、服务、无形资产或不动产，以下统称商品）在流转过程中产生的增值额作为计税依据而征收的一种流转税。按照《增值税暂行条例》规定，企业购入商品支付的增值税（即进项税额）可以从销售商品按规定收取的增值税（即销项税额）中抵扣。假定本部分所举例子中确认的收入均符合收入确认条件。

（一）购销业务的会计处理

增值税一般纳税企业发生的应税行为适用一般计税方法计税。在这种方法下，采购等业务进项税额允许抵扣销项税额。在购进阶段，会计处理时实行价与税的分离，属于价款部分，计入购入商品的成本；属于增值税税额部分，按规定计入进项税额。在销售阶段，销售价格中不再含税，如果定价时含税，应还原为不含税价格作为销售收入，向购买方收取的增值税作为销项税额。

一般纳税人应当在“应交税费”科目下设置“应交增值税”“未交增值税”“预缴增值税”“待抵扣进项税额”等明细科目进行核算。“应交税费——应交增值税”明细科目下设置“进项税额”“销项税额抵减”“已交税金”“转出未交增值税”“减免税款”“销项税额”“出口退税”“进项税额转出”“转出多交增值税”等专栏。其中，一般纳税企业发生的应税行为适用简易计税方法的，销售商品时应交纳的增值税额在“简易计税”明细科目核算。

【例 10-10】华钢股份公司为增值税一般纳税人，本期从房地产开发企业购入不动产作为行政办公场所，按固定资产核算。华钢股份公司为购置该项不动产共支付价款和相关税费 8 000 万元，假设其中含增值税 330 万元。根据现行增值税制度规定，华钢股份公司对上述经济业务应作如下账务处理：

借：固定资产	76 700 000	
应交税费——应交增值税（进项税额）	3 300 000	
贷：银行存款		80 000 000

（二）小规模纳税企业发生的应税行为适用简易计税方法计税

在购买商品时，其支付的增值税税额均不计入进项税额，不得由销项税额抵扣，应计入相关成本费用。销售商品时按照销售额和增值税征收率计算增值税额，不得抵扣进项税额。简易计税方法的销售额不包括其应纳税额，纳税人采用销售额和应纳税额合并定价方法的，按照公式“销售额=含税销售额/(1+征收率)”还原为不含税销售额计算。小规模纳税企业“应交税费——应交增值税”科目应采用三栏式账户。

【例 10-11】假设华钢股份公司核定为小规模纳税人，本期购入原材料，按照增值税专用发票上记载的原材料价款为 100 万元，支付的增值税额为 13 万元，企业开出承兑的商业汇票，材料已到达并验收入库（材料按实际成本核算）。该企业本期销售产品，销售价格总额为 90 万元（含税），假定符合收入确认条件，货款尚未收到。该企业适用的增值税征收率为 3%。根据上述经济业务，华钢股份公司应作如下账务处理：

（1）购进货物时：

借：原材料	1 130 000	
贷：应付票据		1 130 000

（2）销售货物时：

不含税价格=900 000÷(1 +3%) =873 786（元）

应交增值税=873 786×3% =26 214（元）

借：应收账款	900 000	
贷：主营业务收入		873 786
应交税费——应交增值税		26 214

（三）视同销售的会计处理

按照增值税有关规定，对于企业将自产、委托加工或购买的货物分配给股东或投资者，将自产、委托加工的货物用于集体福利或个人消费等行为，视同销售货物，需计算交纳增值税。对于税法上某些视同销售的行为，如以自产产品对外投资，从会计角度看属于非货币性资产交换。因此，会计核算遵照非货币性资产交换准则进行会计处理。但是，无论会计上如何处理，只要税法规定需要交纳增值税的，应当计算交纳增值税销项税额，并计入“应交税费——应交增值税”科目中的“销项税额”专栏。

（四）进项税额不予抵扣的情况及抵扣情况发生变化的会计处理

按照增值税有关规定，一般纳税人购进货物、加工修理修配劳务、服务、无形资产或不动产，用于简易计税方法计税项目、免征增值税项目、集体福利或个人消费等，其进项税额不得从销项税额中抵扣的，应当计入相关成本费用，不通过“应交税费——应交增值税（进项税额）”科目核算。

因发生非正常损失或改变用途等，导致原已计入进项税额但按现行增值税制度规定不得从销项税额中抵扣的，应当将进项税额转出，借记“待处理财产损益”“应付职工薪酬”等科目，贷记“应交税费——应交增值税（进项税额转出）”科目。原不得抵扣且未抵扣进项税额的固定资产、无形资产等，因改变用途等用于允许抵扣进项税额的应税项目的，应当在用途改变的次月调整相关资产账面价值，按允许抵扣的进项税额，借记“应交税费——应交增值税（进项税额）”科目，贷记“固定资产”“无形资产”等科目，并按调整后的账面价值计提折旧或摊销。

【例 10-12】华钢股份公司为增值税一般纳税人，本期购入一批材料，增值税专用发票上注明的增值税额为 15.6 万元，材料价款为 120 万元。材料已入库，货款已经支付（假如该企业材料采用实际成本进行核算）。材料入库后，该企业将该批材料全部用于发放职工福利。根据该项经济业务，华钢股份公司可作如下账务处理：

（1）材料入库时：

借：原材料	1 200 000	
应交税费——应交增值税（进项税额）	156 000	
贷：银行存款		1 356 000

（2）用于发放职工福利时：

借：应付职工薪酬	1 356 000	
贷：应交税费——应交增值税（进项税额转出）		156 000
原材料		1 200 000

接例 10-12，假设材料入库后，华钢股份公司将该批材料全部用于办公楼工程建设项目。根据该项经济业务，华钢股份公司可作如下账务处理：

（1）材料入库时：

借：原材料	1 200 000	
应交税费——应交增值税（进项税额）	156 000	
贷：银行存款		1 356 000

（2）工程领用材料时：

借：在建工程	1 200 000	
贷：原材料		1 200 000

（五）差额征税的会计处理

一般纳税企业提供应税服务，按照营业税改征增值税有关规定允许从销售额中扣除其支付给其他单位或个人价款的，在收入采用总额法确认的情况下，减少的销项税额应借记“应交税费——应交增值税（销项税额抵减）”科目，同理，小规模纳税企业应借记“应交税费——应交增值税”科目；在收入采用净额法确认的情况下，按照增值税有关规定确定的销售额计算增值税销项税额并计入“应交税费——应交增值税（销项税额）”。

【例 10-13】华钢股份公司为增值税一般纳税人，选择差额征税的方式。该公司本期向旅游服务购买方收取的含税价款为 530 000 元（含增值税 30 000 元），应支付给其他接团旅游企业的旅游费用和其他单位的相关费用为 424 000 元，其中因允许扣减销售额而减少的销项税额为 24 000 元。根据该项经济业务，华钢股份公司可作如下账务处理：

借：银行存款	530 000	
贷：主营业务收入		500 000
应交税费——应交增值税（销项税额）		30 000
借：主营业务成本	400 000	
应交税费——应交增值税（销项税额抵减）	24 000	
贷：应付账款		424 000

（六）转出多交增值税和未交增值税的会计处理

为了分别反映增值税一般纳税人欠交增值税款和待抵扣增值税的情况，确保企业及时足额上交增值税，避免出现企业用以前月份欠交增值税抵扣以后月份未抵扣的增值税的情况，企业应在“应交税费”科目下设置“未交增值税”明细科目，核算企业月份终了从“应交税费——应交增值税”科目转入的当月未交或多交的增值税；同时，在“应交税费——应交增值税”科目下设置“转出未交增值税”和“转出多交增值税”专栏。月份终了，企业计算出当月应交未交的增值税，借记“应交税费——应交增值税（转出未交增值税）”科目，贷记“应交税费——未交增值税”科目；当月多交的增值税，借记“应交税费——未交增值税”科目，贷记“应交税费——应交增值税（转出多交增值税）”科目。

（七）交纳增值税的会计处理

企业当月交纳当月的增值税，通过“应交税费——应交增值税（已交税金）”科目核算，借记“应交税费——应交增值税（已交税金）”科目（小规模纳税人应借记“应交税费——应交增值税”科目），贷记“银行存款”科目；当月交纳以前各期未交的增值税，通过“应交税费——未交增值税”科目，借记“应交税费——未交增值税”科目，贷记“银行存款”科目。

企业预缴增值税，借记“应交税费——预交增值税”科目，贷记“银行存款”科目。月末，企业应将“预交增值税”明细科目余额转入“未交增值税”明细科目，借记“应交税费——未交增值税”科目，贷记“应交税费——预交增值税”科目。

【例 10-14】华钢股份公司为增值税一般纳税人，20×1 年 5 月预售房地产项目收取的总价款为 1 410 万元，该项目预计 20×1 年 9 月交房，企业按照 5%的预征率在不动产所在地预缴税款。当月，该企业向购房者交付其认购的另一房地产项目，交房项目的总价款为 2 265 万元（其中，销项税额为 165 万元，已预缴 113.25 万元），购房者已于 20×1 年 7 月预交了房款且该企业预缴了增值税。根据该项经济业务，华钢股份公司可作如下账务处理：

（1）预售房地产项目时：

借：银行存款　　14 100 000

　　贷：预收账款　　14 100 000

借：应交税费——预交增值税　　705 000

　　贷：银行存款　　705 000

（2）交付房地产项目时：

借：预收账款　　22 650 000

　　贷：主营业务收入　　21 000 000

　　　　应交税费——应交增值税（销项税额）　　1 650 000

借：应交税费——应交增值税（销项税额）　　1 132 500

　　贷：应交税费——未交增值税　　1 132 500

（八）增值税税控系统专用设备和技术维护费用抵减增值税额的会计处理

按增值税有关规定，初次购买增值税税控系统专用设备支付的费用以及缴纳的技术维护费允许在增值税应纳税额中全额抵减。企业购入增值税税控系统专用设备，按实际支付或应付的金额，借记“固定资产”科目，贷记“银行存款”“应付账款”等科目。按规定抵减的增值税应纳税额，借记“应交税费——应交增值税（减免税款）”科目（小规模纳税人借记“应交税费——应交增值税”科目），贷记“管理费用”科目。

企业发生技术维护费，按实际支付或应付的金额，借记“管理费用”等科目，贷记“银行存款”等科目。按规定抵减的增值税应纳税额，借记“应交税费——应交增值税（减免税款）”科目（小规模纳税人借记“应交税费——应交增值税”科目），贷记“管理费用”等科目。

二、消费税

为了正确引导消费方向，国家在普遍征收增值税的基础上，选择部分消费品再征收一道消费税。消费税的征收方法采取从价定率和从量定额两种方法。实行从价定率办法计征的应纳税额的税基为销售额，如果企业应税消费品的销售额中未扣除增值税税款，或者因不能开具增值税专用发票而发生价款和增值税税款合并收取的，在计算消费税时，按公式“应税消费品的销售额=含增值税的销售额/(1+增值税税率或征收率)”换算为不含增值税税款的销售额。实行从量定额办法计征的应纳税额的销售数量是指应税消费品的数量；属于销售应税消费品的，为应税消费品的销售数量；属于自产自用应税消费品的，为应税消费品的移送使用数量；属于委托加工应税消费品的，为纳税人收回的应税消费品数量；进口的应税消费品，为海关核定的应税消费品进口征税数量。

企业按规定应交的消费税，在“应交税费”科目下设置“应交消费税”明细科目核算。“应交消费税”明细科目的借方发生额，反映实际交纳的消费税和待扣的消费税；贷方发生额，反映按规定应交纳的消费税；期末贷方余额，反映尚未交纳的消费税；期末借方余额，反映多交或待扣的消费税。

（一）产品销售的会计处理

企业销售产品时应交纳的消费税应分情况进行处理：

（1）企业将生产的产品直接对外销售的，对外销售产品应交纳的消费税通过“税金及附加”科目核算；企业按规定计算出应交的消费税，借记“税金及附加”科目，贷记“应交税费——应交消费税”科目。

（2）企业将应税消费品用于在建工程、非生产机构等其他方面的，按规定应交纳的消费税应计入有关的成本。例如，企业以应税消费品用于在建工程项目，应交的消费税计入在建工程成本。

（二）委托加工应税消费品的会计处理

按照税法规定，企业委托加工的应税消费品，由受托方在向委托方交货时代扣代缴税款（除受托加工或翻新改制金银首饰按规定由受托方交纳消费税外）。委托加工的应税消费品，委托方用于连续生产应税消费品的，所纳税款准予按规定抵扣。这里的委托加工应税消费品，是指由委托方提供原料和主要材料，受托方只收取加工费和代垫部分辅助材料加工的应税消费品；对于由受托方提供原材料生产的应税消费品，或者受托方先将原材料卖给委托方，然后再接受加工的应税消费品，以及由受托方以委托方名义购进原材料生产的应税消费品，都不作为委托加工应税消费品，而应当按照销售自制应税消费品交纳消费税。委托加工的应税消费品直接出售的，不再征收消费税。

在会计处理时，需要交纳消费税的委托加工应税消费品，于委托方提货时，由受托方代收代缴税款。受托方按应扣税款金额，借记"应收账款""银行存款"等科目，贷记"应交税费——应交消费税"科目。委托加工应税消费品收回后，直接用于销售的，委托方应将代收代缴的消费税计入委托加工的应税消费品成本，借记"委托加工物资""生产成本"等科目，贷记"应付账款""银行存款"等科目，待委托加工应税消费品销售时，不需要再交纳消费税；委托加工的应税消费品收回后用于连续生产应税消费品，按规定准予抵扣的，委托方应按代收代缴的消费税款，借记"应交税费——应交消费税"科目，贷记"应付账款""银行存款"等科目，待用委托加工的应税消费品生产出应纳消费税的产品销售时，再交纳消费税。

【例 10-15】华钢股份公司委托外单位加工材料（非金银首饰），原材料价款为 20 万元，加工费用为 5 万元，由受托方代收代缴的消费税为 0.5 万元（不考虑增值税），材料已经加工完毕验收入库，加工费用尚未支付。假定该企业材料采用实际成本核算。根据该项经济业务，委托方应作如下账务处理：

（1）如果委托方收回加工后的材料用于继续生产应税消费品，华钢股份公司的账务处理如下：

借：委托加工物资	200 000	
贷：原材料		200 000
借：委托加工物资	50 000	
应交税费——应交消费税	5 000	
贷：应付账款		55 000
借：原材料	250 000	
贷：委托加工物资		250 000

（2）如果委托方收回加工后的材料直接用于销售，华钢股份公司的账务处理如下：

借：委托加工物资	200 000	
贷：原材料		200 000
借：委托加工物资	55 000	
贷：应付账款		55 000
借：原材料	255 000	
贷：委托加工物资		255 000

（三）进出口产品的会计处理

需要交纳消费税的进口消费品，其交纳的消费税应计入该进口消费品的成本，借记“固定资产”“材料采购”等科目，贷记“银行存款”等科目。

免征消费税的出口应税消费品分不同情况进行账务处理：属于生产企业直接出口应税消费品或通过外贸企业出口应税消费品，按规定直接予以免税的，可以不计算应交消费税；属于委托外贸企业代理出口应税消费品的生产企业，应在计算消费税时按应交消费税额，借记“应收账款”科目，贷记“应交税费——应交消费税”科目。应税消费品出口收到外贸企业退回的税金时，借记“银行存款”科目，贷记“应收账款”科目。发生退关、退货而补交已退的消费税，作相反的会计分录。

三、其他应交税费

（一）资源税

资源税是国家对在我国境内开采矿产品或者生产盐的单位和个人征收的一种税。我国对绝大多数矿产品实施从价计征。企业应交资源税，在“应交税费”科目下设置“应交资源税”明细科目核算。按规定计算出销售应税产品应交纳的资源税，借记“税金及附加”科目，贷记“应交税费——应交资源税”科目。

（二）土地增值税

土地增值税是对有偿转让国有土地使用权及地上建筑物和其他附着物，取得增值收入的单位和个人征收的一种税。土地增值税按照转让房地产所取得的增值额和规定的税率计算征收。这里的增值额是指转让房地产所取得的收入减除规定扣除项目金额后的余额。企业转让房地产所取得的收入，包括货币收入、实物收入和其他收入。计算土地增值额的主要扣除项目有：

（1）取得土地使用权所支付的金额。

（2）开发土地的成本、费用。

（3）新建房屋及配套设施的成本、费用，或者旧房及建筑物的评估价格。

（4）与转让房地产有关的税金。

在会计处理时，企业交纳的土地增值税通过“应交税费——应交土地增值税”科目核算。兼营房地产业务的企业，应由当期收入负担的土地增值税，借记“税金及附加”科目，贷记“应交税费——应交土地增值税”科目。转让的国有土地使用权与其地上建筑物及其附着物一并在“固定资产”或“在建工程”科目核算的，转让时应交纳的土地增值税，借记“固定资产清理”“在建工程”科目，贷记“应交税费——应交土地增值税”科目。企业在项目全部竣工结算前转让房地产取得的收入，按税法规定预交的土地增值税，借记“应交税费——应交土地增值税”科目，贷记“银行存款”等科目；待该项房地产销售收入实现时，再按上述销售业务的会计处理方法进行处理。该项目全部竣工、办理结算后进行清算，收到退回多交的土地增值税，借记“银行存款”等科目，贷记“应交税费——应交土地增值税”科目；补交的土地增值税，作相反的会计分录。

（三）房产税、土地使用税、车船税和印花税

房产税是国家对在城市、县城、建制镇和工矿区征收的由产权所有人交纳的一种税。房产税依照房产原值一次减除 10%～30%后的余额计算交纳。没有房产原值作为依据的，由房产所在地税务机关参考同类房产核定；房产出租的，以房产租金收入为房产税的计税依据。

土地使用税是国家为了合理利用城镇土地，调节土地级差收入，提高土地使用效益，加强土地管理而开征的一种税，以纳税人实际占用的土地面积为计税依据，依照规定税额计算征收。

车船税由拥有并且使用车船的单位和个人交纳。车船税按照适用税额计算交纳，企业按规定计算应交的房产税、土地使用税、车船税时，借记“税金及附加”科目，贷记“应交税费——应交房产税（或土地使用税、车船税）”科目；上交时，借记“应交税费——应交房产税（或土地使用税、车船税）”科目，贷记“银行存款”科目。

印花税是对经济活动和经济交往中书立、领受具有法律效力的凭证的行为所征收的一种税，实行由纳税人根据规定自行计算应纳税额，购买并一次贴足印花税票的交纳方法。企业交纳的印花税，是由纳税人根据规定自行计算应纳税额以购买并一次贴足印花税票的方法交纳的税款，即一般情况下，企业需要预先购买印花税票，待发生应税行为时，再根据凭证的性质和规定的比例税率或者按件计算应纳税额，将已购买的印花税票粘贴在应纳税凭证上，并在每枚税票的骑缝处盖戳注销或者划销，办理完税手续。企业交纳的印花税，不会发生应付未付税款的情况，不需要预计应纳税金额，同时也不存在与税务机关结算或清算的问题。因此，企业交纳的印花税不需要通过“应交税费”科目核算，于购买印花税票时直接借记“税金及附加”科目，贷记“银行存款”科目。

（四）城市维护建设税

为了加强城市的维护建设，扩大和稳定城市维护建设资金的来源，国家开征了城市维护建设税。在会计核算时，企业按规定计算出的城市维护建设税，借记“税金及附加”等科目，贷记“应交税费——应交城市维护建设税”科目；实际上交时，借记“应交税费——应交城市维护建设税”科目，贷记“银行存款”科目。

（五）所得税

企业的生产、经营所得和其他所得，依照有关所得税法及其细则的规定需要交纳所得税。企业应交纳的所得税，在“应交税费”科目下设置“应交所得税”明细科目核算；当期应计入损益的所得税，作为一项费用，在净收益前扣除。企业按照一定方法计算，计入损益的所得税，借记“所得税费用”等科目，贷记“应交税费——应交所得税”科目。

（六）耕地占用税

耕地占用税是国家为了利用土地资源，加强土地管理，保护农用耕地而征收的一种税。耕地占用税以实际占用的耕地面积计税，按照规定税额一次征收。企业交纳的耕地占用税，不需要通过“应交税费”科目核算。企业按规定计算交纳耕地占用税时，借记“在建工程”科目，贷记“银行存款”科目。

第四节 应付职工薪酬

一、职工的概念

职工，是指与企业订立劳动合同的所有人员，含全职、兼职和临时职工，也包括虽未与企业订立劳动合同但由企业正式任命的人员。具体而言包括以下人员：

（1）与企业订立劳动合同的所有人员，含全职、兼职和临时职工。按照《中华人民共和国劳动法》和《中华人民共和国劳动合同法》的规定，企业作为用人单位与劳动者应订立劳动合同。职工首先包括这部分人员，即与企业订立了固定期限、无固定期限和以完成一定的工作作为期限的劳动合同的所有人员。

（2）未与企业订立劳动合同但由企业正式任命的人员，如董事会成员、监事会成员等。企业设立董事会和监事会的，对其支付的津贴、补贴等报酬在性质上属于职工薪酬。

（3）在企业的计划和控制下，虽未与企业订立劳动合同或未由其正式任命，但向企业所提供服务与职工所提供服务类似的人员也属于职工的范畴，包括通过企业与劳务中介公司签订用工合同而向企业提供服务的人员。如果企业不使用这些劳务用工人员，也需要雇佣职工订立劳动合同提供类似服务，因而这些劳务用工人员属于职工。

二、职工薪酬的概念及分类

职工薪酬，是指企业为获得职工提供的服务或终止劳动合同关系而给予的各种形式的报酬。企业提供给职工配偶、子女、受赡养人、已故员工遗属及其他受益人等的福利，也属于职工薪酬。职工薪酬主要包括短期薪酬、离职后福利、辞退福利和其他长期职工福利。

（一）短期薪酬

短期薪酬，是指企业预期在职工提供相关服务的年度报告期间结束后 12 个月内将全部予以支付的职工薪酬，因解除与职工的劳动关系给予的补偿除外。因解除与职工的劳动关系给予的补偿属于辞退福利的范畴。短期薪酬主要包括：

（1）职工工资、奖金、津贴和补贴：是指按照构成工资总额的计时工资、计件工资、支付给职工的超额劳动报酬等的劳动报酬，为了补偿职工特殊或额外的劳动消耗和因其他特殊原因支付给职工的津贴，为了保证职工工资水平不受物价影响而支付给职工的物价补贴等。企业的短期奖金计划属于短期薪酬，长期奖金计划属于其他长期职工福利。

（2）职工福利费：是指企业为职工提供的除职工工资、奖金、津贴和补贴、职工教育经费、社会保险费及住房公积金等以外的福利待遇支出，包括发放给职工或为职工支付的以下各项现金补贴和非货币性集体福利：一是为职工卫生保健、生活等发放或支付的各项现金补贴和非货币性福利，包括职工因公外地就医费用、职工疗养费用、防暑降温费等；二是企业尚未分离的内设集体福利部门所发生的设备、设施和人员费用；三是发放给在职职工的生活困难补助以及按规定发生的其他职工福利支出，如丧葬补助费、抚恤费、职工异地安家费、独生子女费等。

（3）医疗保险费、工伤保险费和生育保险费等社会保险费：是指企业按照国家规定的基准和比例计算，向社会保险经办机构缴纳的医疗保险费、工伤保险费和生育保险费。

（4）住房公积金：是指企业按照国家规定的基准和比例计算，向住房公积金管理机构缴存的住房公积金。

（5）工会经费和职工教育经费：是指企业为了改善职工文化生活、为职工学习先进技术和提高文化水平与业务素质，用于开展工会活动和职工教育及职业技能培训等的相关支出。

（6）短期带薪缺勤：是指企业支付工资或提供补偿的职工缺勤，包括年休假、病假、短期伤残、婚假、产假、丧假、探亲假等。

（7）短期利润分享计划：是指因职工提供服务而与职工达成的基于利润或其他经营成果提供薪酬的协议。长期利润分享计划属于其他长期职工福利。

（8）非货币性福利：是指企业以自己的产品或外购商品发放给职工作为福利、企业提供给职工无偿使用自己拥有的资产或租赁资产供职工无偿使用等。

（9）其他短期薪酬：是指除上述薪酬以外的其他为获得职工提供的服务而给予的短期薪酬。

（二）离职后福利

离职后福利，是指企业为获得职工提供的服务而在职工退休或与企业解除劳动关系后提供的各种形式的报酬和福利，属于短期薪酬和辞退福利的除外。

离职后福利计划，是指企业与职工就离职后福利达成的协议或者企业为向职工提供离职后福利制定的规章或办法等。离职后福利计划按其特征可以分为设定提存计划和设定受益计划。其中，设定提存计划，是指向独立的基金缴存固定费用后，企业不再承担进一步支付义务的离职后福利计划。设定受益计划，是指除设定提存计划以外的离职后福利计划。

（三）辞退福利

辞退福利，是指企业在职工劳动合同到期之前解除与职工的劳动合同关系，或者为鼓励职工自愿接受裁减而给予职工的补偿。辞退福利主要包括：

（1）在职工劳动合同尚未到期前，不论职工本人是否愿意，企业决定解除与职工的劳动关系而给予的补偿。

（2）在职工劳动合同尚未到期前，为鼓励职工自愿接受裁减而给予的补偿，职工有权利选择继续在职或接受补偿离职。

辞退福利通常采取解除劳动关系时一次性支付补偿的方式，也有通过提高退休后养老金或其他离职后福利的标准，或者在职工不再为企业带来经济利益后将职工工资支付到辞退后未来某一期间的方式。

根据辞退福利的定义和包括的内容，企业应当区分辞退福利与正常退休养老金。辞退福利是在职工与企业签订的劳动合同到期前，企业根据法律与职工本人或职工代表（工会）签订的协议，或者基于商业惯例，承诺当其提前终止对职工的雇佣关系时支付的补偿，引发补偿的事项是辞退，因此企业应当在辞退时进行确认和计量；职工在正常退休时获得的养老金，是其与企业签订的劳动合同到期时或者职工达到了国家规定的退休年龄时获得的退休后生活补偿金额，此种情况下给予补偿的事项是职工在职时提供的服务而不是退休本身，因此，企业应当在职工提供服务的会计期间确认和计量。

另外，职工虽然没有与企业解除劳动合同，但未来不再为企业提供服务，不能为企业带来经济利益，企业承诺提供实质上具有辞退福利性质的经济补偿的，发生“内退”的情况，在其正式退休日期之前应当比照辞退福利处理；在其正式退休日期之后，应当按照离职后福利处理。

（四）其他长期职工福利

其他长期职工福利，是指除短期薪酬、离职后福利、辞退福利之外所有的职工薪酬，包括长期带薪缺勤、长期残疾福利、长期利润分享计划等。

三、短期薪酬的确认与计量

企业应当在职工为其提供服务的会计期间将实际发生的短期薪酬确认为负债，并计入当期损益，其他会计准则要求或允许计入资产成本的除外。

（一）货币性短期薪酬

职工的工资、奖金、津贴和补贴，大部分的职工福利费，医疗保险费、工伤保险费和生育保险费等社会保险费，住房公积金，工会经费和职工教育经费一般属于货币性短期薪酬。

企业应当根据职工提供服务情况和工资标准计算应计入职工薪酬的工资总额，按照受益对象计入当期损益或相关资产成本，借记“生产成本”“制造费用”“管理费用”等科目，贷记“应付职工薪酬”科目。发放时，借记“应付职工薪酬”，贷记“银行存款”等科目。企业发生的职工福利费，应当在实际发生时根据实际发生额计入当期损益或相关资产成本。

企业为职工缴纳的医疗保险费、工伤保险费、生育保险费等社会保险费和住房公积金，以及按规定提取的工会经费和职工教育经费，应当在职工为其提供服务的会计期间，根据规定的计提基础和计提比例计算确定相应的职工薪酬金额，并确认相关负债，按照受益对象计入当期损益或相关资产成本。其中：

（1）医疗保险费、工伤保险费、生育保险费和住房公积金，企业应当按照国务院、所在地政府或企业年金计划规定的标准，计量应付职工薪酬义务和应相应计入成本费用的薪酬金额。

（2）工会经费和职工教育经费，企业应当分别按照职工工资总额的2%和1.5%的计提标准，计量应付职工薪酬（工会经费、职工教育经费）义务金额和应相应计入成本费用的薪酬金额；从业人员技术要求高、培训任务重、经济效益好的企业，可根据国家相关规定，按照职工工资总额的2.5%计量应计入成本费用的职工教育经费。按照明确标准计算确定应承担的职工薪酬义务后，再根据受益对象计入当期损益或相关资产成本。

【例10-16】20×1年6月，华钢股份公司当月应发工资1 560万元，其中生产部门直接生产人员工资1 000万元，生产部门管理人员工资200万元，公司管理部门人员工资360万元。根据所在地政府规定，公司分别按照职工工资总额的10%和8%计提医疗保险费和住房公积金缴纳给当地社会保险经办机构和住房公积金管理机构。公司分别按照职工工资总额的2%和1.5%计提工会经费和职工教育经费。假定不考虑所得税影响。

应计入生产成本的职工薪酬金额=1 000＋1 000×(10%＋8%＋2%＋1.5%)=1 215（万元）

应计入制造费用的职工薪酬金额=200＋200×(10%＋8%＋2%＋1.5%)=243（万元）

应计入管理费用的职工薪酬金额=360＋360×(10%＋8%＋2%＋1.5%)=437.4（万元）

华钢股份公司应根据上述业务作如下账务处理：

借：生产成本	12 150 000	
制造费用	2 430 000	
管理费用	4 374 000	
贷：应付职工薪酬——工资		15 600 000
——医疗保险费		1 560 000
——住房公积金		1 248 000
——工会经费		312 000
——职工教育经费		234 000

（二）带薪缺勤

企业对各种原因产生的缺勤进行补偿，比如年休假、病假、短期伤残假、婚假、产假、丧假、探亲假等。带薪缺勤应当分为累积带薪缺勤和非累积带薪缺勤两类。

1. 累积带薪缺勤

累积带薪缺勤，是指带薪权利可以结转下期的带薪缺勤，本期尚未用完的带薪缺勤权利可以在未来期间使用。企业应当在职工提供了服务从而增加了其未来享有的带薪缺勤权利时确认与累积带薪缺勤相关的职工薪酬，并以累积未行使权利而增加的预期支付金额计量。

有些累积带薪缺勤在职工离开企业时，对未行使的权利职工有权获得现金支付。如果职工在离开企业时能够获得现金支付，企业就应当确认企业必须支付的、职工全部累积未使用权利的金额。如果职工在离开企业时不能获得现金支付，则企业应当根据资产负债表日因累积未使用权利而导致的预期支付的追加金额作为累积带薪缺勤费用进行预计。

【例 10-17】华钢股份公司共有 1 000 名职工，从 20×0 年 1 月 1 日起，该公司实行累积带薪缺勤制度。该制度规定，每个职工每年可享受 5 个工作日带薪年休假，未使用的年休假只能向后结转一个日历年度，超过一年未使用的权利作废，不能在职工离开公司时获得现金支付；职工休年休假是以后进先出为基础，即首先从当年可享受的权利中扣除，再从上年结转的带薪年休假余额中扣除；职工离开公司时，公司对职工未使用的累积带薪年休假不支付现金。

20×0 年 12 月 31 日，每个职工当年平均未使用带薪年休假为 2 天。根据过去的经验并预期该经验将继续适用，华钢股份公司预计下一年即 20×1 年有 950 名职工将享受不超过 5 天的带薪年休假，剩余 50 名职工每人将平均享受 6 天半年休假，假定这 50 名职工全部为总部各部门经理，该公司平均每名职工每个工作日工资为 300 元。

分析：华钢股份公司在 20×0 年 12 月 31 日应当预计由于职工累积未使用的带薪年休假权利而导致预期将支付的工资负债，即相当于 75（50×1.5）天的年休假工资 22 500（75×300）元，并作如下账务处理：

借：管理费用　　22 500
　　贷：应付职工薪酬——累积带薪缺勤　　22 500

20×1 年，如果 50 名职工均未享受累积未使用的带薪年休假，则冲回上年度确认的费用：

借：应付职工薪酬——累积带薪缺勤　　22 500
　　贷：管理费用　　22 500

20×1 年，如果 50 名职工均享受了累积未使用的带薪年休假，则 20×1 年确认的工资费用应扣除上年度已确认的累积带薪费用。

2. 非累积带薪缺勤

非累积带薪缺勤，是指带薪权利不能结转下期的带薪缺勤，本期尚未用完的带薪缺勤权利将予以取消，并且职工离开企业时也无权获得现金支付。我国企业职工休婚假、产假、丧假、探亲假、病假期间的工资通常属于非累积带薪缺勤。由于职工提供服务本身不能增加其能够享受的福利金额，企业在职工未缺勤时不应当计提相关费用和负债；企业应在职工缺勤时确认职工享有的带薪权利，即视同职工出勤确认的相关资产成本或当期费用。企业应当在缺勤期间计提应付工资时一并处理。

企业应当在职工实际发生缺勤的会计期间确认与非累积带薪缺勤相关的职工薪酬。

（三）短期利润分享计划

企业制定有利润分享计划的，如规定当职工在企业工作了特定期限后能够享有按照企业净利润的一定比例计算的薪酬，如果职工在企业工作到特定期末其提供的服务就会增加企业应付职工薪酬金额，或者尽管企业没有支付这类薪酬的法定义务，但是有支付此类薪酬的惯例，或者说企业除了支付此类薪酬外没有其他现实的选择，企业应当及时按照相关的规定进行有关会计处理。

利润分享计划同时满足下列条件的，企业应当确认相关的应付职工薪酬，并计入当期损益或相关资产成本：

（1）企业因过去事项导致现在具有支付职工薪酬的法定义务。

（2）因利润分享计划所产生的应付职工薪酬义务能够可靠估计。

属于以下 3 种情形之一的，视为义务金额能够可靠估计：

（1）在财务报告批准报出之前企业已确定应支付的薪酬金额。

（2）该利润分享计划的正式条款中包括确定薪酬金额的方式。

（3）过去的惯例为企业确定推定义务金额提供了明显证据。

企业根据企业经济效益增长的实际情况提取的奖金属于奖金计划，应当比照利润分享计划进行处理。

职工只有在企业工作一段特定期间才能分享利润的，企业在计量利润分享计划产生的应付职工薪酬时应当反映职工因离职而没有得到利润分享计划支付的可能性。

如果企业在职工为其提供相关服务的年度报告期间结束后12个月内不需要全部支付利润分享计划产生的应付职工薪酬，该利润分享计划应当适用其他长期职工福利的有关规定。

（四）非货币性福利

企业向职工提供非货币性福利的，应当按照公允价值计量。公允价值不能可靠取得的，可以采用成本计量。

企业向职工提供的非货币性福利应当分情况处理：

（1）以自产产品或外购商品发放给职工作为福利。

企业以其生产的产品作为非货币性福利提供给职工的，应当按照该产品的公允价值和相关税费计量应计入成本费用的职工薪酬金额，相关收入的确认、销售成本的结转和相关税费的处理与正常商品销售相同。以外购商品作为非货币性福利提供给职工的，应当按照该商品的公允价值和相关税费计入成本费用。

需要注意的是，在以自产产品或外购商品发放给职工作为福利的情况下，企业在进行账务处理时，应当先通过“应付职工薪酬”科目归集当期应计入成本费用的非货币性薪酬金额。

【例 10-18】华钢股份公司共有职工 200 名，20×1 年 7 月公司以其生产的成本为 10 000 元的高级笔记本电脑和外购的每部不含税价格为1 000元的手机作为春节福利发放给公司每名职工。该型号笔记本电脑的售价为每台 14 000 元，华钢股份公司适用的增值税税率为 13%，已开具增值税专用发票；华钢股份公司以银行存款支付了购买手机的价款和增值税进项税额，已取得增值税专用发票，适用的增值税税率为 13%。假定 200 名职工中 170 名为直接参加生产的职工，30 名为总部管理人员。

分析：华钢股份公司以自己生产的产品作为福利发放给职工，应计入成本费用的职工薪酬金额以公允价值计量，计入主营业务收入，产品按照成本结转，但要根据相关税收规定视同销售计算增值税销项税额。外购商品发放给职工作为福利，应当将交纳的增值税进项税额计入成本费用。

笔记本电脑的售价总额=14 000×170+14 000×30 =2 380 000+420 000=2 800 000（元）

笔记本电脑的增值税销项税额=170×14 000×13% +30×14 000×13% =364 000（元）

1）华钢股份公司决定发放非货币性福利时，应作如下账务处理：

借：生产成本　　2 689 400

　　管理费用　　474 600

　　贷：应付职工薪酬——非货币性福利　　3 164 000

2）实际发放笔记本电脑时，应作如下账务处理：

借：应付职工薪酬——非货币性福利　　3 164 000

　　贷：主营业务收入　　2 800 000

　　　　应交税费——应交增值税（销项税额）　　364 000

借：主营业务成本　　2 000 000

　　贷：库存商品　　2 000 000

手机的售价总额=170×1 000 +30×1 000 = 170 000 + 30 000=200 000（元）

手机的进项税额=170×1 000×13% + 30×1 000×13% = 26 000（元）

3）华钢股份公司决定发放非货币性福利时，应作如下账务处理：

借：生产成本　　192 100

　　管理费用　　33 900

　　贷：应付职工薪酬——非货币性福利　　226 000

4）购买手机时，华钢股份公司应作如下账务处理：

借：库存商品　　200 000

　　应交税费——应交增值税（进项税额）　　26 000

　　贷：银行存款　　226 000

借：应付职工薪酬——非货币性福利　　226 000

　　贷：库存商品　　200 000

　　　　应交税费——应交增值税（进项税额转出）　　26 000

（2）将拥有的房屋等资产无偿提供给职工使用或租赁住房等资产供职工无偿使用。

企业将拥有的房屋等资产无偿提供给职工使用的，应当根据受益对象将住房每期的公允价值计入当期损益或相关资产成本，同时确认应付职工薪酬。公允价值无法可靠取得的，可以按照成本计量。

租赁住房等资产供职工无偿使用的，应当根据受益对象将每期应付的租金计入相关资产成本或当期损益，并确认应付职工薪酬。

【例 10-19】20×1 年华钢股份公司为总部各部门经理级别以上职工提供自建单位宿舍免费使用，同时为副总裁以上高级管理人员每人租赁一套住房。该公司总部共有部门经理以上职工 60 名，每人提供一间单位宿舍免费使用，假定每间单位宿舍每月计提折旧 1 000 元；该公司共有副总裁以上高级管理人员 10 名，公司为其每人租赁一套月租金为 10 000 元的公寓。该公司每月应作如下账务处理：

借：管理费用　　60 000

　　贷：应付职工薪酬——非货币性福利　　60 000

借：应付职工薪酬——非货币性福利　　60 000

　　贷：累计折旧　　60 000

借：管理费用　　100 000

贷：应付职工薪酬——非货币性福利 100 000

借：应付职工薪酬——非货币性福利 100 000

贷：其他应付款 100 000

（3）向职工提供企业支付了补贴的商品或服务。

企业有时以低于企业取得资产或服务成本的价格向职工提供资产或服务，比如以低于成本的价格向职工出售住房、以低于企业支付的价格向职工提供医疗保健服务。以提供包含补贴的住房为例，企业在出售住房等资产时，应当将此类资产的公允价值与其内部售价之间的差额（即相当于企业补贴的金额）分情况处理：

1）如果出售住房的合同或协议中规定了职工在购得住房后至少应当提供服务的年限，且如果职工提前离开则应退回部分差价，企业应当将该项差额作为长期待摊费用处理，并在合同或协议规定的服务年限内平均摊销，根据受益对象分别计入相关资产成本或当期损益。

2）如果出售住房的合同或协议中未规定职工在购得住房后必须服务的年限，企业应当将该项差额直接计入出售住房当期相关资产成本或当期损益。

第五节 应付股利及其他应付款

一、应付股利

应付股利，是指企业经股东大会或类似机构审议批准分配的现金股利或利润。企业股东大会或类似机构审议批准的利润分配方案、宣告分派的现金股利或利润，在实际支付前，形成企业的负债。企业经股东大会或类似机构审议批准的利润分配方案，按应支付的现金股利或利润分配时，借记“利润分配”科目，贷记“应付股利”；实际支付现金股利或利润时，借记“应付股利”科目，贷记“银行存款”等科目。

企业董事会或类似机构通过的利润分配方案中拟分配的现金股利或利润不应确认为负债，但应在附注中披露。

二、其他应付款

其他应付款，是指企业除应付票据、应付账款、预收账款、应付职工薪酬、应付利息、应付股利、应交税费、长期应付款等以外的其他各项应付、暂收的款项。

企业采用售后回购方式融入资金的，应按实际收到的金额，借记“银行存款”科目，贷记“其他应付款”“应交税费”等科目。约定的回购价格与原销售价格之间的差额应在售后回购期间内按期计提利息费用，借记“财务费用”科目，贷记“其他应付款”科目。按照合同约定购回该项商品时应按实际支付的金额，借记“其他应付款”“应交税费”科目，贷记“银行存款”科目。

企业发生的其他各种应付、暂收款项，借记“管理费用”等科目，贷记“其他应付款”科目；支付的其他各种应付、暂收款项，借记“其他应付款”科目，贷记“银行存款”等科目。

导入案例分析：该笔业务华钢股份公司总共需要支付 113 000 元的款项，若是 10 天内付款，可以享受 2%的现金折扣，则少付 2 260 元，该公司可以抵扣的进项税额还是 13 000 元，因此该公司选择 10 天内付款。华钢股份公司的账务处理如下：

（1）采购业务发生时的账务处理：

借：原材料　　100 000

　　应交税费——应交增值税（进项税额）　　13 000

　　贷：应付账款——供应商　　113 000

（2）10 天内付款时的账务处理：

借：应付账款——供应商　　113 000

　　贷：银行存款　　110 740

　　　　财务费用　　2 260

第十一章　非流动负债

学习目标

1. 掌握长期借款和应付债券取得、期末计息、到期偿还的核算。
2. 理解长期应付款的核算方法。
3. 了解长期借款的含义及特点、长期应付款的核算内容。

知识框架

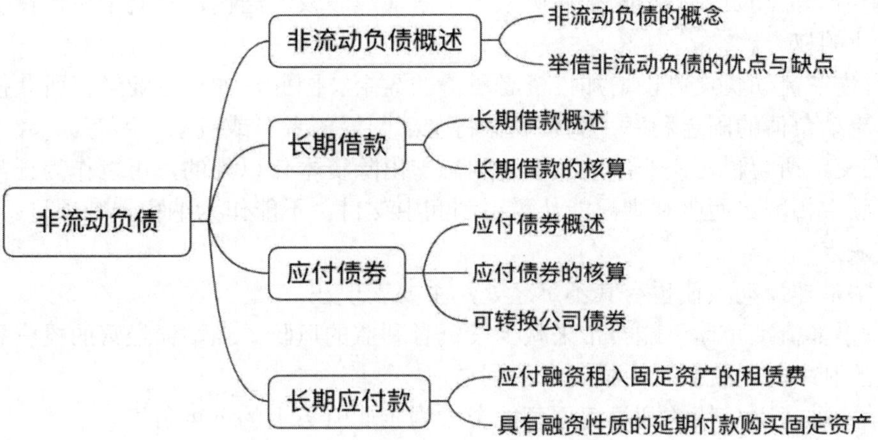

导入案例

案例：受银行严控钢铁企业的贷款规模影响，为了保障资金链安全接续，华钢股份公司决定发行公司债券来筹集生产发展所需资金。公司为了购建一项固定资产，经批准溢价发行5年期一次还本、分期付息的公司债券10 000 000元，债券利息在每年12月31日支付，票面利率为年利率6%（假定债券发行时的市场利率为5%）。

案例思考：华钢股份公司为什么要现在发行债券？其与发行股票对公司财务报表的影响有什么不同？该公司应如何对该项债券筹资进行账务处理？

第一节　非流动负债概述

一、非流动负债的概念

非流动负债是指偿还期在一年或超过一年的一个营业周期以上的债务。它是企业向债权人筹集的、可供长期使用的资金，不需要动用企业的流动资产在短期内支付。非流动负债主要包括长期借款、应付债券和长期应付款等。

一般来说，企业为了满足生产经营的需要，特别是为了拓展企业的经营规模，有必要购建大型机械设备、地产，增建或扩建厂房等。这些都需要企业投入大量的需长期占用的资金，而企业所拥有的生产经营资金是无法满足这些需要的，因此需要筹集长期资金。筹集长期资金的方式有两种：一是由投资者投入新的资本（或由股东追加投资，增发新股）；二是举借非流动负债，即通常所说的“举债经营”，主要有签发长期应付票据、发行企业债券、向银行或其他金融机构举借长期借款。当企业预期的投资利润率高于非流动负债的利率时，企业常常选择这一筹资方式。

二、举借非流动负债的优点与缺点

（一）优点

从投资者（或股东）的角度看，与增加投入资本相比，举借非流动负债有以下优点：

（1）举借非流动负债不影响企业原来的资本（或股权）结构，有利于保持投资者（或股东）控制企业的权力。

（2）举借非流动负债可以增加投资者所得的盈余。因此，如果企业经营所获得的投资利润率高于非流动负债的固定利率，剩余利益将全部归投资者（或股东）所有。

（3）在交纳所得税时，非流动负债的利息支出除资本化以外的，可以作为正常的经营费用从利润总额中扣减。而股利则只能从税后利润中支付，不能作为纳税扣减项目。

（二）缺点

当然，举借非流动负债也有其不足之处，主要表现在：

（1）举借非流动负债可能会带来减少投资者利益的风险。当举债经营的投资利润率低于非流动负债的利率时，就会减少投资者的利益。

（2）举借非流动负债的利息费用可能会成为企业财务上的沉重负担。

（3）举借非流动负债会给企业带来较大的财务风险。非流动负债一般有明确的到期日，如果企业无法及时支付利息或按期偿还本金，债权人的要求权可能会迫使企业进行破产清算。

可见，举债经营是一把“双刃剑”，企业应进行合理的财务决策，适度举债。一方面，要保证举债经营的投资利润率高于非流动负债的利率；另一方面，举债经营的程度应与企业的资本结构和偿债能力相适应。

第二节 长期借款

一、长期借款概述

长期借款，是指企业从银行或其他金融机构借入的期限在一年以上（不含一年）的各项借款。长期借款一般用于固定资产的购建、改扩建工程、大修理工程、对外投资以及为了保持长期经营能力等方面，是企业非流动负债的重要组成部分。长期借款是目前我国企业获得非流动负债资金的主要筹资方式，它的债权人为银行或其他金融机构，具有筹资速度快、筹资弹性大等优点。

长期借款利息的计算方法有单利计息和复利计息两种。单利计息是指借款期内只对长期借款的本金计算利息，所生利息不加入本金重复计算利息；复利计息是指借款期内不仅对长期借款的本金计算利息，而且要将所生利息加入本金再计利息。

长期借款利息费用符合资本化条件的，应当计入相关资产的成本；不符合资本化条件的，直接计入当期损益。

二、长期借款的核算

长期借款的核算主要包括借款本金借入和归还的核算、借款利息的核算、外币借款发生的汇兑损益的核算等。长期借款的核算应设置“长期借款”科目，核算企业借入的长期借款的本金、利息、外币借款的折合差额等。期末贷方余额反映企业尚未偿还的长期借款的摊余成本。该科目按贷款单位和贷款种类分设“本金”“利息调整”等科目进行明细核算。

（一）取得长期借款

企业借入长期借款时，应按实际收到的金额，借记“银行存款”科目，贷记“长期借款——本金”科目；如存在差额，还应借记“长期借款——利息调整”科目。

【例 11-1】甲企业于 20×6 年 11 月 30 日从银行借入资金 2 000 000 元，借款期限为 3 年，年利率为 8.4%（到期一次还本付息，不计复利）。所借款项已存入银行。甲企业用该借款于当日购买不需要安装的设备一台，价款 1 900 000 元，另支付运杂费及保险费 100 000 元，设备已于当日投入使用。不考虑借款发生的手续费和设备购置时发生的相关税费。

20×6 年 11 月 30 日，甲企业的有关会计处理如下：

（1）取得借款时：

借：银行存款　　2 000 000

　　贷：长期借款——本金　　2 000 000

（2）支付设备款和运杂费、保险费时：

借：固定资产　　2 000 000

　　贷：银行存款　　2 000 000

（二）资产负债表日

资产负债表日，企业应按摊余成本和实际利率计算确定长期借款的利息费用。长期借款计算确定的利息费用应当按以下原则计入有关成本、费用：属于筹建期间的，计入管理费用；属于生产经营期间的，计入财务费用。如果长期借款用于购建固定资产的，在固定资产尚未达到预定可使用状态前所发生的应当资本化的利息支出，计入在建工程成本；固定资产达到预定可使用状态后发生的利息支出以及按规定不予资本化的利息支出，计入财务费用。

【例 11-2】接例 11-1，甲企业于 20×6 年 12 月 31 日计提长期借款利息（甲企业按月计提利息）。甲企业的有关会计处理如下：

借：财务费用　　14 000

　　贷：长期借款——应计利息　　14 000

分期付息、一次还本的长期借款，其利息通过“应付利息”科目核算；到期一次还本付息的长期借款，其利息通过“长期借款——应计利息”科目核算。

（三）归还长期借款本金

企业归还长期借款的本金时，应按归还的金额，借记“长期借款——本金”科目，贷记

“银行存款”科目；按归还的利息，借记“应付利息”或“长期借款——应计利息”科目，贷记“银行存款”科目。

【例 11-3】接例 11-2，20×9 年 11 月 30 日，甲企业偿还该项银行借款本息。甲企业的有关会计处理如下：

借：财务费用　　14 000
　　长期借款——本金　　2 000 000
　　　　　　——应计利息　　490 000
　贷：银行存款　　2 504 000

【例 11-4】某企业为建造一幢厂房，于 20×0 年 1 月 1 日借入期限为 2 年的长期专门借款 1 500 000 元，款项已存入银行。借款利率按市场利率确定为 9%，每年付息一次，期满后一次还清本金。20×0 年年初，该企业以银行存款支付工程价款共计 900 000 元，20×1 年年初，又以银行存款支付工程费用 600 000 元。该厂房于 20×1 年 8 月 31 日完工，达到预定可使用状态。假定不考虑闲置专门借款资金存款的利息收入或投资收益。

该企业有关账务处理如下：

（1）20×0 年 1 月 1 日，取得借款时：

借：银行存款　　1 500 000
　贷：长期借款——××银行——本金　　1 500 000

（2）20×0 年年初，支付工程款时：

借：在建工程——××厂房　　900 000
　贷：银行存款　　900 000

（3）20×0 年 12 月 31 日，计算 20×0 年应计入工程成本的利息费用时：

借款利息=1 500 000×9%=135 000（元）

借：在建工程——××厂房　　135 000
　贷：应付利息——××银行　　135 000

（4）20×0 年 12 月 31 日，支付借款利息时：

借：应付利息——××银行　　135 000
　贷：银行存款　　135 000

（5）20×1 年年初，支付工程款时：

借：在建工程——××厂房　　600 000
　贷：银行存款　　600 000

（6）20×1 年 8 月 31 日，工程达到预定可使用状态时：

该期应计入工程成本的利息=(1 500 000×9%÷12)×8=90 000（元）

借：在建工程——××厂房　　90 000
　贷：应付利息——××银行　　90 000

同时：

借：固定资产——××厂房　　1 725 000
　贷：在建工程——××厂房　　1 725 000

（7）20×1 年 12 月 31 日，计算 20×1 年 9—12 月的利息费用时：

应计入财务费用的利息=(1 500 000×9%÷12)×4=45 000（元）

借：财务费用——××借款　　45 000
　　贷：应付利息——××银行　　45 000

（8）20×1 年 12 月 31 日，支付利息时：

借：应付利息——××银行　　135 000
　　贷：银行存款　　135 000

（9）20×2 年 1 月 1 日，到期还本时：

借：长期借款——××银行——本金　　1 500 000
　　贷：银行存款　　1 500 000

第三节　应付债券

一、应付债券概述

为了满足生产经营扩张发展过程中的资金需要，仅仅依靠从银行取得借款已经无法满足融资需求，所以很多企业会选择通过在资本市场上发行债券来筹集更多的资金。

债券是指企业向社会公开筹集资金而发行的、约定在一定时间内还本付息的有价证券。企业通过发行债券取得资金是以将来履行归还购买债券者的本金和利息的义务作为保证的。

企业应当设置“企业债券备查簿”，详细登记每一企业债券的票面金额、票面利率、还本付息期限与方式等资料。企业债券到期结清时，应当在备查簿内逐笔注销。

企业发行的超过一年期以上的债券构成了企业的非流动负债。从会计核算的角度来看，债券具有以下特点：

（1）债券一般具有面值。和股票一样，债券通常具有面值，也就是债券的本金。债券面值一般为 100 元或 1 000 元。债券面值一般于债券到期时一次性偿还。面值既是计算企业在债券发行期间支付债券利息的依据，通常也是发行债券企业在债券到期日需要偿还的负债金额。

（2）债券的票面利息。债券的利息一般在发行期间分期支付，每年或每半年支付一次利息，也有的债券利息于到期日一次性支付。债券每期支付的利息应当按照债券的面值和票面利率计算确定。

（3）债券的利息费用。债券的利息费用应当于资产负债表日确定，金额按照实际利率法计算确定。符合资本化条件的，计入相关资产成本；不符合资本化条件的，直接计入当期损益。

（4）债券的发行价格。债券发行价格的高低一般取决于债券票面金额（面值）、债券票面利率、发行当时的市场利率、债券期限的长短等因素。债券发行有面值发行、溢价发行和折价发行 3 种情况。具体来说：

1）当债券的票面利率高于同期银行存款利率时，可按超过债券面值的价格发行，称为溢价发行。溢价是企业以后各期多付利息而事先得到的补偿。

2）当债券的票面利率低于同期银行存款利率时，可按低于债券面值的价格发行，称为折价发行。折价是企业以后各期少付利息而预付给投资者的补偿。

3）如果债券的票面利率与同期银行存款利率相同，可按票面价格发行，称为面值发行。溢价或折价是发行债券企业在债券存续期内对利息费用的一种调整。

（5）债券的发行费用。债券发行过程中，支付给金融中介机构的佣金、债券的印刷费、发行债券的手续费和律师费等，即为债券的发行费用。

二、应付债券的核算

企业应设置“应付债券”科目核算应付债券发行、计提利息、还本付息等情况。应付债券可按“面值”“利息调整”“应计利息”等进行明细核算。该科目贷方登记应付债券的本金和利息，借方登记归还的债券本金和利息，期末贷方余额反映尚未偿还的应付债券。

（一）发行债券

企业发行债券，无论是面值发行还是溢价发行或折价发行，均应按实际收到的金额借记“银行存款”“库存现金”等科目，债券的发行费用，包括支付给金融中介机构的佣金、各种税费等手续费支出，应当在发行债券收到的金额中直接扣除；按债券票面金额，贷记“应付债券——面值”科目；实际收到的款项与票面价值存在差额的，还应借记或贷记“应付债券——利息调整”科目。

【例 11-5】甲企业于 20×0 年 7 月 1 日发行 3 年期、到期一次还本付息、年利率为 8%（不计复利）、发行面值总额为 20 000 000 元的债券。该债券按面值发行。甲企业的有关会计处理如下：

借：银行存款　　20 000 000

　　贷：应付债券——面值　　20 000 000

（二）债券的利息

发行长期债券的企业应按期计提利息，并在债券存续期内采用实际利率法对利息调整进行摊销。

实际利率法，是指按照应付债券的实际利率计算其摊余成本及各期利息费用的方法；实际利率，是指将应付债券在债券存续期内的未来现金流量折现为该债券当前账面价值所使用的利率。

企业应按应付债券的摊余成本和实际利率计算确定的债券利息费用，借记“在建工程”“制造费用”“财务费用”“研发支出”等科目；按票面利率计算确定的票面利息，贷记“应付利息”或“应付债券——应计利息”科目；按其差额，借记或贷记“应付债券——利息调整”科目。

【例 11-6】接例 11-5，甲企业发行债券所筹集的资金用于建造固定资产，至 20×0 年 12 月 31 日工程尚未完工，该债券产生的实际利息费用全部资本化，计提本年长期债券利息。

甲企业的有关会计处理如下：

借：在建工程　　800 000

　　贷：应付债券——应计利息　　800 000

（三）债券还本付息

企业采用一次还本付息方式的，应于债券到期支付债券本息时，借记“应付债券——面值”和“应付债券——应计利息”科目，贷记“银行存款”科目；采用一次还本、分期付息方式的，在每期支付利息时，借记“应付利息”科目，贷记“银行存款”科目；债券到期偿还本金并支付最后一期利息时，借记“应付债券——面值”“在建工程”“制造费用”“财务费用”“研发支出”等科目，贷记“银行存款”科目；同时，存在利息调整余额的，借记或贷记“应付债券——利息调整”科目。

【例 11-7】20×4 年 12 月 31 日，乙公司经批准发行 5 年期一次还本、分期付息的公司债券 10 000 000 元，债券利息在每年 12 月 31 日支付，票面利率为年利率 6%。假定债券发行时的市场利率为 5%。乙公司根据上述资料，采用实际利率法和摊余成本计算确定的利息费用。

乙公司的账务处理如下：

（1）20×4 年 12 月 31 日发行债券。

发行价格=10 000 000×6%×$(P/A,5\%,5)$+10 000 000×$(P/F,5\%,5)$=10 432 700（元）

借：银行存款　　10 432 700

　贷：应付债券——面值　　10 000 000

　　　　——利息调整　　432 700

（2）资产负债表日确认利息费用，见表 11-1。

表 11-1　乙公司应付债券利息费用计算表　　金额单位：元

日期	应付利息（6%）（1）=10 000 000×6%	利息费用（5%）（2）=期初（5）×5%	溢价摊销额（3）=（1）-（2）	累计摊销额（4）=期初（4）+本期（3）	摊余成本（5）=期初（5）-本期（3）
20×4 年 12 月 31 日					10 432 700
20×5 年 12 月 31 日	600 000	521 635	78 365	78 365	10 354 335
20×6 年 12 月 31 日	600 000	517 717	82 283	160 648	10 272 052
20×7 年 12 月 31 日	600 000	513 603	86 397	247 046	10 185 654
20×8 年 12 月 31 日	600 000	509 283	90 717	337 763	10 094 937
20×9 年 12 月 31 日	600 000	505 063*	94 937	432 700	10 000 000
合计	3 000 000	2 567 300	432 700		

注：为尾差调整。

20×5 年 12 月 31 日，计提利息费用并支付。

借：财务费用　　521 635

　　应付债券——利息调整　　78 365

　贷：应付利息　　600 000

借：应付利息　　600 000

　贷：银行存款　　600 000

20×6 年、20×7 年、20×8 年确认利息费用的会计处理同 20×5 年，金额见表 11-1。

（3）20×9 年 12 月 31 日归还债券本金及最后一期利息费用。

借：财务费用　　505 063

　　应付债券——面值　　10 000 000

　　　　——利息调整　　94 937

　贷：银行存款　　10 600 000

三、可转换公司债券

可转换公司债券是指可以在一定期间之后，按规定的转换比率或转换价格转换为发行企业股票的债券。

可转换公司债券具有债权性证券与权益性证券的双重性质，因而可以成为混合性债券。

从理论上讲，可转换债券的发行价格由两部分构成：一是债券面值及票面利息按市场利率折算的现值；二是可转换权的价值。

可转换公司债券的会计处理，按实际收到的金额，借记“银行存款”科目；按债券面值，贷记“应付债券——可转换公司债券（面值）”科目；按可转换权（选择权）的公允价值，贷记“其他权益工具”科目，差额借记或者贷记“应付债券——可转换公司债券（利息调整）”科目。转股前，资产负债表日计提利息，会计处理与一般债券相同。债券转换成股份时，按债券的账面价值，借记“应付债券——可转换公司债券”科目；按原可转换权（选择权）的公允价值，借记“其他权益工具”科目；按股票每股面值和转换的股数计算的股票面值总额，贷记“股本”科目，差额计入“资本公积——股本溢价”科目。

【例 11-8】甲上市公司经批准于 20×0 年 1 月 1 日按每份面值 100 元发行了 1 000 000 份 5 年期一次还本、分期付息的可转换公司债券，共计 100 000 000 元，款项已经收存银行，债券票面年利率为 6%。债券发行 1 年后可转换为甲上市公司普通股股票，转股时每份债券可转 10 股，股票面值为每股 1 元。假定 20×1 年 1 月 1 日债券持有人将持有的可转换公司债券全部转换为甲上市公司普通股股票。甲上市公司发行可转换公司债券时二级市场上与之类似的没有转换权的债券市场利率为 9%。该可转换公司债券发生的利息费用不符合资本化条件。

甲上市公司有关该可转换公司债券的账务处理如下：

（1）20×0 年 1 月 1 日，发行可转换公司债券时：

可转换公司债券负债成分的公允价值=100 000 000×(P/F,9%,5)+100 000 000×6%×(P/A,9%,5)=100 000 000×0.649 9+100 000 000×6%×3.889 7=88 328 200（元）

可转换公司债券权益成分的公允价值=100 000 000-88 328 200=11 671 800（元）

借：银行存款	100 000 000	
应付债券——可转换公司债券——利息调整	11 671 800	
贷：应付债券——可转换公司债券——面值		100 000 000
其他权益工具——可转换公司债券		11 671 800

（2）20×0 年 12 月 31 日，确认利息费用时：

应计入财务费用的利息=88 328 200×9%=7 949 538（元）

当期应付未付的利息费用=100 000 000×6%=6 000 000（元）

借：财务费用	7 949 538	
贷：应付利息		6 000 000
应付债券——可转换公司债券——利息调整		1 949 538

（3）20×1 年 1 月 1 日，债券持有人行使转换权时：

转换的股份数=1 000 000×10=10 000 000（股）

借：应付债券——可转换公司债券——面值	100 000 000	
其他权益工具——可转换公司债券	11 671 800	
贷：股本		10 000 000
应付债券——可转换公司债券——利息调整		9 722 262
资本公积——股本溢价		91 949 538

第四节　长期应付款

长期应付款，是指企业除长期借款和应付债券以外的其他各种长期应付款项，包括应付融资租入固定资产的租赁费、具有融资性质的延期付款购买资产发生的应付款项等。

一、应付融资租入固定资产的租赁费

企业采用融资租赁方式租入的固定资产，应按最低租赁付款额确认长期应付款。

（一）租赁的分类

承租人和出租人应当在租赁开始日认定为融资租赁和经营租赁。

满足下列标准之一的，应当认定为融资租赁：

（1）在租赁期届满时，租赁资产的所有权转移给承租人。

（2）承租人有购买租赁资产的选择权，所订立的购买价款预计将远低于行使选择权时租赁资产的公允价值，因而在租赁开始日就可以合理确定承租人将会行使这种选择权。

（3）租赁期占租赁资产使用寿命的大部分（大于等于 75%）。

（4）承租人在租赁开始日的最低租赁付款额现值几乎相当于租赁开始日租赁资产公允价值（大于等于 90%）。

（5）租赁资产性质特殊，如果不做较大改造，只有承租人才能使用。

（二）企业（承租人）对融资租赁的会计处理

1. 租赁期开始日的会计处理

在租赁期开始日，承租人通常应当将租赁开始日租赁资产公允价值与最低租赁付款额现值两者中较低者加上初始直接费用作为租入资产的入账价值，将最低租赁付款额作为长期应付款的入账价值，长期应付款与租赁资产公允价值和最低租赁付款额现值两者中较低者的差额作为未确认融资费用。

承租人在租赁谈判和签订租赁合同过程中发生的，可归属于租赁项目的手续费、律师费、差旅费、印花税等初始直接费用，应当计入租入资产价值。

最低租赁付款额，是指在租赁期内，承租人应支付或可能被要求支付的款项（不包括或有租金和履约成本），加上由承租人或与其有关的第三方担保的资产余值。

承租人有购买租赁资产选择权，所订立的购买价款预计将远低于行使选择权时租赁资产的公允价值，因而在租赁开始日就可以合理确定承租人将会行使这种选择权的，购买价款应当计入最低租赁付款额。

承租人在计算最低租赁付款额的现值时，能够取得出租人租赁内含利率的，应当采用租赁内含利率作为折现率；否则，应当采用租赁合同规定的利率作为折现率。承租人无法取得出租人的租赁内含利率且租赁合同没有规定利率的，应当采用同期银行贷款利率作为折现率。

租赁内含利率，是指在租赁开始日，使最低租赁收款额的现值与未担保余值的现值之和等于租赁资产公允价值与出租人的初始直接费用之和的折现率。

2. 未确认融资费用的分摊

未确认融资费用应当在租赁期内的各个期间进行分摊。承租人应当采用实际利率法计算确认当期的融资费用。

3. 履约成本的会计处理

履约成本在实际发生时通常计入当期损益（管理费用等）。

4. 或有租金的会计处理

或有租金应当在实际发生时计入当期损益（销售费用等）。

5. 租赁期届满时的会计处理

（1）返还租赁资产。

如果存在承租人担保余值，应编制如下会计分录：

借：长期应付款（担保余值）

　　累计折旧

　　贷：固定资产——融资租入固定资产

如果不存在承租人担保余值，应编制如下会计分录：

借：累计折旧

　　贷：固定资产——融资租入固定资产

（2）优惠续租租赁资产。留购租赁资产时，承租人应编制如下会计分录：

如果承租人行使优惠续租选择权，则应视同该项租赁一直存在而做出相应的会计处理，如继续支付租金等。如果租赁期届满时承租人没有续租，承租人向出租人返还租赁资产时，其会计处理同上述返还租赁资产的会计处理。按租赁协议规定向出租人支付违约金时，借记“营业外支出”科目，贷记“银行存款”等科目。

（3）留购租赁资产。留购租赁资产时，承租人应编制如下会计分录：

借：长期应付款（购买价款）

　　贷：银行存款

借：固定资产——生产用固定资产等

　　贷：固定资产——融资租入固定资产

【例 11-9】20×1 年 12 月 28 日，A 公司与 B 公司签订了一份租赁合同。合同主要条款如下：

（1）租赁标的物：数控机床。

（2）租赁期开始日：租赁物运抵 A 公司生产车间之日（即 20×2 年 1 月 1 日）。

（3）租赁期：从租赁期开始日算起 36 个月（即 20×2 年 1 月 1 日至 20×4 年 12 月 31 日）。

（4）租金支付方式：自租赁期开始日起每年年末支付租金 900 000 元。

（5）该机床在 20×2 年 1 月 1 日的公允价值为 2 500 000 元。

（6）租赁合同规定的利率为 8%（年利率）。

（7）该机床为全新设备，估计使用年限为 5 年，不需安装调试，采用年限平均法计提折旧。

（8）20×3 年和 20×4 年，A 公司每年按该机床所生产产品的年销售收入的 1%向 B 公司支付经营分享收入。

A 公司在租赁谈判和签订租赁合同过程中发生可归属于租赁项目的手续费、差旅费 9 800 元。20×3 年和 20×4 年，A 公司使用该数控机床生产产品的销售收入分别为 8 000 000 元和 10 000 000 元。20×3 年 12 月 31 日，A 公司以银行存款支付该机床的维护费 2 800 元。20×4 年 12 月 31 日，A 公司将该机床退还给 B 公司。

A 公司（承租人）的会计处理如下：

（1）租赁开始日的会计处理。

第一步：判断租赁类型。

本例中，租赁期（3 年）占租赁资产尚可使用年限（5 年）的 60%（小于 75%），没有满足融资租赁的第 3 条判断标准；最低租赁付款额的现值为 2 319 390 元（计算过程见下文），大于租赁资产公允价值的 90%，即 2 250 000（2 500 000×90%）元，满足融资租赁的第 4 条判断标准，因此，A 公司应当将该项租赁认定为融资租赁。

第二步：计算租赁开始日最低租赁付款额的现值，确定租赁资产的入账价值。

本例中，A 公司不知道出租人的租赁内含利率，因此应选择租赁合同规定的利率 8%作为最低租赁付款额的折现率。

最低租赁付款额=各期租金之和+承租人担保的资产余值=900 000×3+0=2 700 000（元）

最低租赁付款额的现值=900 000×(P/A,8%,3)=900 000×2.577 1=2 319 390（元）<租赁资产公允价值 2 500 000 元

根据《企业会计准则第 21 号——租赁》规定的孰低原则，租赁资产的入账价值应为其折现值 2 319 390 元加上初始直接费用 9 800 元，即 2 329 190 元。

第三步：计算未确认融资费用。

未确认融资费用=最低租赁付款额-最低租赁付款额现值=2 700 000-2 319 390=380 610（元）

第四步：进行具体账务处理。

借：固定资产——融资租入固定资产——数控机床　　2 329 190
　　未确认融资费用　　380 610
　　贷：长期应付款——B 公司——应付融资租赁款　　2 700 000
　　　　银行存款　　9 800

（2）分摊未确认融资费用的会计处理。

第一步：确定融资费用分摊率。

由于租赁资产的入账价值为其最低租赁付款额的折现值，因此该折现率就是其融资费用分摊率，即 8%。

第二步：在租赁期内采用实际利率法分摊未确认融资费用，见表 11-2。

表 11-2　实际利率法分摊未确认融资费用　　金额单位：元

日期	租金	确认的融资费用	应付本金减少额	应付本金余额
	（a）	（b）=期初（d）×8%	（c）=（a）-（b）	（d）=期初（d）-（c）
2×12 年 1 月 1 日				2 319 390
2×12 年 12 月 31 日	900 000	185 551.2	714 448.8	1 604 941.2
2×13 年 12 月 31 日	900 000	128 395.3	771 604.7	833 336.5
2×14 年 12 月 31 日	900 000	66 663.5*	833 336.5	0
合计	2 700 000	380 610	2 319 390	—

第三步：进行具体账务处理。

20×2 年 12 月 31 日，支付第 1 期租金时：

借：长期应付款——B 公司——应付融资租赁款　　900 000
　　贷：银行存款　　900 000

20×2 年 1 月至 12 月，每月分摊未确认融资费用时：

每月财务费用=185 551.2÷12=15 462.6（元）

借：财务费用　　15 462.6
　　贷：未确认融资费用　　15 462.6

20×2 年 2 月至 12 月，每月计提折旧时：

每月折旧费用=2 329 190÷(3×12-1)=66 548.29（元），下同。

借：制造费用　　66 548.29
　　贷：累计折旧　　66 548.29

20×3 年 12 月 31 日，支付第 2 期租金时：

借：长期应付款——B 公司——应付融资租赁款　　900 000
　　贷：银行存款　　900 000

20×3 年 1 月至 12 月，每月分摊未确认融资费用时：

每月财务费用=128 395.3÷12=10 699.61（元）

借：财务费用　　10 699.61
　　贷：未确认融资费用　　10 699.61

20×4 年 12 月 31 日，支付第 3 期租金时：

借：长期应付款——B 公司——应付融资租赁款　　900 000
　　贷：银行存款　　900 000

20×4 年 1 月至 12 月，每月分摊未确认融资费用时：

每月财务费用=66 663.5÷12=5 555.29（元）

借：财务费用　　5 555.29
　　贷：未确认融资费用　　5 555.29

（3）履约成本的会计处理。

20×3 年 12 月 31 日，A 公司发生该机床的维护费 2 800 元时：

借：管理费用　　2 800
　　贷：银行存款　　2 800

（4）或有租金的会计处理。

20×3 年 12 月 31 日，根据合同规定，A 公司应向 B 公司支付经营分享收入 80 000 元时：

借：销售费用　　80 000
　　贷：其他应付款——B 公司　　80 000

20×4 年 12 月 31 日，根据合同规定，A 公司应向 B 公司支付经营分享收入 100 000 元时：

借：销售费用　　100 000
　　贷：其他应付款——B 公司　　100 000

（5）租赁期届满时的会计处理。

20×4 年 12 月 31 日，A 公司将该机床退还给 B 公司时：

借：累计折旧　　2 329 190
　　贷：固定资产——融资租入固定资产——数控机床　　2 329 190

二、具有融资性质的延期付款购买固定资产

企业延期付款购买资产，如果延期支付的购买价款超过正常信用条件，实质上具有融资性质的所购资产的成本应当以延期支付购买价款的现值为基础确定。实际支付的价款与购买价款的现值之间的差额应当在信用期间内采用实际利率法进行摊销，计入相关资产成本或当期损益。

导入案例分析：公司在生产经营扩张发展过程中需要筹集资金，除了通过银行借款筹集债务性资金外，还可以通过资本市场发行股票或债券筹集资金。公司发行债券具有偿还义务，形成公司的负债，应具备一定的偿债能力才能维持资金正常运转，公司必须按期按规定利率发放利息，支付利息，用税前利润支付，且可以抵减应纳税所得额。而公司发行股票筹资形成公司的所有者权益，无须偿还本金，且股息可以由公司根据实际情况自定发放金额与发放时间，能在一定程度上缓解公司的资金压力，但是会分散公司的控制权，若支付股息，必须用税后利润支付。公司此次发行债券的账务处理可以参考例 11-7。

第十二章　所有者权益

学习目标

1. 掌握所有者权益和其他综合收益的确认与计量，重点掌握实收资本、资本公积、盈余公积和未分配利润的核算方法。
2. 理解所有者权益的含义及构成、留存收益的性质与构成。
3. 了解投入资本的主要法律规定。

知识框架

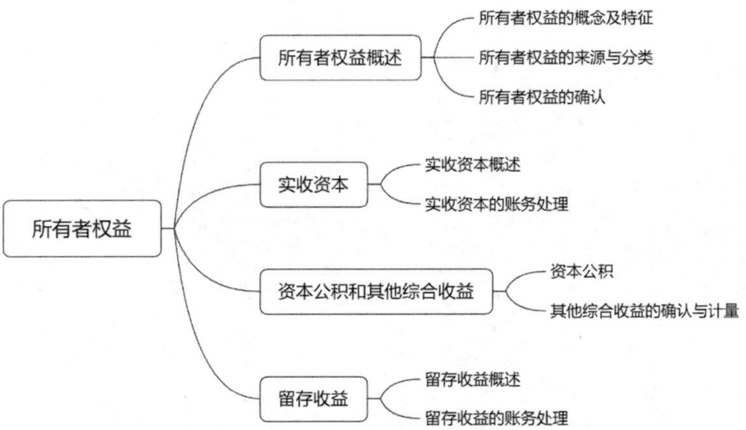

导入案例

案例：20×1 年 5 月 1 日，华钢股份公司因发展经营需要，委托某证券公司代理发行普通股 1 000 万股，每股面值 1 元，每股发行价格 4 元。根据约定，华钢股份公司按发行收入的 1%向该证券公司支付发行费用。假设发行收入已全部收到，发行费用已全部支付，不考虑其他因素。

案例思考：华钢股份公司为什么要发行股票？与发行债券相比对公司财务报表的影响有什么不同？该公司应该如何对该项股票筹资进行账务处理？

第一节　所有者权益概述

一、所有者权益的概念及特征

所有者权益是指企业资产扣除负债后由所有者享有的剩余权益。

公司所有者权益又称股东权益。我国《公司法》所称公司是指在中国境内设立的有限责任公司和股份有限公司。根据《公司法》，有限责任公司的设立条件之一是“有符合公司章程规定的全体股东认缴的出资额”；股份有限公司的设立条件之一是“有符合公司章程规定的全体发起人认购的股本总额或者募集的实收股本总额”。股东的出资是公司设立的基础，其所形成的投入资本成为公司所有者权益的基本要素。公司设立后在持续经营的过程中积累的留存收益成为所有者权益的另一个重要组成部分。

所有者权益作为“剩余权益”，在金额上等于企业资产减去负债后的余额。从资产的来源上看，所有者权益是与负债相对而言的。所有者投入企业的资产一般不需归还，可供企业长期使用；债权人投入企业的资产形成企业的负债，企业需要如期偿还；企业清算时，对企业资产的要求权，债权人优先于所有者。所以，所有者权益为剩余权益，其具有以下特征：

（1）除非发生减资、清算或分派现金股利，企业不需要偿还所有者权益。

（2）企业清算时，只有在清偿所有的负债后，如有剩余，才能按比例分配返还给所有者。

（3）所有者凭借所有者权益能够根据出资额的比例参与企业利润的分配。

（4）所有者凭借对企业的所有权能够参与企业的经营管理。

二、所有者权益的来源与分类

传统意义上的企业所有者权益，来源于投入资本和留存收益。随着会计环境的不断变化、会计确认与计量内容的不断丰富，所有者权益的来源也有所发展。从现行会计体系来看，所有者权益来源于投入资本、其他资本公积、直接计入所有者权益的利得或损失、留存收益。从资产负债表中对所有者权益的列报来看，所有者权益分为5个类别：实收资本（或股本）、资本公积、其他综合收益、盈余公积和未分配利润。其中，盈余公积和未分配利润统称为留存收益。

所有者权益的来源与分类之间的关系如图12-1所示。

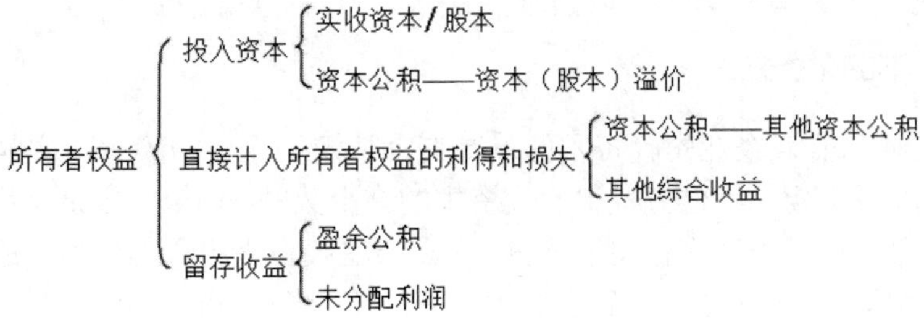

图12-1　所有者权益的来源与分类之间的关系

三、所有者权益的确认

所有者权益是资产减去负债后的剩余权益。因此，所有者权益的确认主要依赖于其他会计要素的确认，尤其是资产和负债的确认，其金额的确定也主要取决于资产和负债的计量。比如，投资者投入一批材料，如果该批材料的金额能够可靠计量，则所有者权益的金额也能予以确认。

实收资本的初始确认与计量以及增资减资对实收资本的影响、资本溢价（或股本溢价）以及其他资本公积的确认与计量、其他综合收益的确认与计量、盈余公积的提取与使用、利润分配及未分配利润的形成等，构成了所有者权益会计确认与计量的主要内容。

第二节 实收资本

一、实收资本概述

实收资本是指投资者按照企业章程或合同、协议的约定，以各种形式投入企业的资本金。按照我国有关法律规定，投资者设立企业首先必须投入资本。实收资本是投资者投入资本形成法定资本的价值，所有者向企业投入的资本，在一般情况下无须偿还，可以长期周转使用。由于我国实行的是注册资本制度，要求企业的注册资本和实收资本一致。实收资本的构成比例，即投资者的出资比例或股东的股份比例，通常是确定所有者在企业所有者权益中所占的份额和参与企业财务经营决策的基础，也是企业进行利润分配或股利分配的主要依据，同时还是企业清算时确定所有者对净资产的要求权的依据。

我国《公司法》规定，股东可以用货币出资，也可以用实物、知识产权、土地使用权等可以用货币估价并可以依法转让的非货币财产作价出资；但是，法律、行政法规规定不得作为出资的财产除外。企业应当对作为出资的非货币财产评估作价，核实财产，不得高估或者低估作价。法律、行政法规对评估作价有规定的，从其规定。不论以何种方式出资，投资者如在投资过程中违反投资合约或协议约定，不按规定如期缴足出资额，企业可以依法追究投资者的违约责任。

一般情况下，企业的实收资本应相对固定不变，但在某些特定情况下，实收资本也可能发生增减变化。按规定，企业实收资本比原注册资金数额增减幅度超过20%时，应持资金使用证明或验资证明向原登记主管机关申请变更登记。企业不能擅自改变注册资金或抽逃资金，否则要受到工商行政管理部门的处罚。

二、实收资本的账务处理

为了总括反映和监督企业实收资本的增减变动情况，企业应设置“实收资本”账户，贷方登记实收资本的增加数额，借方登记实收资本的减少数额，期末贷方余额反映企业实收资本实有数额。该账户应按投资者进行明细核算。企业接受投资者投入的资本除股份有限公司是通过“股本”核算外，其他各类企业需通过“实收资本”账户进行核算。

初建有限责任公司时，各投资者按照合同、协议或公司章程投入企业的资本应全部记入“实收资本”账户，注册资本为在公司登记机关登记的全体股东认缴的出资额。在企业增资时，如有新投资者介入，新介入的投资者缴纳的出资额大于其按约定比例计算的其在注册资本中所占份额的部分，不记入“实收资本”账户，而应记入“资本公积”账户。

实收资本（股本）增减变动的主要账务处理可归纳为表12-1。

（一）实收资本（股本）的增加

一般企业增加资本主要有三条途径：一是所有者（包括原企业所有者和新投资者）投入，会计上应借记“银行存款”“固定资产”“无形资产”等资产账户，贷记“实收资本”或“股本”账户；二是将资本公积转为实收资本或股本，会计上应借记“资本公积——资本（或股本）溢价”账户，贷记“实收资本”或“股本”账户；三是将盈余公积转为实收资本或股本，会计上应借记“盈余公积”账户，贷记“实收资本”或“股本”账户。

表 12-1 实收资本（股本）增减变动的主要账务处理

序号	经济业务	账务处理	案例
1	有限责任公司接受现金资产投资时	借：银行存款 贷：实收资本——×投资者（其占注册资本的份额） 资本公积——资本溢价（倒挤）	例 12-1（3） 例 12-6
2	有限责任公司接受非现金资产投资时，按投资合同或协议约定的价值	借：固定资产/无形资产/原材料等 应交税费——应交增值税（进项税额） 贷：实收资本——×投资者（其占注册资本的份额） 资本公积——资本溢价（倒挤）	例 12-1（1）（2）
3	股份有限公司发行股票募集资本时	借：银行存款（实收款） 贷：股本（发行股票的面值） 资本公积——股本溢价（倒挤）	例 12-3
4	将资本公积、盈余公积转为实收资本时	借：资本公积——资本（股本）溢价 盈余公积 贷：实收资本/股本	例 12-2
5	非股份有限公司减少注册资本时	借：实收资本——×投资者 贷：库存现金/银行存款	
6	股份有限公司采用收购本公司股票方式减资	回购股票时，借：库存股（实付款） 贷：银行存款 注销股票时，借：股本（注销股票面值） 资本公积（或贷方） 盈余公积/利润分配——未分配利润 贷：库存股	例 12-4 例 12-5

企业接受投资者作价投入的固定资产、材料等实物资产和无形资产，应按投资合同或协议约定价值确定实物资产、无形资产价值（但投资合同或协议约定价值不公允的除外）和在注册资本中应享有的份额。

【例 12-1】A、B、C 共同投资设立甲有限责任公司，注册资本为 200 万元，A、B、C 持股比例分别为 60%、25%和 15%。按照章程规定，A、B、C 投入资本分别为 120 万元、50 万元和 30 万元。设立时，甲公司已收到投资者以不同出资方式投入的资本。

（1）收到 A 作为资本投入的不需安装的机器设备一批，合同约定该批机器设备的价值为 80 万元，增值税进项税额为 10.4 万元（由投资方支付税款并开具增值税专用发票）。合同约定价值与公允价值相符。按约定甲公司接受 A 投入的该批固定资产以及银行存款 29.6 万元。假设取得的增值税专用发票已经税务机关认证，根据投资清单、银行通知单等原始凭证，甲公司的账务处理如下：

借：固定资产	800 000
应交税费——应交增值税（进项税额）	104 000
银行存款	296 000

贷：实收资本——A 投资者　　1 200 000

（2）收到 B 作为资本投入的非专利技术一项，投资合同约定价值为 10 万元；同时收到 B 作为资本投入的土地使用权一项，投资合同约定价值为 40 万元。假定甲公司接受该非专利技术和土地使用权符合国家注册资本管理的有关规定，可按合同约定作为实收资本入账，合同约定的价值与公允价值相符，不考虑其他因素。甲公司的账务处理如下：

借：无形资产——非专利技术　　100 000

　　——土地使用权　　400 000

贷：实收资本——B 投资者　　500 000

（3）收到 C 作为资本投入的银行存款 30 万元。根据开户银行的收款通知等原始凭证，甲公司的账务处理如下：

借：银行存款　　300 000

贷：实收资本——C 投资者　　300 000

【例 12-2】接例 12-1，甲有限责任公司设立两年后，因扩大经营规模需要，经批准，甲公司按原出资比例将资本公积 20 万元和盈余公积 50 万元转增资本。甲公司的账务处理如下：

借：资本公积　　200 000

盈余公积　　500 000

贷：实收资本——A 投资者　　（70 万×60%）420 000

　　——B 投资者　　（70 万×25%）175 000

　　——C 投资者　　（70 万×15%）105 000

股份有限公司是以发行股票的方式筹集股本的，股票可按面值发行，也可以溢价发行，我国目前不准折价发行。与其他类型的企业不同，股份有限公司在成立时可能会溢价发行股票，因而在成立之初就可能会产生股本溢价。股本溢价的数额等于股份有限公司发行股票时实际收到的款项超过股票面值总额的部分。

在按面值发行股票的情况下，企业发行股票取得的收入应全部作为股本处理；在溢价发行股票的情况下，企业发行股票取得的收入，等于股票面值部分作为股本处理，超出股票面值的溢价收入应作为股本溢价处理。

发行股票相关的手续费、佣金等交易费用，如果是溢价发行股票的，应从溢价中抵扣，冲减资本公积（股本溢价）；无溢价发行股票或溢价金额不足抵扣的，应将不足抵扣的部分冲减盈余公积和未分配利润。

【例 12-3】华钢股份公司首次公开发行了普通股 1 000 万股，每股面值 1 元，每股发行价格 5 元。华钢股份公司与招商证券公司约定，按发行收入的 3%收取佣金，从发行收入中扣除。假定股票发行成功，扣除佣金后的股款已全部收到存入银行，不考虑发行过程中的税费等因素。华钢股份公司的账务处理如下：

收到证券公司转来的发行收入=10 000 000×5×(1-3%)=48 500 000（元）

借：银行存款　　48 500 000

贷：股本　　10 000 000（面值）

资本公积——股本溢价　　38 500 000（差额）

（二）实收资本（股本）的减少

企业实收资本减少的原因主要有两种：一是资本过剩，二是企业发生重大亏损而需要减少实收资本。企业因资本过剩而减资，一般要发还股款。有限责任公司和一般企业发还投资的会计处理比较简单，按法定程序报经批准减少注册资本的，借记“实收资本”或“股本”账户，贷记“银行存款”“库存现金”等账户。

股份有限公司由于采用的是发行股票方式筹集股本，发还股款时，要回购发行的股票，发行股票的价格与股票面值可能不同，回购股票的价格也可能与发行价格不同，会计处理较为复杂，需通过“库存股”账户核算回购股份的金额。减资时，按股票面值和注销股数计算的股票面值总额冲减股本，按注销库存股的账面余额与所冲减股本的差额冲减股本溢价，股本溢价不足冲减的，应依次冲减“盈余公积”“利润分配——未分配利润”等账户。回购股票支付的价款低于面值总额的，所注销库存股的账面余额与所冲减股本的差额作为增加资本公积（股本溢价）处理，按回购股份所对应的股本面值，借记“股本”科目；按注销库存股的账面余额，贷记“库存股”科目；按其差额贷记“资本公积——股本溢价”科目。

【例 12-4】接例 12-3，华钢股份公司 20×8 年 12 月 31 日的股本为 1 000 万元（面值为 1 元），资本公积（股本溢价）为 3 850 万元，盈余公积为 80 万元。经股东大会批准，华钢股份公司以现金回购本公司股票 150 万股并注销。假定华钢股份公司按照每股 3 元回购股票，不考虑其他因素，华钢股份公司的账务处理如下：

（1）回购本公司股份时：

库存股成本=1 500 000×3=4 500 000（元）

借：库存股　　4 500 000

　　贷：银行存款　　4 500 000

（2）注销本公司股份时：

应冲减的资本公积=1 500 000×3-1 500 000×1=3 000 000（元）

借：股本　　1 500 000（股票面值）

　　资本公积——股本溢价　　3 000 000（差额）

　　贷：库存股　　4 500 000

本例中，应冲减的资本公积小于公司现有的资本公积，所以不需要冲减盈余公积。

【例 12-5】沿用例 12-4 的资料，假定华钢股份公司是以每股 0.9 元回购股票，其他条件不变。华钢股份公司应做如下账务处理：

（1）回购本公司股份时：

库存股成本=1 500 000×0.9=1 350 000（元）

借：库存股　　1 350 000

　　贷：银行存款　　1 350 000

（2）注销本公司股份时：

应增加的资本公积=1 500 000×1-1 500 000×0.9=150 000（元）

借：股本　　1 500 000

　　贷：库存股　　1 350 000

　　　　资本公积——股本溢价　　150 000

本例中，由于折价回购，股本与库存股成本的差额 15 万元应作为增加资本公积处理。

第三节　资本公积和其他综合收益

一、资本公积

（一）资本公积概述

1. 资本公积的来源

资本公积是企业收到投资者出资额超出其在注册资本（或股本）中所占份额的部分，以及直接计入所有者权益的利得和损失等。资本公积的来源包括资本（或股本）溢价和其他资本公积等。

形成资本（或股本）溢价的原因有投资者超额缴入资本、溢价发行股票等。

其他资本公积是指除净损益、其他综合收益和利润分配以外所有者权益的其他变动。如企业的长期股权投资采用权益法核算时，因被投资企业除净损益、其他综合收益和利润分配以外所有者权益的其他变动，投资企业按应享受份额而增加或减少的资本公积。

企业根据国家有关规定实行股权激励的，如果在等待期内取消了授予的权益工具，企业应在进行权益工具加速行权处理时，将剩余等待期内应确认的金额立即计入当期损益，并同时确认资本公积。

资本公积的核算包括资本（或股本）溢价的核算、其他资本公积的核算和资本公积转增资本的核算等内容。

2. 资本公积与实收资本（或股本）、留存收益的区别

（1）资本公积与实收资本（或股本）的区别。

1）从来源和性质看，实收资本（或股本）是指投资者按照企业章程或合同、协议的约定，实际投入企业并依法进行注册的资本，它体现了企业所有者对企业的基本产权关系；资本公积是投资者的出资额超出其在注册资本中所占份额的部分，以及直接计入所有者权益（其他资本公积）的利得和损失，它不直接表明所有者对企业的基本产权关系。

2）从用途看，实收资本（或股本）的构成比例是确定所有者参与企业财务经营决策的基础，也是企业进行利润分配或股利分配的依据，同时还是企业清算时确定所有者对净资产的要求权的依据；资本公积的用途主要是用来转增资本（或股本），资本公积不体现各所有者的占有比例，也不能作为所有者参与企业财务经营决策或进行利润分配（或股利分配）的依据。

（2）资本公积与留存收益的区别。资本公积的来源不是企业实现的利润，而主要来自资本溢价（或股本溢价）等。留存收益是企业从历年实现的利润中提取或形成的留存于企业的内部积累，来源于企业生产经营活动实现的利润。

（二）资本公积的账务处理

企业通过设置“资本公积”账户来核算资本公积的增减变动情况。“资本公积”属于所有者权益类，贷方登记资本公积的增加数，借方登记资本公积的减少数；期末余额在贷方，反映企业资本公积的实际数额。该账户应按“资本（或股本）溢价”“其他资本公积”设置明细账进行明细核算。

1. 资本溢价

除股份有限公司外的其他类型的企业，在企业创立时，投资者认缴的出资额与注册资本

一致，一般不会产生资本溢价。但在企业重组或有新的投资者加入时，常常会出现资本溢价。因为在企业进行正常生产经营后，其资本利润率通常要高于企业初创阶段。另外，企业有内部积累，新投资者加入企业后，对这些积累也要分享，所以新加入的投资者往往要付出大于原投资者的出资额，才能取得与原投资者相同的出资比例。新投资者多缴的部分就形成了资本溢价。

【例 12-6】承例 12-2，甲有限责任公司将资本公积和盈余公积转增资本后，实收资本总额为 270 万元。为扩大经营规模，经批准，甲公司注册资本增加到 300 万元，并引入 D 投资者加入。按照投资协议，D 投资者需缴入现金 40 万元，同时享有甲公司 10%的股份。甲公司已收到该现金投资的银行收款通知等，账务处理如下：

借：银行存款　　400 000
　贷：实收资本——D 投资者　　300 000
　　资本公积——资本溢价　　100 000（差额）

2. 其他资本公积

本书以被投资企业除净损益、其他综合收益和利润分配以外所有者权益的其他变动为例，介绍相关的其他资本公积的核算。

企业对被投资企业的长期股权投资采用权益法核算的，在持股比例不变的情况下，对因被投资企业除净损益、其他综合收益和利润分配以外的所有者权益的其他变动，应按持股比例计算其应享有或应分担被投资企业所有者权益的增减数额。在处置长期股权投资时，应转销与该笔投资相关的其他资本公积。

有关账务处理参见例 6-8 的有关内容。

3. 资本公积转增资本

资本公积的唯一用途是依法转增资本，不能作为利润或股利分配给投资者。资本公积转增资本由于是属于企业所有者权益内部结构的变动，因此并不改变所有者权益的总额。

按照《公司法》的规定，法定公积金（资本公积和盈余公积）转为资本时，所留存的该项公积金不得少于转增前公司注册资本的 25%。经股东大会或类似机构决议，用资本公积转增资本时，应冲减资本公积，同时按照转增资本前的实收资本（或股本）的结构或比例将转增的金额计入“实收资本”（或“股本”）账户下各所有者的明细账中。

有关账务处理参见例 12-2 的有关内容。

二、其他综合收益的确认与计量

其他综合收益是指企业根据其他会计准则规定未在当期损益中确认的各项利得和损失，包括以后会计期间不能重分类进损益的其他综合收益和以后会计期间满足规定条件时将重分类进损益的其他综合收益两类。

以后会计期间不能重分类进损益的其他综合收益项目主要包括重新计量设定受益计划净负债或净资产导致的变动、按照权益法核算因被投资企业重新计量设定受益计划净负债或净资产导致的权益变动、投资企业按持股比例计算确认的该部分其他综合收益项目。

以后会计期间有满足规定条件时将重分类进损益的其他综合收益项目主要包括以下 5 个方面的内容：

（1）以公允价值计量且其变动计入其他综合收益的金融资产公允价值的变动。该类金融资产公允价值变动形成的利得，除减值损失和外币货币性金融资产形成的汇兑差额外，借记“可供出售金融资产——公允价值变动”账户，贷记“其他综合收益”账户；公允价值变动形成的损失，作相反的会计分录。

有关账务处理参见例5-5的有关内容。

（2）可供出售外币非货币性项目的汇兑差额。对于以公允价值计量的可供出售非货币性项目，如果期末的公允价值以外币反映，则应当先将该外币按照公允价值确定当日的即期汇率折算为记账本位币金额，再与原记账本位币金额进行比较，其差额计入其他综合收益。具体地说，对于发生的汇兑收益，借记“可供出售金融资产”账户，贷记“其他综合收益”账户；对于发生的汇兑损失，作相反的会计分录。

（3）金融资产的重分类。

1）将以公允价值计量且其变动计入其他综合收益的金融资产重分类为采用成本或摊余成本计量的金融资产，重分类日该金融资产的公允价值或账面价值作为成本或摊余成本，该金融资产没有固定到期日的，与该金融资产相关、原直接计入所有者权益的利得或损失，应当仍然计入“其他综合收益”账户，在该金融资产被处置时转出，计入当期损益。

2）将以摊余成本计量的金融资产重分类为以公允价值计量且其变动计入其他综合收益的金融资产，并以公允价值进行后续计量，重分类日，该投资的账面价值与公允价值之间的差额记入“其他综合收益”账户，在该以公允价值计量且其变动计入其他综合收益的金融资产发生减值或终止确认时转出，计入当期损益。

3）按照金融工具确认和计量的规定应当以公允价值计量，但以前公允价值不能可靠计量的可供出售金融资产，企业应当在其公允价值能够可靠计量时改按公允价值计量，将相关账面价值与公允价值之间的差额计入“其他综合收益”账户，在其发生减值或终止确认时将上述差额转出，计入当期损益。

（4）采用权益法核算的长期股权投资，按照被投资企业实现其他综合收益以及持股比例计算应享有或分担的金额调整长期股权投资的账面价值，同时增加或减少其他综合收益；待该项股权投资处置时，将原计入其他综合收益的金额转入当期损益。

（5）自用房地产转换为投资性房地产。企业将自用的建筑物、土地使用权等转换为采用公允价值模式计量的投资性房地产时，如果该项房地产在转换日公允价值大于账面价值的，应按其差额贷记“其他综合收益”账户；转换日公允价值小于账面价值的，应按其差额借记“公允价值变动损益”账户。待该项投资性房地产处置时，因转换计入其他综合收益的部分应转入当期损益。

第四节 留存收益

一、留存收益概述

留存收益是指企业从历年实现的利润中提取或形成的留存于企业的内部积累，包括盈余公积和未分配利润两类。

盈余公积是指企业按照有关规定从净利润中提取的积累资金。公司制企业的盈余公积包括法定盈余公积和任意盈余公积两部分。法定盈余公积和任意盈余公积的区别在于计提依据不同，前者依据国家的法律或行政规章进行提取，后者依据企业的具体情况由企业自行决定提取。

企业提取的盈余公积主要可以用于以下 4 个方面：

（1）弥补亏损。根据税法规定，企业发生亏损时，应由企业自行弥补。弥补亏损的渠道主要有三条。一是用以后年度税前利润弥补。按照现行制度规定，企业发生亏损时，可以用以后五年内实现的税前利润弥补，即税前利润弥补亏损的期间为五年。二是用以后年度税后利润弥补。企业发生的亏损经过五年期间未弥补足额的，尚未弥补的亏损应当用税后的利润弥补。三是以盈余公积弥补亏损。企业以提取的盈余公积弥补亏损时，应当由公司董事会提议，并经股东大会或类似机构批准。

（2）转增资本。企业将盈余公积转增资本时，必须经股东大会决议批准。转增后留存的盈余公积不得少于转增前注册资本的 25%。

（3）扩大企业生产经营。盈余公积的提取，客观上限制了向所有者过量地分配利润，从而给企业留下了更多的发展资金。企业盈余公积的结存，是企业所有者权益的一个组成部分，共同组成生产经营资金的来源。

（4）发放现金股利或利润。企业当年没有利润，原则上不得分配股利，但为了维护企业信誉，企业可以用盈余公积分配股利。用盈余公积分配股利必须符合下列条件：

1）用盈余公积弥补亏损后，该项公积金仍有结余。

2）用盈余公积分配股利时，股利率不能太高，不得超过股票面值的 6%。

3）分配股利后，法定盈余公积不得低于注册资本的 25%。

未分配利润是指企业实现的净利润经过弥补亏损、提取盈余公积和向投资者分配利润后留存在企业的、历年结存的利润。未分配利润是企业留待以后年度进行分配的结存利润，也是企业所有者权益的组成部分。相对于所有者权益的其他部分来说，企业对于未分配利润的使用分配有较大的自主权。

二、留存收益的账务处理

企业延期付款购买资产，如果延期支付的购买价款超过正常信用条件，实质上具有融资性质的，所购资产的成本应当以延期支付购买价款的现值为基础确定。实际支付的价款与购买价款的现值之间的差额，应当在信用期间内采用实际利率法进行摊销，计入相关资产成本或当期损益。

（一）利润分配

利润分配是指企业根据国家有关规定和企业章程、投资者协议等，对企业当年可供分配的利润所进行的分配。

可供分配的利润=当年实现的净利润（或净亏损）±年初未分配利润（或未分配亏损）+其他转入

可供投资者分配的利润=可供分配的利润-提取的盈余公积

利润分配的顺序依次是：①提取法定盈余公积；②提取任意盈余公积；③向投资者分配利润。

企业应通过“利润分配”账户核算企业利润的分配（或亏损的弥补）和历年分配（或弥补）后的未分配利润（或未弥补亏损）。该账户应当分“提取法定盈余公积”“提取任意盈余公积”“应付现金股利或利润”“转作股本的股利”“盈余公积补亏”和“未分配利润”等进行明细核算。

（二）盈余公积

按照《公司法》有关规定，公司制企业应按照净利润（减弥补以前年度亏损）的 10%提取法定盈余公积；法定盈余公积累计额达到公司注册资本的 50%以上时可以不再提取。公司的法定公积金不足以弥补以前年度亏损的，在提取法定公积金之前，应当先用当年利润弥补亏损。非公司制企业法定盈余公积的提取比例可超过净利润的 10%。

值得注意的是，如果企业以前年度未分配利润有盈余（即年初未分配利润余额为正数），在计算提取法定盈余公积的基数时不应包括企业年初未分配利润；如果企业以前年度有亏损（即年初未分配利润余额为负数），应先弥补以前年度亏损再提取盈余公积。公司从税后利润中提取法定公积金后，经股东大会或类似机构批准，可自行按比例提取任意公积金。

为了反映盈余公积的形成及使用情况，企业应设置“盈余公积”账户，贷方登记企业按规定提取的各项盈余公积的数额，借方登记盈余公积的减少数额，期末贷方余额反映企业盈余公积的结存数。该账户应按“法定盈余公积”“任意盈余公积”设置明细账进行核算。外商投资企业还应分别设置“储备基金”“企业发展基金”等明细账进行明细核算。

盈余公积增减变动的主要账务处理可归纳为表 12-2。

表 12-2　盈余公积增减变动的主要账务处理

序号	经济业务	账务处理	案例
1	企业按规定提取法定盈余公积和任意盈余公积时	借：利润分配——提取法定盈余公积 ——提取任意盈余公积 贷：盈余公积——法定盈余公积 ——任意盈余公积	例 12-7 例 12-10（2）
2	外商投资企业按规定提取储备基金、企业发展基金时	借：利润分配——提取储备基金 ——提取企业发展基金 贷：盈余公积——储备基金 ——企业发展基金	例 12-7
3	用盈余公积弥补亏损	借：盈余公积 贷：利润分配——盈余公积补亏	例 12-8
4	用盈余公积转增资本	借：盈余公积 贷：实收资本/股本	例 12-2
5	用盈余公积派送新股	借：盈余公积 贷：股本	
6	用盈余公积发放现金股利或利润	宣告时，借：盈余公积 贷：应付股利 支付时，借：应付股利 贷：银行存款	例 12-9

企业按规定提取盈余公积时，应通过“利润分配”和“盈余公积”等账户核算。

【例 12-7】乙公司为外商投资企业，20×1 年实现净利润 500 万元，经批准，分别按当年净利润的10%提取法定盈余公积、5%提取任意盈余公积、10%提取储备基金、5%提取企业发展基金。乙公司的账务处理如下：

借：利润分配——提取法定盈余公积　500 000
　　　　　　——提取任意盈余公积　250 000
　　　　　　——提取储备基金　500 000
　　　　　　——提取企业发展基金　250 000
　贷：盈余公积——法定盈余公积　500 000
　　　　　　——任意盈余公积　250 000
　　　　　　——储备基金　500 000
　　　　　　——企业发展基金　250 000

【例 12-8】经股东大会批准，华钢股份公司用以前年度提取的盈余公积弥补当年亏损，当年弥补亏损的数额为76万元。假定不考虑其他因素。华钢股份公司的账务处理如下：

借：盈余公积　760 000
　贷：利润分配——盈余公积补亏　760 000

年终，将盈余公积弥补的亏损转入"利润分配——未分配利润"账户。

借：利润分配——盈余公积补亏　760 000
　贷：利润分配——未分配利润　760 000

【例 12-9】20×1年3月，经股东大会决议，华钢股份公司用以前年度提取的盈余公积分派50万元的现金股利。假定不考虑其他因素。华钢股份公司的账务处理如下：

（1）宣告发放现金股利时：

借：盈余公积　500 000
　贷：应付股利　500 000

（2）支付现金股利时：

借：应付股利　500 000
　贷：银行存款　500 000

经股东大会决议，用盈余公积派送新股，按派送新股计算的金额，借记"盈余公积"账户，按股票面值和派送新股总数计算的股票面值总额，贷记"股本"账户。

盈余公积补亏，企业的所有者权益总额不变，留存收益总额也不变；用盈余公积发放现金股利，减少了留存收益，所有者权益总额也减少了。

（三）未分配利润

未分配利润有两层含义：一是留待以后年度处理的利润；二是未指明特定用途的利润。

未分配利润=期初未分配利润+本期实现的净利润-提取的各种盈余公积-分出的利润

在会计处理上，未分配利润是通过"利润分配——未分配利润"明细账进行核算的。年度终了，企业应将本年收入和支出相抵后结出的本年实现的净利润或净亏损转入"利润分配——未分配利润"账户，同时将"利润分配"账户所属的其他明细账的余额转入"未分配利润"明细账。结转后，除"未分配利润"明细账外，"利润分配"的其他明细账均无余额。"利润分配——未分配利润"账户年末贷方余额反映企业累积未分配的利润数额；如出现借方余额，则反映企业累积未弥补的亏损数额。

未分配利润的一般账务处理可归纳为表12-3。

表 12-3 未分配利润的一般账务处理

序号	经济业务	账务处理	案例
1	年终，结转企业当年实现的净利润	借：本年利润 贷：利润分配——未分配利润（当年实现净利润）	例 12-10
2	年终，结转企业当年发生的亏损	借：利润分配——未分配利润（当年发生净亏损） 贷：本年利润	
3	年终，结转用盈余公积弥补的亏损	借：利润分配——盈余公积补亏 贷：利润分配——未分配利润（已弥补的亏损）	例 12-9
4	年终，将“利润分配”所属其他明细账的余额转入“利润分配——未分配利润”明细账	借：利润分配——未分配利润（已分配的利润） 贷：利润分配——提取法定盈余公积 ——提取任意盈余公积 ——应付现金股利 ——转作资本的股利等	例 12-10（3）

【例 12-10】华钢股份公司的股本为 850 万元，每股面值 1 元。20×1 年初“利润分配——未分配利润”账户的贷方余额为 22 万元。

20×1 年华钢股份公司实现净利润 680 万元，经股东大会批准，按 20×1 年实现净利润的 10%提取法定盈余公积、5%提取任意盈余公积，同时向股东按每股 0.2 元派发现金股利，按每 10 股送 3 股的比例派发股票股利。新增股本也已经办理完股权登记和相关增资手续。20×2 年 3 月 18 日，华钢股份公司以银行存款支付了全部现金股利。假定不考虑相关税费，华钢股份公司的账务处理如下：

（1）20×1 年年度终了，结转本年实现的净利润时：

借：本年利润　　6 800 000

　　贷：利润分配——未分配利润　　6 800 000

（2）提取盈余公积、宣告分派现金股利和股票股利时：

应付股利=8 500 000×0.2=1 700 000（元）

股本=8 500 000×30%=2 550 000（元）

借：利润分配——提取法定盈余公积　　680 000

　　　　　　——提取任意盈余公积　　340 000

　　　　　　——应付现金股利　　1 700 000

　　　　　　——转作股本的股利　　2 550 000

　　贷：盈余公积——法定盈余公积　　680 000

　　　　　　　　——任意盈余公积　　340 000

　　　　应付股利　　1 700 000

　　　　股本　　2 550 000

（3）结转“利润分配”的明细账（除“未分配利润”明细账）时：

借：利润分配——未分配利润　　5 270 000

贷：利润分配——提取法定盈余公积　　680 000
　　　　　　——提取任意盈余公积　　340 000
　　　　　　——应付现金股利　　1 700 000
　　　　　　——转作股本的股利　　2 550 000

结转后，华钢股份公司 20×1 年末“利润分配——未分配利润”账户的贷方余额为 175（22+680-527）万元，即反映华钢股份公司历年累积的未分配利润为 175 万元。

（4）20×2 年 3 月 18 日，实际发放现金股利时：

借：应付股利　　1 700 000
　贷：银行存款　　1 700 000

（四）企业发生亏损

企业在生产经营过程中既有可能产生盈利，也有可能发生亏损。期末结转利润时，应将各损益类账户的净发生额转入“本年利润”账户，结平各损益类账户。结转后“本年利润”账户贷方余额为当期实现的净利润，借方余额为当期发生的净亏损。

企业在当年发生亏损的情况下，与实现利润的情况相同，应当将本年发生的亏损自“本年利润”账户转入“利润分配——未分配利润”账户，借记“利润分配——未分配利润”账户，贷记“本年利润”账户，结转后“利润分配”账户的借方余额即为未弥补亏损的数额。然后通过“利润分配”账户核算有关亏损的弥补情况。

由于未弥补亏损形成的时间长短不同等原因，以前年度未弥补亏损有的可以以当年实现的税前利润弥补，有的则需用税后利润弥补。以当年实现的利润弥补以前年度结转的未弥补亏损，不需要进行专门的账务处理。企业应将当年实现的利润自“本年利润”账户转入“利润分配——未分配利润”账户的贷方，其贷方发生额与“利润分配——未分配利润”的借方余额自然抵补。无论是以税前利润还是以税后利润弥补亏损，其会计处理方法均相同。但是，两者在计算交纳所得税时的处理是不同的。在以税前利润弥补亏损的情况下，其弥补的数额可以抵减当期企业应纳税所得额，而以税后利润弥补的数额，则不能作为纳税所得扣除处理。

以上经济业务对所有者权益的影响归纳详见表 12-4。

表 12-4　企业发生亏损时的业务处理

序号	项目	账务处理	对留存收益的影响	对所有者权益的影响
1	当年实现的净利润	损益类账户结转	增加留存收益	增加所有者权益
2	提取盈余公积	借：利润分配——提取盈余公积 贷：盈余公积	不影响留存收益	不影响所有者权益
3	向投资者宣告分配现金股利或利润	借：利润分配——应付现金股利（或利润） 贷：应付股利	留存收益减少	减少所有者权益，增加负债
4	资本公积、盈余公积转增资本	借：资本公积/盈余公积 贷：实收资本/股本	盈余公积转增资本，留存收益减少	不影响所有者权益
5	盈余公积弥补亏损	借：盈余公积 贷：利润分配——盈余公积补亏	不影响留存收益	不影响所有者权益

续表

序号	项目	账务处理	对留存收益的影响	对所有者权益的影响
6	税后利润弥补亏损	“利润分配”账户贷方和借方相抵，不作账务处理	不影响留存收益	不影响所有者权益
7	实际发放股票股利	借：利润分配——应付股票股利 　贷：股本	留存收益减少	不影响所有者权益
8	回购本公司股票	借：库存股（所有者权益的备抵账户） 　贷：银行存款	不影响留存收益	减少所有者权益
9	注销库存股	借：股本 　资本公积 　盈余公积/利润分配——未分配利润 　贷：库存股	涉及盈余公积和未分配利润部分则减少留存收益	借贷方都是所有者权益账户，所有者权益总额不变

所有者权益的信息揭示，详见表 12-5。

表 12-5　所有者权益的信息揭示

资产负债表的所有者权益项目	报表列示金额（期末数）
实收资本（或股本）、资本公积、其他综合收益、盈余公积	直接根据“实收资本（或股本）”“资本公积”“其他综合收益”和“盈余公积”账户余额填列
未分配利润	1～11 月末报表该项目=“本年利润”账户余额±“利润分配”账户余额 12 月末报表该项目=“利润分配”账户贷方余额（借方余额则以“-”号填列）”

导入案例分析：发行股票的直接目的是筹集资金，为了扩大业务规模、增加投资或筹集营运资金，现有股份制公司可以通过发行股票筹集所需资金，这种股票发行称为增资发行。

发行股票对公司财务报表的影响是增加权益和货币资金。具体来说发行股票使公司股本增加，反映在报表上则所有者权益增加，对应于资产类货币资金增加。而发行债券在报表上体现负债增加，对应于资产类货币资金增加。发行股票向投资者支付的股息不得税前扣除，支付的债券利息可以税前扣除。

账务处理如下：

借：银行存款　　39 600 000

　贷：股本　　10 000 000

　　资本公积——股本溢价　　29 600 000

第十三章　收入、费用和利润

学习目标

1. 掌握收入的确认和计量、合同成本的核算、特定交易的会计处理。
2. 理解收入的定义、确认原则及范围界定。
3. 了解费用和利润的相关概念。

知识框架

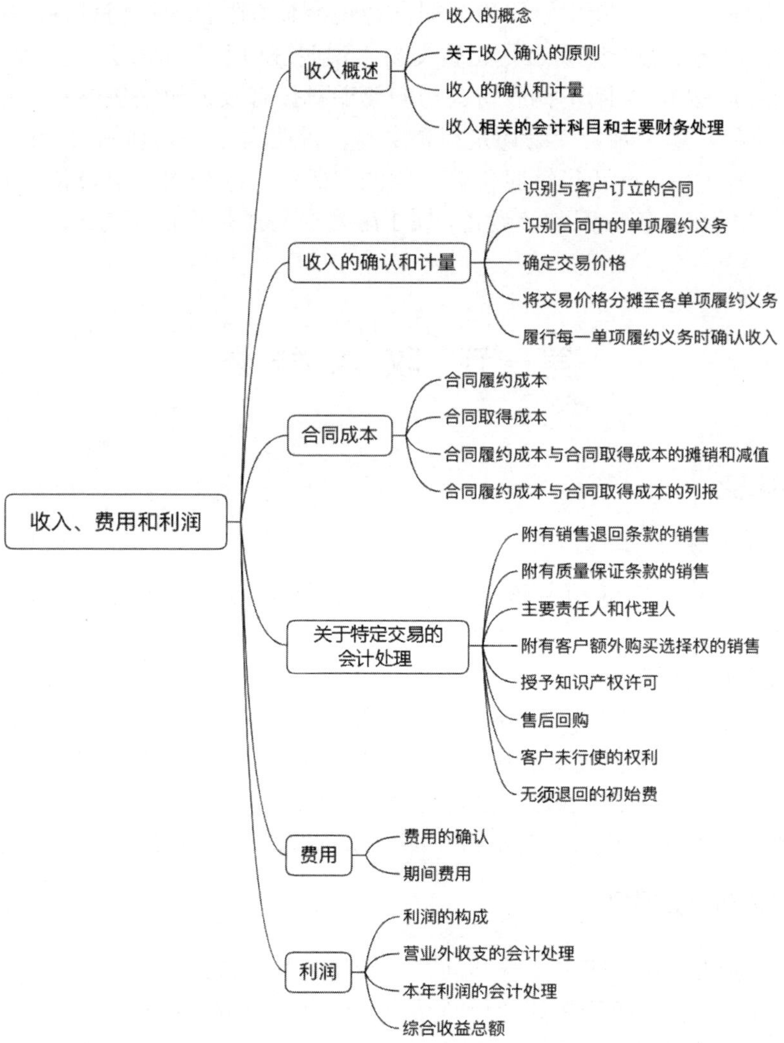

导入案例

案例：华钢股份公司 20×1 年销售商品资料如下（假定不考虑货币时间价值等其他因素的影响，不考虑增值税）：

（1）20×1 年 1 月 1 日，华钢股份公司向鑫锐冶金有限公司销售一台设备，销售价格为 1 000 万元，同时双方约定两年之后华钢股份公司将以 800 万元的价格回购该设备。

（2）20×1 年 2 月 1 日，华钢股份公司向泰瑞科技有限公司销售一批商品，销售价格为 1 000 万元。该批商品的成本为 600 万元；商品尚未发出，款项已经收到。协议约定，华钢股份公司应于 6 月 30 日将所售商品购回，回购价为 1 050 万元。

（3）20×1 年 3 月 1 日，华钢股份公司向洞口矿业有限公司销售一台设备，销售价格为 1 000 万元，双方约定，洞口矿业有限公司在 2 年后有权要求华钢股份公司以 800 万元的价格回购该设备。华钢股份公司预计该设备在回购时的市场价值 200 万元，将远低于 800 万元。

案例思考：

（1）根据事项（1），判断华钢股份公司向鑫锐冶金有限公司销售设备，华钢股份公司在 2 年后回购该设备，属于融资交易还是租赁交易，说明理由并分析其会计处理方法。

（2）根据事项（2），判断华钢股份公司向泰瑞科技有限公司销售商品，华钢股份公司在 5 个月后回购该商品，属于融资交易还是租赁交易，说明理由并编制相关会计分录。

（3）根据事项（3），判断华钢股份公司向洞口矿业有限公司销售设备，洞口矿业有限公司要求华钢股份公司在 2 年后回购该设备，属于融资交易还是租赁交易，说明理由并分析其会计处理方法。

第一节 收入概述

一、收入的概念

（一）收入的定义

收入，是指企业在日常活动中形成的、会导致所有者权益增加的、与所有者投入资本无关的经济利益的总流入。

（二）收入准则适用范围

收入准则适用于所有与客户之间的合同，不涉及企业对外出租资产收取的租金、进行债权投资收取的利息、进行股权投资取得的现金股利、保险合同取得的保费收入等。企业以存货换取客户的非货币性资产等适用收入准则；其他非货币性资产交换，按照《企业会计准则第 7 号——非货币性资产交换》进行会计处理。本章所称商品，既包括商品，也包括服务。

二、关于收入确认的原则

（1）收入的确认方式：应当反映其向客户转让商品的模式。

（2）收入的计量：应当反映其转让商品而预期有权收取的对价金额。

收入的范围界定和概念界定见表 13-1。

表 13-1　收入的范围界定和概念界定

范围界定	收入准则适用于所有与客户之间的合同，但下列各项除外：金融工具、租赁合同、保险合同等。因此，企业对外出租资产收取的租金、进行债权投资收取的利息、进行股权投资取得的现金股利和保费收入等均不适用收入准则	
概念界定	商品，既包括商品，也包括服务	
	客户，是指与企业订立合同以向该企业购买其日常活动产出的商品并支付对价的一方	

三、收入的确认和计量

收入确认计量的五步法见表 13-2。

表 13-2　收入确认计量的五步法

第一步	识别与客户订立的合同（因为收入源于合同）	确认
第二步	识别合同中的单项履约义务	
第三步	确定交易价格	计量
第四步	将交易价格分摊至各单项履约义务	
第五步	履行各单项履约义务时确认收入	确认

四、收入相关的会计科目和主要财务处理

企业应当正确记录和反映与客户之间的合同产生的收入及相关成本费用。收入的会计处理一般需要设置下述会计科目。

（一）“主营业务收入”

本科目核算企业确认的销售商品、提供服务等主营业务的收入。

（1）企业在履行了合同中的单项履约义务时，应按照已收或应收的合同价款，加上应收取的增值税额，借记“银行存款”“应收账款”“应收票据”“合同资产”等科目；按应确认的收入金额，贷记本科目；按应收取的增值税额，贷记“应交税费——应交增值税（销项税额）”“应交税费——待转销项税额”等科目。

（2）合同中存在企业为客户提供重大融资利益的，企业应按照应收合同价款，借记“长期应收款”等科目，按照假定客户在取得商品控制权时即以现金支付而需支付的金额（即现销价格）确定的交易价格，贷记本科目，按其差额贷记“未实现融资收益”科目；合同中存在客户为企业提供重大融资利益的，企业应按照已收合同价款，借记“银行存款”等科目，按照假定客户在取得商品控制权时即以现金支付的应付金额（即现销价格）确定的交易价格，贷记“合同负债”等科目，按其差额借记“未确认融资费用”科目。涉及增值税的，还应进行相应的处理。

（3）企业收到的对价为非现金资产时，应按该非现金资产在合同开始日的公允价值，借记“库存商品”“固定资产”“无形资产”等有关科目，贷记本科目。涉及增值税的，还应进行相应的处理。

（二）“主营业务成本”

本科目核算企业确认销售商品、提供服务等主营业务收入时应结转的成本。

期末，企业应根据本期销售各种商品、提供各种服务等的实际成本计算应结转的主营业务成本，借记本科目，贷记“库存商品”“合同履约成本”等科目。

（三）“合同履约成本”

本科目可按合同分“服务成本”“工程施工”等进行明细核算。

企业发生合同履约成本时，借记本科目，贷记“银行存款”“应付职工薪酬”“原材料”等科目；对合同履约成本进行摊销时，借记“主营业务成本”“其他业务成本”等科目，贷记本科目。涉及增值税的，还应进行相应的处理。本科目期末借方余额反映企业尚未结转的合同履约成本。

（四）“合同履约成本减值准备”

本科目核算与合同履约成本有关的资产的减值准备。

与合同履约成本有关的资产发生减值的，按应减记的金额，借记“资产减值损失”科目，贷记本科目；转回已计提的资产减值准备时，作相反的会计分录。

（五）“合同取得成本”

本科目核算企业取得合同发生的、预计能够收回的增量成本。

企业发生上述合同取得成本时，借记本科目，贷记“银行存款”“其他应付款”等科目；对合同取得成本进行摊销时，按照其相关性借记“销售费用”等科目，贷记本科目。涉及增值税的，还应进行相应的处理。

（六）“合同取得成本减值准备”

本科目核算与合同取得成本有关的资产的减值准备。

与合同取得成本有关的资产发生减值的，按应减记的金额，借记“资产减值损失”科目，贷记本科目；转回已计提的资产减值准备时，作相反的会计分录。

（七）“应收退货成本”

本科目核算销售商品时预期将退回商品的账面价值，扣除收回该商品预计发生的成本（包括退回商品的价值减损）后的余额。

企业发生附有销售退回条款的销售的，应在客户取得相关商品控制权时，按照已收或应收合同价款，借记“银行存款”“应收账款”“应收票据”“合同资产”等科目；按照因向客户转让商品而预期有权收取的对价金额（即不包含预期因销售退回将退还的金额），贷记“主营业务收入”“其他业务收入”等科目；按照预期因销售退回将退还的金额，贷记“预计负债——应付退货款”等科目。

结转相关成本时，按照预期将退回商品转让时的账面价值，扣除收回该商品预计发生的成本（包括退回商品的价值减损）后的余额，借记本科目；按照已转让商品转让时的账面价值，贷记“库存商品”等科目；按其差额，借记“主营业务成本”“其他业务成本”等科目。涉及增值税的，还应进行相应处理。

（八）“合同资产”

本科目核算企业已向客户转让商品而有权收取对价的权利。仅取决于时间流逝因素的权利不在本科目核算。

企业在客户实际支付合同对价或在该对价到期应付之前已经向客户转让了商品的，应当按因已转让商品而有权收取的对价金额，借记本科目或“应收账款”科目，贷记“主营业务收入”“其他业务收入”等科目；企业取得无条件收款权时，借记“应收账款”等科目，贷记本科目。

（九）“合同负债”

本科目核算企业已收或应收客户对价而应向客户转让商品的义务。

企业在向客户转让商品之前，客户已经支付了合同对价或企业已经取得了无条件收取合同对价权利的，企业应当在客户实际支付款项与到期应支付款项孰早时点，按照该已收或应收的金额，借记“银行存款”“应收账款”“应收票据”等科目，贷记本科目；企业向客户转让相关商品时，借记本科目，贷记“主营业务收入”“其他业务收入”等科目。涉及增值税的，还应进行相应的处理。

企业因转让商品收到的预收款适用收入准则进行会计处理时，不再使用“预收账款”科目及“递延收益”科目。

第二节　收入的确认和计量

一、识别与客户订立的合同

（一）合同识别

1. 合同的定义

合同是指双方或多方之间订立有法律约束力的权利义务的协议，包括书面形式、口头形式以及其他可验证的形式（如隐含于商业惯例或企业以往的习惯做法中等）。合同开始日，是指合同开始赋予合同各方具有法律约束力的权利和义务的日期，通常是指合同生效日。

2. 收入确认的原则

企业应当在履行了合同中的履约义务，即在客户取得相关商品控制权时确认收入。并且，企业与客户之间的合同同时满足规定条件的，企业应当在客户取得相关商品控制权时确认收入。取得相关商品控制权，是指能够主导该商品的使用并从中获得几乎全部的经济利益。合同需要同时满足的 5 个条件见表 13-3。

表 13-3　合同需要同时满足的 5 个条件

序号	条件
1	合同各方已批准该合同并承诺将履行各自义务
2	该合同明确了合同各方与所转让的商品（或提供的服务）相关的权利和义务
3	该合同有明确的与所转让的商品相关的支付条款
4	该合同具有商业实质，即履行该合同将改变企业未来现金流量的风险、时间分布或金额
5	企业因向客户转让商品而有权取得的对价很可能收回

企业在进行上述判断时需要注意以下三点：一是合同约定的权利和义务是否具有法律约束力；二是合同是否具有商业实质；三是企业在评估其因向客户转让商品而有权取得的对价是否很可能收回时，仅应考虑客户到期时支付对价的能力和意图（即客户的信用风险）。企业预期很可能无法收回全部合同对价时，应当判断其原因是客户的信用风险还是企业向客户提供了价格折让所致。

对于不能同时满足上述 5 个条件的合同，企业只有在不再负有向客户转让商品的剩余义务（例如合同已完成或取消），且已向客户收取的对价（包括全部或部分对价）无须退回时，才能将已收取的对价确认为收入；否则，应当将已收取的对价作为负债进行会计处理。

思考：为什么合同同时满足 5 个条件是收入确认的前提？

为了防止以虚假合同操纵收入，需要对合同的条件进行限定，只有同时满足 5 个条件才表明这个合同是真的销售合同。例如，条件 1 表明该合同已经生效，未生效的合同当然不能确认收入。条件 2 和条件 3 说明这个合同是有偿销售商品的合同，不是赠与合同。条件 4 说明这个合同具有商业实质，符合实质重于形式要求。条件 5 对价很可能收回，才能满足经济利益很可能流入的条件。

说明：关于合同的后续评估的问题。合同只有同时满足 5 个条件，才能确认收入。如果不满足，当然不能确认收入。但事物总是发展变化的，现在不满足，说不定以后能满足，所以需要在以后期间持续评估，一旦同时满足了就可以确认收入。另外，也要考虑特殊情况。比如已经收到合同价款，但合同一直无法满足条件，是不是永远就只能作为负债呢？不一定，如果这笔款项既不用退回客户，又没有承担任何义务，那说明不会导致企业未来经济利益流出，不满足负债的定义，所以就可以确认收入。

（二）合同合并

企业与同一客户（或该客户的关联方）同时订立或在相近时间内先后订立的两份或多份合同，在满足下列条件之一时，应当合并为一份合同进行会计处理：①基于同一商业目的订立+构成“一揽子”交易；②一份合同的对价金额取决于其他合同的定价或履行情况；③两份或多份合同中所承诺的商品（或每份合同中所承诺的部分商品）构成单项履约义务。

说明：两份或多份合同合并为一份合同进行会计处理的，仍然需要区分该一份合同中包含的各单项履约义务。

（三）合同变更

合同变更，是指经合同各方批准对原合同范围或价格作出的变更。企业应当区分表 13-4 所列 3 种情形对合同变更分别进行会计处理。

表 13-4　合同变更的 3 种情形

情形	条件
合同变更部分作为单独合同	合同变更增加了可明确区分的商品及合同价款，且新增合同价款反映了新增商品单独售价的。此类合同变更不影响原合同的会计处理
合同变更作为原来合同终止及新合同订立	不属于合同变更的第 1 种情形，且在合同变更日已转让商品与未转让商品之间可明确区分
合同变更作为原合同的组成部分	不属于合同变更的第 1 种情形，且已转让商品与未转让商品之间不可明确区分

【例 13-1】华钢股份公司与客户 B 签订销售合同。华钢股份公司以 100 元的单价销售 100 件产品给客户 B，货款共计 10 000 元。10 天后，华钢股份公司交付了 80 件产品，确认了收入 8 000 元。第 30 天，双方签订变更合同，除原合同规定的权利义务之外，华钢股份公司以 95 元的单价（假定该价格反映了合同变更时的单独售价）再销售 50 件相同的产品给客户 B。

【分析】由于合同变更增加了可明确区分的商品及合同价款，而且新增合同价款反映了新增商品的单独售价，因此该合同变更部分应当作为一份新合同来处理。即华钢股份公司应当对原合同 100 件产品按照 100 元的单价确认收入，对新合同 50 件产品按照单价 95 元确认收入。不同情形下合同变更的会计处理如图 13-1 所示。

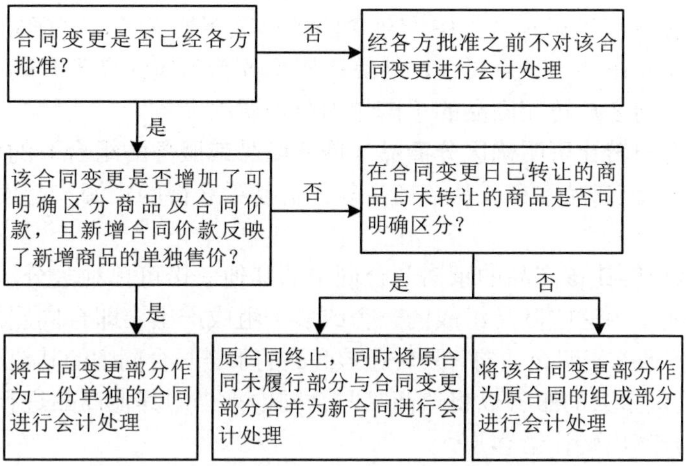

图 13-1 不同情形下合同变更的会计处理

【例 13-2】华钢股份公司与客户 B 签订销售合同。华钢股份公司以 100 元的单价销售 100 件产品给客户 B，货款共计 10 000 元。10 天后，华钢股份公司交付了 80 件产品，确认了收入 8 000 元。第 30 天，双方签订变更合同，除原合同规定的权利义务之外，华钢股份公司以 50 元的单价（假定该价格没有反映合同变更时的单独售价）再销售 50 件相同的产品给客户 B。

【分析】虽然合同变更增加了可明确区分的商品及合同价款，但由于新增合同价款没有反映新增商品的单独售价，而且在合同变更日已转让商品与未转让商品之间可明确区分（即已销售的 80 件和未销售的 20 件是可明确区分的）。因此，应当视为原合同终止，同时，将原合同未履约部分与合同变更部分合并为新合同进行会计处理。即新合同对价=原合同剩余 20 件产品的对价 2 000 元+合同变更部分 50 件产品的对价 2 500 元，新合同产品的单价=(2 000+2 500)÷(20+50)=64.29（元）。

【例 13-3】20×0 年 1 月 15 日，华钢股份公司和乙公司签订了一项总金额为 1 000 万元的固定造价合同，在乙公司自有土地上建造一幢办公楼，预计合同总成本 700 万元。假定该建造服务属于在某一时段内履行的履约义务，并根据累计发生的合同成本占合同预计总成本的比例确定履约进度。

截至 20×0 年年末，华钢股份公司累计已发生成本 420 万元，履约进度为 60%(420÷700)。因此，乙公司在 20×0 年确认收入 600（1 000×60%）万元。

20×1 年年初，合同双方同意更改该办公楼屋顶的设计，合同价格和预计总成本因此而分别增加 200 万元和 120 万元。

【分析】合同变更没有增加可明确区分的商品，且在合同变更日已转让的商品与未转让的商品之间不可明确区分（整个合同只有一个商品，即办公楼，当然不可明确区分），因此，华钢股份公司应当将合同变更作为原合同的组成部分进行会计处理。即合同变更后的交易价格为 1 200（1 000 +200）万元，华钢股份公司重新估计的履约进度为 51.2% [420÷（700 +120）]，华钢股份公司在合同变更日应额外确认收入 14.4（1 200×51.2%-600）万元。

二、识别合同中的单项履约义务

履约义务，是指合同中企业向客户转让可明确区分商品的承诺。

合同开始日，企业应当识别合同中所包含的各单项履约义务，并确定各单项履约义务是在某一时段内履行还是在某一时点履行，然后在履行各单项履约义务时确认收入。

企业应当将下述向客户转让商品的承诺作为单项履约义务。

（一）企业向客户转让可明确区分商品（或者商品或服务的组合）的承诺

（1）客户能够从该商品本身或从该商品与其他易于获得的资源一起使用中受益（即商品本身可明确区分）。

（2）企业向客户转让该商品的承诺与合同中的其他承诺可单独区分，以识别企业承诺转让的是每一项商品还是由这些商品组成的一个或多个组成产出（即合同层面可明确区分）。

说明：下列情形通常表明企业向客户转让该商品的承诺与合同中的其他承诺不可明确区分：

（1）企业需提供重大的服务以将该商品与合同中承诺的其他商品进行整合，形成合同约定的某个或某些组合产出转让给客户。

例如，企业为客户建造写字楼的合同中，企业向客户提供的砖头、水泥、人工都能使客户获益，但企业对客户的承诺是建造一栋写字楼，而非提供砖头、水泥等，企业需要提供重大的服务将这些商品进行整合，以形成合同约定的一项组合产出（即写字楼）转让给客户。因此，在该合同中，砖头、水泥、人工等商品彼此之间不能单独区分。

（2）该商品将对合同中承诺的其他商品予以重大修改或定制。

例如，企业承诺向客户开发一款现有软件并提供安装服务，虽然该软件可以单独使用，但在安装过程中需要进行定制化的重大修改，以使其与客户现有系统相兼容。此时，转让软件的承诺与提供定制化重大修改的承诺在合同层面是不可明确区分的。

（3）该商品与合同中承诺的其他商品具有高度关联性，即合同中承诺的每一项商品均受到合同中其他商品的重大影响。

例如，华钢股份公司承诺为客户设计一种新产品并负责生产 10 个样品，企业在生产和测试样品的过程中需要对产品的设计进行不断的修正，并导致已生产的样品均可能需要进行不同程度的返工。此时，企业提供的设计服务和生产样品的服务是不断交替反复进行的，二者高度关联，因此在合同层面是不可明确区分的。

需要注意的是，企业向客户销售商品，往往约定需要将商品运送至客户指定的地方。通常情况下，商品控制权转移给客户之前发生的运输活动不构成单项履约义务，商品控制权转移之后发生的运输活动可能构成单项履约义务。

企业向客户转让可明确区分商品（或者商品或服务的组合）的承诺见表 13-5。

表 13-5 企业向客户转让可明确区分商品（或者商品或服务的组合）的承诺

<table>
<tr><td rowspan="5">同时满足</td><td rowspan="2">商品本身可明确区分</td><td colspan="2">客户能够从商品本身受益</td></tr>
<tr><td colspan="2">与其他易于获得的资源一起使用中受益</td></tr>
<tr><td rowspan="3">转让商品的承诺可明确区分</td><td rowspan="3">不可明确区分的情形</td><td>组合产出</td></tr>
<tr><td>重大修改或定制</td></tr>
<tr><td>高度关联性</td></tr>
</table>

（二）一系列实质相同且转让模式相同的、可明确区分商品

当企业向客户连续转让某项承诺的商品时，如每天提供类似劳务的长期劳务合同等，如果这些商品属于实质相同且转让模式相同的一系列商品，企业应当将这一系列商品作为单项履约义务，见表 13-6。

表 13-6　实质相同且转让模式相同的、可明确区分商品

要求	条件
实质相同	提供确定数量的商品：考虑商品本身是否实质相同
	某一期间内随时向客户提供某项服务：考虑企业在该期间内的各个时间段的承诺是否相同，而并非具体的服务行为本身
转让模式相同	同时满足：在某一时段内履行履约义务和采用相同方法确定其履约进度

需要说明的几个问题：

（1）为什么要区分单项履约义务？

通俗地说，就是只有“干活了”才有钱。针对有多重交易的合同，到底有几个人干活，不能把全部收入算到一个人头上，避免虚增毛利和提前确认收入。比如买商品 A 送商品 B 的促销，收入要在 A 与 B 之间分摊，不能全部算给 A，避免虚增 A 的毛利。

（2）怎么识别单项履约义务？

通俗地说，就是要搞清楚你到底卖的是什么？比如，为客户建房，虽然向客户转移砖头、钢筋、水泥，但这些商品都不是真正要卖的对象，真正卖的是建筑服务，所以砖头、钢筋、水泥不属于单项履约义务，不能分摊收入。

（3）什么是在某一时段履行的单项履约义务？

通俗地说，就是要干很久才能完成的义务，不像卖商品一下子就完事了。主要是卖劳务、卖服务，比如保洁服务、为客户建造房子（注意区别房地产开发商卖房子）、为客户代工生产产品（注意区分商家卖自己的产品）。

三、确定交易价格

交易价格，是指企业因向客户转让商品而预期有权收取的对价金额。

企业代第三方收取的款项（例如增值税）以及企业预期将退还给客户的款项，应当作为负债进行会计处理，不计入交易价格。

合同标价并不一定代表交易价格，企业应当根据合同条款，并结合以往的习惯做法等确定交易价格。

对交易价格有影响的因素主要有可变对价、合同中存在的重大融资成分、非现金对价、应付客户对价等。

（一）可变对价

企业与客户的合同中约定的对价金额可能是固定的，也可能会因折扣、价格折让、返利、退款、奖励积分、激励措施、业绩奖金、索赔、未来事项等因素而变化。合同中存在可变对价的，企业应当对计入交易价格的可变对价进行估计。

1．可变对价最佳估计数的确定

企业应当按照期望值或最可能发生金额确定可变对价的最佳估计数；当合同仅有两个可

能结果时，通常按照最可能发生金额估计可变对价金额，详见表 13-7。

表 13-7　可变对价最佳估计数的确定

最佳估计数	适用范围	计算方法
期望值	拥有大量具有类似特征的合同，并估计可能产生多个结果	Σ各种可能发生的对价金额×相关概率
最可能发生金额	合同仅有两个可能结果	一系列可能发生的对价金额中最可能发生的单一金额

2. 计入交易价格的可变对价金额的限制

企业按照期望值或最可能发生金额确定可变对价金额之后，计入交易价格的可变对价金额还应该满足限制条件，即包含可变对价的交易价格应当不超过在相关不确定性消除时累计已确认的收入极可能不会发生重大转回的金额。

每一资产负债表日，企业应当重新估计应计入交易价格的可变对价金额，包括重新评估对可变对价的估计是否受到限制，以如实反映报告期末存在的情况以及报告期内发生的情况变化。

说明："极可能"是指远高于"很可能"(>50%)，但小于"基本确定"(>95%)，体现的是谨慎性要求，防止操纵收入，要求估计交易价格时应保守些，不能高估以后随便冲回。

【例 13-4】华钢股份公司的子公司为其客户建造一栋厂房，合同约定的价款为 100 万元，但是，如果子公司不能在合同签订之日起的 120 天内竣工，须支付 10 万元罚款，该罚款从合同价款中扣除。上述金额均不含增值税。子公司对合同结果的估计如下：工程按时完工的概率为 90%，工程延期的概率为 10%。假定上述金额不含增值税。

【分析】由于该合同涉及两种可能结果，子公司认为按照最可能发生金额能够更好地预测其有权获取的对价金额。因此，子公司估计的交易价格为 100 万元，即为最可能发生的单一金额。

【例 13-5】华钢股份公司的子公司生产和销售洗衣机。20×1 年 3 月，子公司向零售商乙公司销售 1 000 台洗衣机，每台价格为 2 000 元，合同价款合计 200 万元。同时，子公司承诺，如果未来 6 个月内，同类洗衣机售价下降，则按照合同价格与最低售价之间的差额向乙公司支付差价。子公司根据以往执行类似合同的经验，预计未来 6 个月内，不降价的概率为 50%，每台降价 200 元的概率为 40%，每台降价 500 元的概率为 10%。假定不考虑增值税等因素。

【分析】子公司认为期望值能够更好地预测其有权获取的对价金额。假定不考虑有关"计入交易价格的可变对价金额的限制"要求，子公司估计交易价格为每台 1 870（2 000×50%+1 800×40%+1 500×10%）元。

（二）合同中存在的重大融资成分

企业应当按照假定客户在取得商品控制权时即以现金支付的应付金额（即现销价格）确定交易价格。未包含重大融资成分的情形及举例见表 13-8。

表 13-8　未包含重大融资成分的情形及举例

未包含重大融资成分的情形	举例
客户就商品支付了预付款，且可以自行决定这些商品的转让时间	企业向客户出售其发行的储值卡，客户可随时到该企业持卡购物；企业向客户授予奖励积分，客户可随时到该企业兑换这些积分等

续表

未包含重大融资成分的情形	举例
客户承诺支付的对价中有相当大的部分是可变的，该对价金额或付款时间取决于某一未来事项是否发生，且该事项实质上不受客户或企业控制	按照实际销量收取的特许权使用费
合同承诺的对价金额与现销价格之间的差额是由向客户或企业提供融资利益以外的其他原因所导致的，且这一差额与产生该差额的原因是相称的	合同约定的支付条款目的是向企业或客户提供保护，以防止另一方未能依照合同充分履行其部分或全部义务

合同中存在重大融资成分的，企业在确定该重大融资成分的金额时应使用将合同对价的名义金额折现为商品的现销价格的折现率。该折现率一经确定，不得因后续市场利率或客户信用风险等情况的变化而变更。企业确定的交易价格与合同承诺的对价金额之间的差额应当在合同期间内采用实际利率法摊销。

说明：考虑合同中存在的重大融资成分，是为了准确核算合同中的销售收入和利息收入（或利息费用），这体现了实质重于形式的要求。

存在重大融资成分的两种情形：

（1）企业向客户提供融资（即先交货、后收钱）：先确认收入（按商品单独售价，而不是按合同对价），然后在未来期间确认利息收入（即摊销未实现融资收益），最后收回商品销售收入（即借款本金）和利息收入。

（2）客户向企业提供融资（先收钱、后交货）：先确认负债（按收到的合同对价），在未来确认利息费用（即摊销未确认融资费用），最后以交付商品（商品单独售价）来偿付负债（即借款本息和）。

【例 13-6】 20×0 年 1 月 1 日，华钢股份公司与洞口矿业有限公司签订合同，向其销售一批产品。合同约定，该批产品将于 2 年之后交货。合同中包含两种可供选择的付款方式，即洞口矿业有限公司可以在 2 年后交付产品时支付 449.44 万元，或者在合同签订时支付 400 万元。洞口矿业有限公司选择在合同签订时支付货款。该批产品的控制权在交货时转移。华钢股份公司于 20×0 年 1 月 1 日收到洞口矿业有限公司支付的货款。上述价格均不包含增值税，且假定不考虑相关税费影响。假定摊销年利率为 6%。请编写华钢股份公司与该事项相关的会计分录。

（1）20×0 年 1 月 1 日收到货款时：

借：银行存款	4 000 000	
未确认融资费用	494 400	
贷：合同负债		4 494 400

（2）20×0 年 12 月 31 日确认融资成分的影响时：

借：财务费用	240 000	
贷：未确认融资费用		240 000

（3）20×1 年 12 月 31 日交付产品时：

20×1 年合同负债期初摊余成本=20×0 年期末摊余成本=400×(1+6%)=424（万元）

（“未确认融资费用”是“合同负债”的备抵科目）

应确认的财务费用=424×6%=25.44（万元）

借：财务费用 254 400
　　贷：未确认融资费用 254 400
借：合同负债 4 494 400
　　贷：主营业务收入 4 494 400

说明：合同负债，是指企业已收或应收客户对价而应向客户转让商品的义务。在收入准则中，已不再使用“预收账款”和“递延收益”科目，而是用“合同负债”代替。但在其他准则中，“预收账款”和“递延收益”还是存在的。

（三）非现金对价

通常情况下，企业应当按照非现金对价在合同开始日的公允价值确定交易价格。非现金对价公允价值不能合理估计的，企业应当参照其承诺向客户转让商品的单独售价间接确定交易价格。非现金对价包括实物资产、无形资产、股权、客户提供的广告服务等。非现金对价的公允价值变动的处理原则见表13-9。

表13-9 非现金对价的公允价值变动的处理原则

公允价值发生变动的情形	处理原则
因对价的形式而发生变动的，企业向客户收取的对价是股票，股票本身的价格会发生变动	合同开始日后，该变动金额不应计入交易价格
因其对价形式以外的原因而发生变动的，企业收取非现金对价的公允价值因企业的履约情况而发生变动	合同开始日后，应当作为可变对价，按照与计入交易价格的可变对价金额的限制条件相关的规定进行处理

【例13-7】华钢股份公司为客户生产一台专用设备。双方约定，如果华钢股份公司能够在30天内交货，则可以额外获得600股客户的股票作为奖励。合同开始日，该股票的价格为每股4元；由于缺乏执行类似合同的经验，华钢股份公司当日估计，该600股股票的公允价值计入交易价格将不满足累计已确认的收入极可能不会发生重大转回的限制条件。合同开始日之后的第27天，企业将该设备交付给客户，从而获得了600股股票，该股票在此时的价格为每股4.5元。假定华钢股份公司将该股票作为以公允价值计量且其变动计入当期损益的金融资产。

【分析】合同开始日，该股票的价格为每股4元，由于缺乏执行类似合同的经验，华钢股份公司当日估计，该600股股票的公允价值计入交易价格将不满足累计已确认的收入极可能不会发生重大转回的限制条件，华钢股份公司不应将该600股股票的公允价值2 400元计入交易价格。合同开始日之后的第27天，华钢股份公司获得了600股股票，该股票在此时的价格为每股4.5元。华钢股份公司应按股票（非现金对价）在合同开始日的公允价值，即2 400（4×600）元确认为收入，因对价形式原因而发生的变动，即300（4.5×600-4×600）元计入公允价值变动损益。

（四）应付客户对价

企业在向客户转让商品的同时，需要向客户或第三方支付对价的，除为了自客户取得其他可明确区分商品的款项外，应当将该应付对价冲减商品交易价格，并在确认相关收入与支付客户对价二者孰晚的时点冲减当期收入。

思考：为什么要考虑应付客户对价？

【分析】也是为了避免虚增收入。企业为了扩大收入，可能给客户提供买商品返现金的优惠，这时就只能以收到的净额（收到的钱-付出的钱）确认收入。当然，如果企业向客户付钱是因为向客户采购了商品，那就不会影响销售收入的确认， 销售商品和采购商品本来就是两码事，区分清楚就好。

四、将交易价格分摊至各单项履约义务

合同中包含两项或多项履约义务时，企业应当在合同开始日，按照各单项履约义务所承诺商品的单独售价的相对比例将交易价格分摊至各单项履约义务。

单独售价是指企业向客户单独销售商品的价格。单独售价无法直接观察的，企业应当综合考虑其能够合理取得的全部相关信息，采用市场调整法、成本加成法、余值法等方法合理估计单独售价。交易价格分摊至各单项履约义务的方法见表 13-10。

表 13-10 交易价格分摊至各单项履约义务的方法

方法	说明
市场调整法	指企业根据某商品或类似商品的市场售价考虑本企业的成本和毛利等进行适当调整后，确定其单独售价的方法
成本加成法	指企业根据某商品的预计成本加上其合理毛利后的价格，确定其单独售价的方法
余值法	指企业根据合同交易价格减去合同中其他商品可观察的单独售价后的余值，确定某商品单独售价的方法。企业应当最大限度地采用可观察的输入值，并对类似的情况采用一致的估计方法。企业在商品近期售价波动幅度巨大或者因未定价且未曾单独销售而使售价无法可靠确定时，可采用余值法估计其单独售价

【例 13-8】20×1 年 3 月 1 日，华钢股份公司与客户签订合同，向其销售 A、B 两项商品，A 商品的单独售价为 6 000 元，B 商品的单独售价为 24 000 元，合同价款为 25 000 元。合同约定，A 商品于合同开始日交付，B 商品在一个月之后交付，只有当两项商品全部交付之后，华钢股份公司才有权收取 25 000 元的合同对价。假定 A 商品和 B 商品分别构成单项履约义务，其控制权在交付时转移给客户。上述价格均不包含增值税，且假定不考虑相关税费影响。

【分析】本例中，分摊至 A 商品的合同价款为 5 000 [(6 000÷(6 000+24 000))×25 000]元，分摊至 B 商品的合同价款为 20 000 [(24 000÷(6 000+24 000))×25 000]元，华钢股份公司的账务处理如下：

（1）交付 A 商品时：

借：合同资产　　5 000

　　贷：主营业务收入　　5 000

（2）交付 B 商品时：

借：应收账款　　25 000

　　贷：合同资产　　5 000

　　　　主营业务收入　　20 000

说明：合同中规定“只有当两项商品全部交付之后，华钢股份公司才有权收取 25 000 元的合同对价”，本例中是先交付 A 商品，一个月之后交付 B 商品，因此只有当 A、B 两个商品都交付才能确认“应收账款”，在交付 A 商品时只能确认“合同资产”。

应收款项是企业无条件收取合同对价的权利。只有在合同对价到期支付之前仅仅随着时

间的流逝即可收款的权利才是无条件的收款权。应收账款与合同资产的联系与区别见表 13-11。

表 13-11 应收账款与合同资产的联系与区别

资产	联系	区别
应收款项	企业拥有的有权收取对价的合同权利	无条件（时间）
合同资产		取决于其他条件（其他履约义务的履行）

合同资产和合同负债应当在资产负债表中单独列示，并按流动性分别列示为“合同资产”或“其他非流动资产”以及“合同负债”或“其他非流动负债”。同一合同下的合同资产和合同负债应当以净额列示，不同合同下的合同资产和合同负债不能互相抵销。

1. 分摊合同折扣

（1）定义。合同折扣，是指合同中各单项履约义务所承诺商品的单独售价之和高于合同交易价格的金额。例如，某合同的对价是 100 万元，共有 2 个单项履约义务 A 和 B，单独售价分别为 80 万元、40 万元，单独售价之和为 120 万元，大于合同对价 100 万元，差额 20 万元属于合同折扣。

（2）分摊原则：一般全体分摊，特殊局部分摊。

对于合同折扣，企业应当在各单项履约义务之间按比例分摊（即全体分摊）。有确凿证据表明合同折扣仅与合同中一项或多项（而非全部）履约义务相关的，企业应当将该合同折扣分摊至相关一项或多项履约义务（即局部分摊）。

同时满足下列三项条件时，企业应当将合同折扣分摊至合同中的一项或多项（而非全部）履约义务：

1）企业经常将该合同中的各项可明确区分的商品单独销售或者以组合的方式单独销售。

2）企业也经常将其中部分可明确区分的商品以组合的方式按折扣价格单独销售。

3）上述第二项中的折扣与该合同中的折扣基本相同，且针对每一组合中的商品的评估为将该合同的全部折扣归属于某一项或多项履约义务提供了可观察的证据。

此外，如果有确凿证据表明合同折扣仅与合同中的一项或多项（而非全部）履约义务相关，且企业采用余值法估计单独售价的，企业应当首先在该一项或多项（而非全部）履约义务之间分摊合同折扣，然后再采用余值法估计单独售价。

【例 13-9】华钢股份公司与客户签订合同，向其销售 R、S、T 三种产品，合同总价款为 270 万元，这三种产品构成三项单项履约义务。公司经常以 100 万元单独出售 R 产品，其单独售价可直接观察；S 产品和 T 产品的单独售价不可直接观察，企业采用市场调整法估计的 S 产品单独售价为 50 万元，采用成本加成法估计的 T 产品单独售价为 150 万元。华钢股份公司通常以 100 万元的价格单独销售 R 产品，并将 S 产品和 T 产品组合在一起以 170 万元的价格销售。上述价格均不包含增值税。

【分析】三种产品的单独售价合计为 300 万元，而该合同的价格为 270 万元，该合同的整体折扣为 30 万元。由于华钢股份公司经常将 S 产品和 T 产品组合在一起以 170 万元的价格销售，该价格与其单独售价之和（200 万元）的差额为 30 万元，与该合同的整体折扣一致，而 R 产品单独销售的价格与其单独售价一致，证明该合同的整体折扣仅应归属于 S 产品和 T 产品。因此，在该合同下，分摊至 R 产品的交易价格为 100 万元，分摊至 S 产品和 T 产品的交易价格合计为170万元，华钢股份公司应当进一步按照S产品和T产品的单独售价的相对比例将该价格在二者之间进行分摊：

S产品应分摊的交易价格=50÷200×170=42.5（万元）

T产品应分摊的交易价格=150÷200×170=127.5（万元）

【例13-10】沿用例13-9，R、S、T产品的单独售价均不变，合计为300万元，S、T产品组合销售的折扣仍为30万元。但是，合同总价款为320万元，华钢股份公司与该客户签订的合同中还包括销售Q产品。Q产品的价格波动巨大，华钢股份公司向不同的客户单独销售Q产品的价格在20万～60万元之间。

【分析】由于Q产品价格波动巨大，华钢股份公司计划用余值法估计其单独售价。由于合同折扣30万元仅与S、T产品有关，因此，华钢股份公司首先应当在S、T产品之间分摊合同折扣。R、S和T产品在分摊了合同折扣之后的单独售价分别为100万元、42.5万元和127.5万元，合计为270万元。然后，华钢股份公司用余值法估计Q产品的单独售价为50（320-270）万元，该金额在华钢股份公司以往单独销售Q产品的价格区间之内，表明该分摊结果符合分摊交易价格的目标，即该金额能够反映华钢股份公司因转让Q产品而预期有权收取的对价金额。

说明：假定合同总价款不是320万元，而是280万元时，华钢股份公司采用余值法估计的Q产品的单独售价仅为10（280-270）万元，该金额在华钢股份公司以往单独销售Q产品的价格区间之外，表明该分摊结果可能不符合分摊交易价格的目标，即该金额不能反映华钢股份公司因转让Q产品而预期有权收取的对价金额。在这种情况下，用余值法估计Q产品的单独售价可能是不恰当的，华钢股份公司应当考虑采用其他的方法估计Q产品的单独售价。

2. 分摊可变对价

类似分摊合同折扣的处理，合同中包含可变对价的，该可变对价可能与整个合同相关（即全体分摊），也可能仅与合同中的某一特定组成部分有关（即局部分摊），后者包括两种情形：

（1）可变对价可能与合同中的一项或多项（而非全部）履约义务有关。比如是否获得奖金取决于企业能否在指定时期内转让某项已承诺的商品。

（2）可变对价可能与企业向客户转让的构成单项履约义务的一系列可明确区分商品中的一项或多项（而非全部）商品有关。比如为期两年的保洁服务合同，第二年的服务价格将根据指定的通货膨胀率确定。

同时满足下列条件的，企业应当将可变对价及可变对价的后续变动额分摊至与之相关的某项履约义务或者构成单项履约义务的一系列可明确区分商品中的某项商品（即局部分摊）：

（1）可变对价的条款专门针对企业为履行该项履约义务或转让该项可明确区分商品所作的努力。

（2）企业在考虑了合同中的全部履约义务及支付条款后，将合同对价中的可变金额全部分摊至该项履约义务或该项可明确区分商品符合分摊交易价格的目标。

对于不满足上述条件的可变对价及可变对价的后续变动额，以及可变对价及其后续变动额中未满足上述条件的剩余部分，企业应当按照分摊交易价格的一般原则将其分摊至合同中的各单项履约义务。对于已履行的履约义务，其分摊的可变对价后续变动额应当调整变动当期的收入。

说明：对于可变对价，如果与整个合同相关，则在全部单项履约义务之间分摊（全部分摊）；如果只与合同特定组成部分相关（要满足特定条件），则只在相关的某项履约义务之间分摊（局部分摊）。

【例 13-11】华钢股份公司与泰瑞科技有限公司签订合同，将其拥有的两项专利技术 X 和 Y 授权给泰瑞科技有限公司使用。假定两项授权均构成单项履约义务，且都属于在某一时点履行的履约义务。合同约定，授权使用 X 的价格为 80 万元，授权使用 Y 的价格为泰瑞科技有限公司使用该专利技术所生产的产品销售额的 3%。X 和 Y 的单独售价分别为 80 万元和 100 万元。华钢股份公司估计其就授权使用 Y 而有权收取的特许权使用费为 100 万元。假定上述价格均不包含增值税。

【分析】本例中，该合同中包含固定对价和可变对价，其中授权使用 X 的价格为固定对价，且与其单独售价一致，授权使用 Y 的价格为泰瑞科技有限公司使用该专利技术所生产的产品销售额的 3%，属于可变对价，该可变对价全部与授权使用 Y 能够收取的对价有关，且华钢股份公司估计基于实际销售情况收取的特许权使用费的金额接近 Y 的单独售价。因此，华钢股份公司将可变对价部分的特许权使用费金额全部由 Y 承担符合交易价格的分摊目标。

五、履行每一单项履约义务时确认收入

企业应当在履行了合同中的履约义务，即客户取得相关商品控制权时确认收入。控制权转移是确认收入的前提。

对于履约义务，企业首先判断履约义务是否满足在某一时段内履行的条件，如不满足，则该履约义务属于在某一时点履行的履约义务。

对于在某一时段内履行的履约义务，企业应当选取恰当的方法来确定履约进度；对于在某一时点履行的履约义务，企业应当综合分析控制权转移的迹象，判断其转移时点。

说明：确认收入的前提是履行了对应的单项履约义务，这也是为了防止企业提前确认收入。

（一）在某一时段内履行的履约义务

1. 在某一时段内履行履约义务的条件

满足下列条件之一的，属于在某一时段内履行的履约义务，相关收入应当在该履约义务履行的期间内确认：

（1）客户在企业履约的同时即取得并消耗企业履约所带来的经济利益。企业在履约过程中是持续地向客户转移该服务的控制权的，该履约义务属于在某一时段内履行的履约义务，企业应当在提供该服务的期间内确认收入。比如长途运输服务、咨询服务。

（2）客户能够控制企业履约过程中在建的商品。企业在履约过程中创建的商品包括在产品、在建工程、尚未完成的研发项目、正在进行的服务等。

（3）企业履约过程中所产出的商品具有不可替代用途，且该企业在整个合同期间内有权就累计至今已完成的履约部分收取款项。（“不可替代用途”+“合格收款权”）

说明：关于“合格收款权”的判断。

（1）客户或其他方导致合同终止，而非企业的原因。

（2）能够补偿已发生的成本加合理利润。

（3）拥有合格收款权，并不意味着随时可行使无条件的收款权。

【例 13-12】华钢股份公司的分公司甲公司是一家造船企业，与乙公司签订了一份船舶建造合同，按照乙公司的具体要求设计和建造船舶。甲公司在自己的厂区内完成该船舶的建

造，乙公司无法控制在建过程中的船舶。甲公司如果想把该船舶出售给其他客户，需要发生重大的改造成本。双方约定，如果乙公司单方面解约，乙公司需向甲公司支付相当于合同总价 30%的违约金，且建造中的船舶归甲公司所有。假定该合同仅包含一项履约义务，即设计和建造船舶。

【分析】本例中，船舶是按照乙公司的具体要求进行设计和建造的，甲公司需要发生重大的改造成本将该船舶改造之后才能将其出售给其他客户，因此，该船舶具有不可替代用途。然而，如果乙公司单方面解约，仅需向甲公司支付相当于合同总价 30%的违约金，表明甲公司无法在整个合同期间内都有权就累计至今已完成的履约部分收取能够补偿其已发生成本和合理利润的款项。因此，甲公司为乙公司设计和建造船舶不属于在某一时段内履行的履约义务。

注意：本例中甲公司是"企业"，乙公司是"客户"，"客户"乙公司无法控制在建过程中的船舶，而是由"企业"甲公司控制。

2. 在某一时段内履行的履约义务的收入确认方法

对于在某一时段内履行的履约义务，企业应当在该段时间内按照履约进度确认收入，履约进度不能合理确定的除外。企业应当采用恰当的方法确定履约进度，以使其如实反映企业向客户转让商品的履约情况。企业应当考虑商品的性质，采用产出法或投入法确定恰当的履约进度，并且在确定履约进度时应当扣除那些控制权尚未转移给客户的商品和服务。在某一时段内履行的履约义务的收入确认公式如图 13-2 所示。

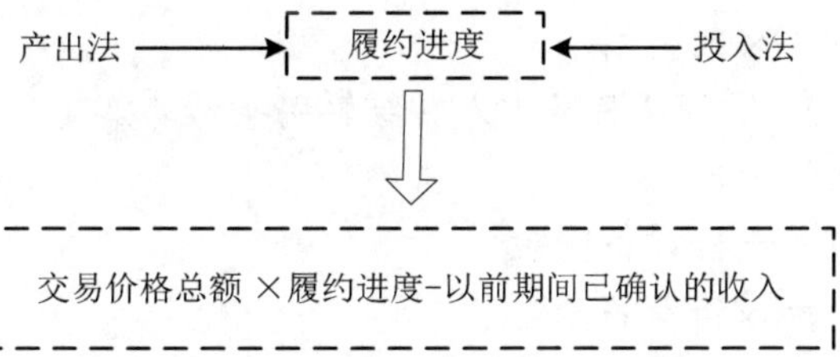

图 13-2　在某一时段内履行的履约义务的收入确认公式

在某一时段内履行的履约义务的收入确认方法见表 13-12。

表 13-12　在某一时段内履行的履约义务的收入确认方法

名称	确定履约进度的方法
产出法	根据已转移给客户的商品对于客户的价值确定履约进度，通常可采用按照实际测量的完工进度、评估已实现的结果、已达到的里程碑、时间进度、已完工或交付的产品等 产出法有关指标的信息有时可能无法直接观察获得，或者企业为获得这些信息需要花费很高的成本，此时可采用投入法
投入法	根据为履行履约义务的投入确定履约进度，通常可采用投入的材料数量、花费的人工工时或机器工时、发生的成本和时间进度等；当企业从事的工作或发生的投入是在整个履约期间内平均发生时，也可以按照直线法确认收入

提示：履约的实质是控制权的转移，即客户取得商品的控制权，若控制权未转移，则确认为企业未履约。

说明：履约进度的确定。

按照成本法确定履约进度，计算公式为：

履约进度=累计实际发生的成本/预计总成本

式中，累计实际发生的成本为转移商品过程中所发生的直接成本和间接成本。

如果累计实际发生的成本并未反映企业的履约进度或与企业履约进度不成比例，在确定履约进度时需要对成本进行调整。例如，因企业生产效率低下等原因而导致的非正常消耗，不应包括在累计实际发生的成本中。

【例 13-13】华钢股份公司于 20×1 年 12 月 1 日接受一项设备安装任务，安装期为 3 个月，合同总收入 600 000 元，至年底已预收安装费 440 000 元，实际发生安装费用为 280 000 元（假定均为安装人员薪酬），估计还将发生安装费用 120 000 元。假定华钢股份公司按实际发生的成本占估计总成本的比例确定安装的履约进度，不考虑增值税等其他因素。华钢股份公司的账务处理如下：

实际发生的成本占估计总成本的比例=280 000÷(280 000+120 000)×100%=70%

20×1 年 12 月 31 日确认的劳务收入=600 000×70%-0=420 000（元）

（1）实际发生劳务成本。

借：合同履约成本——设备安装　　280 000

　　贷：应付职工薪酬　　280 000

（2）预收劳务款。

借：银行存款　　440 000

　　贷：合同负债——××公司　　440 000

（3）20×1 年 12 月 31 日确认劳务收入并结转劳务成本。

借：合同负债——××公司　　420 000

　　贷：主营业务收入——设备安装　　420 000

借：主营业务成本——设备安装　　280 000

　　贷：合同履约成本——设备安装　　280 000

（二）在某一时点履行的履约义务

当一项履约义务不属于在某一时段内履行的履约义务时，应当属于在某一时点履行的履约义务。对于在某一时点履行的履约义务，企业应当在客户取得相关商品控制权时点确认收入。

在判断客户是否已取得商品控制权时企业应当考虑下列 5 个迹象：

（1）企业就该商品享有现时收款权利，即客户就该商品负有现时付款义务。

（2）企业已将该商品的法定所有权转移给客户，即客户已拥有该商品的法定所有权。

（3）企业已将该商品实物转移给客户，即客户已实物占有该商品。但是，客户占有实物并不意味其就一定取得了该商品的控制权。

（4）企业已将该商品所有权上的主要风险和报酬转移给客户。

（5）客户已接受该商品。当商品通过客户的验收，通常表明客户已经接受该商品。

在对控制权转移时点的 5 个迹象中需要格外关注的有：

（1）委托代销安排。委托代销安排中，如果受托方并未在企业向其转让商品时获得商品的控制权，则不应在此时点确认收入。

（2）售后代管安排。售后代管商品是指企业与客户签订合同，企业已经就销售的商品向客户收款或取得收款权利，但是直到在未来某一时点将该商品交付给客户之前企业仍然继续持有该商品实物的安排。

在售后代管商品的安排下，除了应当考虑客户是否取得商品控制权的迹象之外，还应当同时满足以下四个条件，才表明客户取得了该商品的控制权：一是该安排必须具有商业实质，例如是应客户的要求而订立的；二是属于客户的商品必须能够单独识别，例如单独存放在指定地点；三是该商品可随时交付给客户；四是企业不能自行使用该商品或将该商品提供给其他客户。

【例 13-14】20×0 年 1 月 1 日，华钢股份公司与乙公司签订合同，向其销售一台设备和专用零部件。该设备和零部件的制造期为 2 年。华钢股份公司在完成设备和零部件的生产之后，能够证明其符合合同约定的规格。假定企业向客户转让设备和零部件为两个单项履约义务，且都属于在某一时点履行的履约义务。

20×1 年 12 月 31 日，乙公司支付了该设备和零部件的合同价款，并对其进行了验收。乙公司运走了设备，但是考虑到其自身的仓储能力有限，且其工厂紧邻华钢股份公司的仓库，因此要求将零部件存放于华钢股份公司的仓库中，并且要求华钢股份公司按照其指令随时安排发货。乙公司已拥有零部件的法定所有权，且这些零部件可明确识别为属于乙公司的物品。华钢股份公司在其仓库内的单独区域内存放这些零部件，并且应乙公司的要求可随时发货，华钢股份公司不能使用这些零部件，也不能将其提供给其他客户使用。

【分析】本例中，20×1 年 12 月 31 日，该设备的控制权转移给乙公司；对于零部件而言，华钢股份公司已经收取合同价款，但是应乙公司的要求尚未发货，乙公司已拥有零部件的法定所有权并且对其进行了验收，虽然这些零部件实物尚由华钢股份公司持有，但是其满足在“售后代管商品”的安排下客户取得商品控制权的条件，这些零部件的控制权也已经转移给了乙公司。因此，华钢股份公司应当确认销售设备和零部件的相关收入。除销售设备和零部件之外，华钢股份公司还为乙公司提供了仓储保管服务，该服务与设备和零部件可明确区分，构成单项履约义务，华钢股份公司需要将部分交易价格分摊至该项服务，并在提供该项服务的期间确认收入。

【例 13-15】华钢股份公司生产并销售 A01 材料。20×0 年，华钢股份公司与零售商 B 公司签订销售合同，向其销售 20 000 吨 A01 材料。由于 B 公司的仓储能力有限，无法在 20×0 年年底之前接收该批材料，双方约定华钢股份公司在 20×1 年按照 B 公司的指令按时发货，并将 A01 材料运送至 B 公司指定的地点。20×0 年 12 月 31 日，华钢股份公司共有上述材料库存 30 000 吨，其中包括 20 000 吨将要销售给 B 公司的 A01 材料。然而，这 20 000 吨和其余 10 000 吨 A01 材料一起存放并统一管理，并且彼此之间可以互相替换。

【分析】本例中，尽管是由于 B 公司没有足够的仓储空间才要求华钢股份公司暂不发货，并按照其指定的时间发货，但是由于这 20 000 吨 A01 材料与华钢股份公司的其他产品可以互相替换，且未单独存放保管，华钢股份公司在向 B 公司交付这些材料之前，能够将其提供给其他客户或者自行使用。因此，这 20 000 吨 A01 材料在 20×0 年 12 月 31 日不满足“售后代管商品”安排下确认收入的条件。

第三节　合同成本

合同成本包括合同履约成本和合同取得成本。

一、合同履约成本

企业为履行合同可能会发生各种成本，企业在确认收入的同时应当对这些成本进行分析，属于存货、固定资产、无形资产等规范范围的应当按照相关章节进行会计处理。

不属于其他章节规范范围，且同时满足下列 3 个条件的，应当作为合同履约成本确认为一项资产：

（1）该成本与一份当前或预期取得的合同直接相关。

（2）该成本增加了企业未来用于履行（或持续履行）履约义务的资源。

（3）该成本预期能够收回。

说明：

（1）合同履约成本，属于成本类科目，用于归集企业在履约过程中发生的资本化支出，就是以前的“工程施工”“劳务成本”等科目。

（2）所谓增加未来履约义务，就是给企业增加了经济利益，比如给企业建造房子，随着投入的增加，未来交付房子的价值当然不断增加。

企业应当在下列支出发生时，将其计入当期损益：一是管理费用，除非这些费用明确由客户承担；二是非正常消耗的直接材料、直接人工和制造费用（或类似费用）；三是与履约义务中已履行（包括已全部履行或部分履行）部分相关的支出，即该支出与企业过去的履约活动相关；四是无法在尚未履行的与已履行（或已部分履行）的履约义务之间区分的相关支出。

二、合同取得成本

企业为取得合同发生的增量成本预期能够收回的，应当作为合同取得成本确认为一项资产。

增量成本，是指企业不取得合同就不会发生的成本，例如销售佣金等。企业因现有合同续约或发生合同变更需要支付的额外佣金，也属于为取得合同发生的增量成本。为简化实务操作，该资产摊销期限不超过一年的，可以在发生时计入当期损益。

企业为取得合同发生的、除预期能够收回的增量成本之外的其他支出，例如无论是否取得合同均会发生的差旅费、投标费、为准备投标资料发生的相关费用等，应当在发生时计入当期损益，除非这些支出明确由客户承担。

三、合同履约成本与合同取得成本的摊销和减值

（一）资产减值损失的确认

资产减值损失的确认如图 13-3 所示。

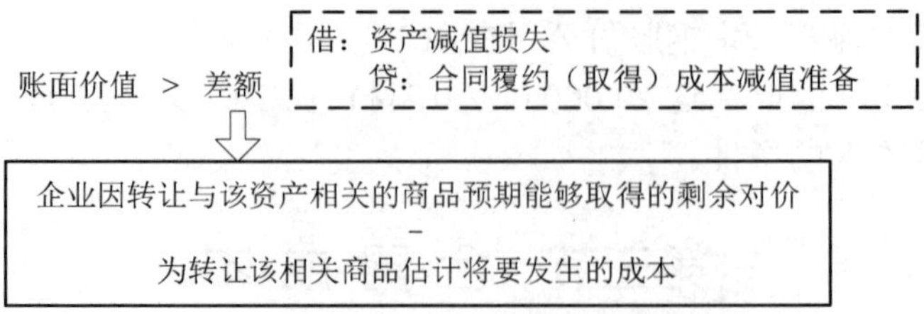

图 13-3　资产减值损失的确认

（二）转回

以前期间减值的因素之后发生变化，使得差额高于该资产账面价值的，应当转回原已计提的资产减值准备并计入当期损益，但转回后的资产账面价值不应超过假定不计提减值准备情况下该资产在转回日的账面价值。

四、合同履约成本与合同取得成本的列报

合同履约成本与合同取得成本的列报见表 13-13。

表 13-13 合同履约成本与合同取得成本的列报

资产	摊销期限不超过一年或一个正常营业周期	摊销期限在一年或一个正常营业周期以上
合同取得成本	其他流动资产	其他非流动资产
合同履约成本	存货	其他非流动资产

第四节 关于特定交易的会计处理

一、附有销售退回条款的销售

企业将商品控制权转让给客户之后，可能会因为各种原因允许客户退货，此销售为附有销售退回条件的销售。

对于附有销售退回条款的销售，企业应当在客户取得相关商品控制权时，按照因向客户转让商品而预期有权收取的对价金额（即不包含预期因销售退回将退还的金额）确认收入，按照预期因销售退回将退还的金额确认负债；同时，按照预期将退回商品转让时的账面价值，扣除收回该商品预计发生的成本（包括退回商品的价值减损）后的余额，确认为一项资产，按照所转让商品转让时的账面价值，扣除上述资产成本的净额结转成本。

每一资产负债表日，企业应当重新估计未来销售退回情况，如有变化，应当作为会计估计变更进行会计处理。

账务处理的要点如下（类似坏账准备的计提、转回、结转）：

（1）转让商品控制权时：确认收入（预期退回金额确认预计负债）、结转成本（预期退回商品确认应收退货成本）。

（2）资产负债表日：重新估计退货率（调整预计负债、应收退货成本）。

（3）实际发生销售退回时：冲收入（用预计负债代替）、冲成本（用应收退货成本代替）。

（4）退货期满时：将预计负债、应收退货成本余额平账（冲为 0）。

也可以将（3）和（4）合并处理，先把预计负债、应收退货成本全部冲掉，再把它们与实际退货金额的差额分别转入主营业务收入、主营业务成本。

【例 13-16】华钢股份公司的分公司甲公司是一家健身器材销售公司。20×0 年 10 月 1 日，甲公司向乙公司销售 5 000 件健身器材，单位销售价格为 500 元，单位成本为 400 元，开出的增值税专用发票上注明的销售价格为 250 万元，增值税税额为 32.5 万元。健身器材已经发出，

但款项尚未收到。根据协议约定，乙公司应于20×0年12月1日之前支付货款，在20×1年3月31日之前有权退还健身器材。甲公司根据过去的经验，估计该批健身器材的退货率约为20%。在20×0年12月31日，甲公司对退货率进行了重新评估，认为只有10%的健身器材会被退回。甲公司为增值税一般纳税人，健身器材发出时纳税义务已经发生，实际发生退回时取得税务机关开具的红字增值税专用发票。假定健身器材发出时控制权转移给乙公司。

甲公司的账务处理如下：

（1）20×0年10月1日发出健身器材。

借：应收账款　　2 825 000
　　贷：主营业务收入　　2 000 000
　　　　预计负债——应付退货款　　500 000
　　　　应交税费——应交增值税（销项税额）　　325 000
借：主营业务成本　　1 600 000
　　应收退货成本　　400 000
　　贷：库存商品　　2000000

（2）20×0年12月1日前收到货款。

借：银行存款　　2 825 000
　　贷：应收账款　　2 825 000

（3）20×0年12月31日，甲公司对退货率进行重新评估。

借：预计负债——应付退货款　　250 000
　　贷：主营业务收入　　250000
借：主营业务成本　　200 000
　　贷：应收退货成本　　200 000

（4）20×1年3月31日发生销售退回，假定实际退货量为400件，退货款项已经支付。

借：库存商品　　160 000
　　应交税费——应交增值税（销项税额）　　26 000
　　预计负债——应付退货款　　250 000
　　贷：应收退货成本　　160 000
　　　　主营业务收入　　50 000（差额）
　　　　银行存款　　226 000
借：主营业务成本　　400 000（差额）
　　贷：应收退货成本　　40 000

二、附有质量保证条款的销售

（一）企业承担的是法定义务，不能作为单项履约义务

借：销售费用
　　贷：预计负债

按或有事项准则中产品质量保证的处理原则来处理。

（二）企业提供给客户的质量保证服务

评估一项质量保证是否在向客户保证所销售的商品符合既定标准之外提供了一项单独的

服务时，应当考虑的因素包括：

（1）该质量保证是否为法定要求。

（2）质量保证期限。

（3）企业承诺履行任务的性质。如果企业必须履行某些特定的任务以保证所销售的商品符合既定标准（例如企业负责运输被客户退回的瑕疵商品），则这些特定的任务可能不构成单项履约义务。

确认质量保证服务为单项履约义务的条件如图 13-4 所示。

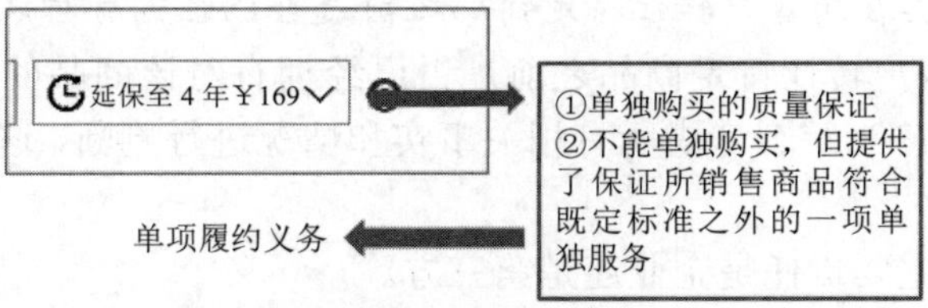

图 13-4　确认质量保证服务为单项履约义务的条件

【例 13-17】华钢股份公司与客户签订合同，销售一部生产设备。该生产设备自售出起一年内如果发生质量问题，华钢股份公司负责提供质量保证服务。此外，在此期间，由于客户使用不当等原因造成的产品故障，华钢股份公司也免费提供维修服务。该维修服务不能单独购买。

【分析】本例中，华钢股份公司的承诺包括销售生产设备、提供质量保证服务和维修服务。华钢股份公司针对产品的质量问题提供的质量保证服务是为了向客户保证所销售商品符合既定标准，因此不构成单项履约义务；华钢股份公司对由于客户使用不当而导致的产品故障提供的免费维修服务属于在向客户保证所销售商品符合既定标准之外提供的单独服务，尽管其没有单独销售，但该服务与生产设备可明确区分，应该作为单项履约义务。因此，在该合同下，华钢股份公司的履约义务有两项：销售生产设备和提供维修服务，华钢股份公司应当按照其各自单独售价的相对比例将交易价格分摊至这两项履约义务，并在各项履约义务履行时分别确认收入。

说明：企业提供的质量保证同时包含作为单项履约义务的质量保证和不能作为单项履约义务的质量保证的，应当分别对其进行会计处理；无法合理区分的，应当将这两类质量保证一起作为单项履约义务按照本章进行会计处理。

三、主要责任人和代理人

当企业向客户销售商品涉及其他参与方时，企业应当判断其自身在该项交易中的身份是主要责任人还是代理人。

1. 判断原则

判断原则是企业在特定商品转让给客户之前是否能够控制商品。主要责任人和代理人的区别和确认收入标准见表 13-14。

2. 企业作为主要责任人的情况

（1）企业自该第三方取得商品或其他资产控制权后，再转让给客户。

（2）企业能够主导该第三方代表本企业向客户提供服务。

（3）企业自该第三方取得商品控制权后，通过提供重大的服务将该商品与其他商品整合成合同约定的某组合产出转让给客户。

表 13-14 主要责任人和代理人的区别和确认收入标准

身份	是否拥有控制权	确认收入标准
主要责任人	企业在向客户转让商品前能够控制该商品	按照有权收取的对价总额确认收入
代理人	不能够控制	按照既定的佣金金额或比例计算的金额确认收入

3. 企业如何判断其在向客户转让特定商品之前是否已经拥有对该商品的控制权

企业判断其在向客户转让特定商品之前是否已经拥有对该商品的控制权时，不应仅局限于合同的法律形式，而应当综合考虑所有相关事实和情况进行判断，这些事实和情况包括但不仅限于：

（1）转让商品的主要责任是企业还是第三方。

（2）该商品的存货风险在商品转让前后由企业还是第三方承担。

（3）所交易商品的价格由企业还是第三方决定。

思考：为什么要区分主要责任人和代理人？

为了避免虚增收入。比如京东自营和淘宝就属于完全不同性质的业务。京东自营卖的是自家的货，当然要按总额确认收入。但淘宝作为平台商，自己并不卖货，而是为别人卖货提供服务，所以别人卖货的收入不是淘宝的收入，淘宝只能以收到的佣金、手续费来确认收入。

四、附有客户额外购买选择权的销售

1. 适用情形

企业在销售商品的同时，有时会向客户授予选择权，允许客户据此免费或者以折扣价格购买额外的商品，此种情况称为附有客户额外购买选择权的销售。企业向客户授予的额外购买选择权的形式包括销售激励、客户奖励积分、未来购买商品的折扣券以及合同续约选择权。

2. 处理原则

对于附有客户额外购买选择权的销售，企业应当评估该选择权是否向客户提供了一项重大权利。企业提供重大权利的，应当作为单项履约义务，将交易价格分摊至该履约义务，在客户未来行使购买选择权取得相关商品控制权时，或者在该选择权失效时确认相应的收入。

3. 判断标准

在考虑授予客户的该项权利是否重大时，应根据其金额和性质综合进行判断。

（1）如果客户只有在订立了一项合同的前提下才取得了额外购买选择权，并且客户行使该选择权购买额外商品时能够享受到超过该地区或该市场中其他同类客户所能够享有的折扣，则通常认为该选择权向客户提供了一项重大权利。

（2）当企业向客户提供了额外购买选择权，但客户在行使该选择权购买商品的价格反映了该商品的单独售价时，即使客户只能通过与企业订立特定合同才能获得该选择权，该选择权也不应被视为企业向该客户提供了一项重大权利。

【例 13-18】20×0 年 1 月 1 日，华钢股份公司开始推行一项奖励积分计划。根据该计划，客户在华钢股份公司每消费 10 元可获得 1 个积分，每个积分从次月开始在购物时可以抵减 1 元，截至20×0年1月31日，客户共消费100 000元，可获得10 000个积分，根据历史经验，华钢股份公司估计该积分的兑换率为 95%。假定上述金额均不包含增值税，且假定不考虑相关税费影响。

【分析】本例中，华钢股份公司认为其授予客户的积分为客户提供了一项重大权利，应当作为单项履约义务。客户购买商品的单独售价合计为100 000元，考虑积分的兑换率，华钢股份公司估计积分的单独售价为9 500（1×10 000×95%）元。华钢股份公司按照商品和积分单独售价的相对比例对交易价格进行分摊：

商品分摊的交易价格=[100 000÷(100 000+9 500)] ×100 000=91 324（元）

积分分摊的交易价格=[9 500÷(100 000+9 500)] ×100 000 =8 676（元）

因此，华钢股份公司应当在商品的控制权转移时确认收入 91 324元，同时确认合同负债8 676元。

借：银行存款	100 000	
贷：主营业务收入		91 324
合同负债		8 676

截至20×0年12月31日，客户共兑换了4 500个积分，华钢股份公司对该积分的兑换率进行了重新估计，仍然预计客户总共将会兑换9 500个积分。因此，华钢股份公司以客户兑换的积分数占预期将兑换的积分总数的比例为基础确认收入。积分当年应当确认的收入=4 500÷9 500×8 676 =4 110（元）；剩余未兑换的积分=8 676 -4 110=4 566（元），仍然作为合同负债。

借：合同负债	4 110	
贷：主营业务收入		4 110

截至20×1年12月31日，客户累计兑换了8 500个积分。华钢股份公司对该积分的兑换率进行了重新估计，预计客户总共将会兑换9 700个积分。积分当年应当确认的收入=8 500÷9 700×8 676-4 110 = 3 493（元）；剩余未兑换的积分= 8 676-4 110-3 493=1 073（元），仍然作为合同负债。

借：合同负债	3 493	
贷：主营业务收入		3 493

五、授予知识产权许可

1．适用情形

授予知识产权许可，是指企业授予客户对企业拥有的知识产权享有相应权利。常见的知识产权包括软件和技术、影视和音乐等的版权、特许经营权、专利权、商标权和其他版权等。

2．处理原则

企业向客户授予知识产权许可的，应当评估该知识产权许可是否构成单项履约义务。

（1）对于不构成单项履约义务的，企业应当将该知识产权许可和其他商品一起作为一项履约义务进行会计处理。例如，企业向客户销售设备和相关软件，该软件与设备内嵌其中、不可分离。

（2）对于构成单项履约义务的，应当进一步确定其是在某一时段内履行还是在某一时点履行，同时满足下列条件时，应当作为在某一时段内履行的履约义务确认相关收入；否则，应当作为在某一时点履行的履约义务确认相关收入：

1）合同要求或客户能够合理预期企业将从事对该项知识产权有重大影响的活动。

2）该活动对客户将产生有利或不利影响。

3）该活动不会导致向客户转让商品。

提示：对于某一时点履行的履约义务，在履行该履约义务时确认收入。在客户能够使用某项知识产权许可并开始从中获益之前，企业不能对此类知识产权许可确认收入。例如，企业授权客户在一定期间内使用软件，但是在企业向客户提供该软件的密钥之前，客户都无法使用该软件，因此企业在向客户提供密钥之前虽然已经授权，也不应确认收入。

【例 13-19】甲公司是一家设计制作连环漫画的公司。甲公司授权乙公司可在 4 年内使用其 3 部连环漫画中的角色形象和名称。甲公司的每部连环漫画都有相应的主要角色。但是，甲公司会定期创造新的角色，且角色的形象也会随时演变。乙公司是一家大型游轮的运营商，乙公司可以按不同的方式（例如展览或演出）使用这些漫画中的角色。合同要求乙公司必须使用最新的角色形象。在授权期内，甲公司每年向乙公司收取 1 000 万元。

【分析】本例中，甲公司除了授予知识产权许可外不存在其他履约义务。甲公司基于下列因素的考虑，认为该许可的相关收入应当在某一时段内确认：

（1）乙公司合理预期（根据甲公司以往的习惯做法），甲公司将实施对该知识产权许可产生重大影响的活动，包括创作角色及出版包含这些角色的连环漫画等。

（2）这些活动直接对乙公司产生的有利或不利影响，这是因为合同要求乙公司必须使用甲公司创作的最新角色，这些角色塑造得成功与否会直接对乙公司产生影响。

（3）尽管乙公司可以通过该知识产权许可从这些活动中获益，但在这些活动发生时并没有导致甲公司向乙公司转让任何商品或服务。

3. 基于销售或使用情况的特许权使用费

企业向客户授予知识产权许可，并约定按客户实际销售或使用情况收取特许权使用费的，应当在下列两者孰晚的时点确认收入：

（1）客户后续销售或使用行为实际发生。

（2）企业履行相关履约义务。这是估计可变对价的一个例外规定，对于不适用该例外规定的特许权使用费，应当按照估计可变对价的一般原则进行处理。

六、售后回购

售后回购，是指企业销售商品的同时承诺或有权选择日后再将该商品购回的销售方式。企业应当区分下列两种情形分别进行会计处理：

（1）企业因存在与客户的远期安排而负有回购义务或企业享有回购权利的，在销售时点客户并没有取得该商品的控制权：

1）回购价格<原售价，视为租赁交易处理。

2）回购价格≥原售价，视为融资交易，收到客户款项时确认金融负债，并将该款项和回购价格的差额在回购期间内确认为利息费用等。

（2）企业因客户要求回购商品的，如果客户具有行使该要求权的重大经济动因：

1）回购价格<原售价，视为租赁交易处理。

2）回购价格≥原售价，视为融资交易。

如果客户不具有行使该要求权的重大经济动因，企业应将该售后回购作为附有销售退回条款的销售交易进行相应的会计处理。

【例 13-20】华钢股份公司向洞口矿业有限公司销售一台设备，销售价格为 200 万元，同时双方约定 2 年之后，华钢股份公司以 120 万元的价格回购该设备。假定不考虑货币时间价值等其他因素影响。

【分析】本例中，根据合同有关华钢股份公司在 2 年后回购该设备的约定，洞口矿业有限公司并未取得该设备的控制权。不考虑货币时间价值等影响，该交易的实质是洞口矿业有限公司支付了 80（200-120）万元的对价取得了该设备 2 年的使用权。因此，华钢股份公司应当将该交易作为租赁交易进行会计处理。

【例 13-21】华钢股份公司向鑫锐冶金有限公司销售其生产的一台设备，销售价格为 2 000 万元，双方约定，鑫锐冶金有限公司在 5 年后有权要求华钢股份公司以 1 500 万元的价格回购该设备。华钢股份公司预计该设备在回购时的市场价值将远低于 1 500 万元。

【分析】本例中，假定不考虑时间价值的影响，华钢股份公司的回购价格低于原售价，但远高于该设备在回购时的市场价值，华钢股份公司判断鑫锐冶金有限公司有重大的经济动因行使其权利要求华钢股份公司回购该设备。因此，华钢股份公司应当将该交易作为租赁交易进行会计处理。

七、客户未行使的权利

企业因销售商品向客户收取了预收款，应当将预收款确认为合同负债，待未来履行了相关履约义务时再将该负债转为收入。

当企业预收款项无须退回，且客户可能会放弃其全部或部分合同权利时（如放弃储值卡的使用等），企业预期将有权获得与客户所放弃的合同权利相关的金额的，应当按照客户行使合同权利的模式按比例将上述金额确认为收入；否则，企业只有在客户要求其履行剩余履约义务的可能性极低时，才能将上述负债的相关余额转为收入。

如果有相关法律规定，企业所收取的与客户未行使权利相关的款项须转交给其他方的（例如法律规定无人认领的财产需上交政府），企业不应将其确认为收入。

说明：该规定本质是解决如何处理客户放弃的合同权利的问题（如企业不用退回的客户放弃充值卡余额），如果企业预期有权获取对方放弃的权利，则按比例将该放弃的金额确认为收入；如果企业预期无权收取，那就只能等企业没有履约义务时才能确认。

【例 13-22】华钢股份公司的后勤部有一家连锁面包公司。20×1 年，该面包公司向客户销售 5 000 张储值卡，每张卡的面值为 200 元，总额为 100 万元。客户可在该面包公司经营的任何一家门店使用该储值卡进行消费。根据历史经验，面包公司预期客户购买的储值卡中将有大约相当于储值卡面值金额 5%的部分不会被消费。截至 20×1 年 12 月 31 日，客户使用该储值卡消费的金额为 400 000 元。假定面包公司为增值税一般纳税人，在客户使用该储值卡消费时发生增值税纳税义务。

【分析】本例中，面包公司预期将有权获得与客户未行使的合同权利相关的金额为 50 000 元，该金额应当按照客户行使合同权利的模式按比例确认为收入。

面包公司在 20×1 年销售的储值卡应当确认的收入金额=(400 000+50 000×400 000÷950 000)÷(1+13%)=372 613（元）

（1）销售储值卡：

借：库存现金　　1 000 000

　　贷：合同负债　　884 956

　　　　应交税费——待转销项税额　　115 044

（2）根据储值卡的消费金额确认收入，同时将对应的待转销项税额确认为销项税额：

借：合同负债　　372 613

　　应交税费——待转销项税额　　46 018

　　贷：主营业务收入　　372 613

　　　　应交税费——应交增值税（销项税额）　　46 018

400 000÷(1+13%)×13%=46 018（元）

八、无须退回的初始费

企业在合同开始（或临近合同开始）日向客户收取的无须退回的初始费通常包括入会费、接驳费、初装费等。初始费的处理原则见表 13-15。

表 13-15　初始费的处理原则

评估初始费是否与向客户转让已承诺的商品相关	处理原则
相关	该商品构成单项履约义务的，应当在转让该商品时按照分摊至该商品的交易价格确认收入
	该商品不构成单项履约义务的，企业应当在包含该商品的单项履约义务履行时，按照分摊至该单项履约义务的交易价格确认收入
不相关	将初始费作为未来转让商品的预收款，在未来转让商品时确认收入

【例 13-23】华钢股份公司后勤部门经营一家会员制健身俱乐部。健身俱乐部与客户签订了为期 2 年的合同，客户入会之后可以随时在该俱乐部健身。除俱乐部的年费 2 000 元之外，健身俱乐部还向客户收取了 50 元的入会费，用于补偿俱乐部为客户进行注册登记、准备会籍资料以及制作会员卡等初始活动所花费的成本。健身俱乐部收的入会费和年费均无须返还。

【分析】本例中，健身俱乐部承诺的服务是向客户提供健身服务，而健身俱乐部为会员入会所进行的初始活动并未向客户提供其所承诺的服务，而只是一些内部行政管理性质的工作。因此，健身俱乐部虽然为补偿这些初始活动向客户收取了 50 元入会费，但是该入会费实质上是客户为健身服务所支付的对价的一部分，故应当作为健身服务的预收款，与收取的年费一起在 2 年内分摊确认为收入。

第五节　费　　用

一、费用的确认

费用是指企业在日常活动中发生的、会导致所有者权益减少的、与向所有者分配利润无关的经济利益的总流出。

二、期间费用

（一）管理费用

管理费用是指企业为组织和管理企业生产经营所发生的管理费用，包括企业在筹建期间内发生的开办费、董事会和行政管理部门在企业的经营管理中发生的或者应由企业统一负担的公司经费（包括行政管理部门职工工资及福利费、物料消耗、低值易耗品摊销、办公费和差旅费等）、工会经费、董事会费（包括董事会成员津贴、会议费和差旅费等）、聘请中介机构费、咨询费（含顾问费）、诉讼费、业务招待费、技术转让费、矿产资源补偿费、研究费用、排污费以及企业行政管理部门等发生的固定资产修理费用等。

（二）销售费用

销售费用是指企业在销售商品和材料、提供劳务的过程中发生的各种费用，包括企业在销售商品过程中发生的保险费、包装费、展览费和广告费、商品维修费、装卸费等以及为销售本企业商品而专设的销售机构（含销售网点、售后服务网点等）的职工薪酬、业务费、折旧费、固定资产修理费等费用。

（三）财务费用

财务费用是指企业为筹集生产经营所需资金等而发生的筹资费用，包括利息支出（减利息收入）、汇兑损益以及相关的手续费、企业发生的现金折扣或收到的现金折扣等。

第六节　利　　润

一、利润的构成

利润是指企业在一定会计期间的经营成果。利润包括收入减去费用后的净额、直接计入当期利润的利得和损失等。

（一）营业利润

营业利润 ＝ 营业收入-营业成本-税金及附加-销售费用-管理费用-研发费用-财务费用+其他收益+投资收益（-投资损失）+净敞口套期收益（-净敞口套期损失）+公允价值变动收益（-公允价值变动损失）-信用减值损失-资产减值损失+资产处置收益（-资产处置损失）

（二）利润总额

利润总额=营业利润+营业外收入-营业外支出

（三）净利润

净利润=利润总额-所得税费用

利润表见表 13-16。

表 13-16 利润表

会企 02 表

编制单位： 年 月 单位：元

项目	本期金额	上期金额
一、营业收入		
减：营业成本		
税金及附加		
销售费用		
管理费用		
研发费用		
财务费用		
其中：利息费用		
利息收入		
加：其他收益		
投资收益（损失以“-”号填列）		
其中：对联营企业和合营企业的投资收益		
以摊余成本计量的金融资产终止确认收益（损失以“-”号填列）		
净敞口套期收益（损失以“-”号填列）		
公允价值变动收益（损失以“-”号填列）		
信用减值损失（损失以“-”号填列）		
资产减值损失（损失以“-”号填列）		
资产处置收益（损失以“-”号填列）		
二、营业利润（亏损以“-”号填列）		
加：营业外收入		
减：营业外支出		
三、利润总额（亏损总额以“-”号填列）		
减：所得税费用		
四、净利润（净亏损以“-”号填列）		

二、营业外收支的会计处理

（一）营业外收入

营业外收入是指企业发生的营业利润以外的收益。营业外收入主要包括非流动资产毁损报废利得、与企业日常活动无关的政府补助、盘盈利得、捐赠利得等。

非流动资产毁损报废利得，指因自然灾害等发生毁损、已丧失使用功能而报废非流动资产所产生的清理收益。

与企业日常活动无关的政府补助，指企业从政府无偿取得的与企业日常活动无关的货币性资产或非货币性资产形成的利得。

盘盈利得，指企业对于现金等资产清查盘点中盘盈的资产，报经批准后计入营业外收入的金额。

捐赠利得，指企业接受捐赠产生的利得。

（1）企业接受控股股东（或控制股东的子公司）或非控股股东（或非控股股东的子公司）直接或间接代为偿债、债务豁免或捐赠，经济实质表明属于控股股东或非控股股东对企业的资本性投入，应当将相关利得计入所有者权益（资本公积）。

借：长期借款/银行存款

　　贷：资本公积

（2）企业发生破产重整，其控股股东（或非控股股东）因执行人民法院批准的破产重整计划，通过让渡所持有的该企业部分股份向企业债权人偿债的，企业应将控股股东（或非控股股东）所让渡股份按照其在让渡之日的公允价值计入所有者权益（资本公积），减少所豁免债务的账面价值，并将让渡股份公允价值与被豁免的债务账面价值之间的差额计入当期损益。

借：长期借款（被豁免的债务账面价值）

　　贷：资本公积（让渡股份在让渡之日的公允价值）

　　　　当期损益（差额，或借方）

说明：对于上市公司控股股东或其他股东根据重大资产重组置入资产的盈利承诺，对未达到承诺部分予以补足而向上市公司支付的现金，上市公司也应作为权益性交易计入所有者权益（资本公积）。

（二）营业外支出

营业外支出是指企业发生的营业利润以外的支出，主要包括非流动资产毁损报废损失、公益性捐赠支出、非常损失、盘亏损失等。

非流动资产毁损报废损失，指因自然灾害等发生毁损、已丧失使用功能而报废非流动资产所产生的清理损失。

公益性捐赠支出，指企业对外进行公益性捐赠发生的支出。

非常损失，指企业对于因客观因素（如自然灾害等）造成的损失，在扣除保险公司赔偿后计入营业外支出的净损失。

盘亏损失，指企业对于固定资产等资产清查盘点中盘亏的资产，查明原因并报经批准后计入营业外支出的金额。

罚款支出，指企业支付的行政罚款、税务罚款以及其他违反法律法规、合同协议等而支付的罚款、违约金、赔偿金等支出。

三、本年利润的会计处理

企业应设置“本年利润”科目，核算企业当期实现的净利润（或发生的净亏损）。

（1）企业期（月）末结转利润时，应将各损益类科目的金额转入“本年利润”科目，结平各损益类科目。结转后“本年利润”科目的贷方余额为当期实现的净利润；如为借方余额，则为当期发生的净亏损。

（2）年度终了，应将本年收入、利得和费用、损失相抵后结出的本年实现的净利润转入“利润分配”科目，借记“本年利润”科目，贷记“利润分配——未分配利润”科目；如为净亏损，作相反的会计分录。结转后“本年利润”科目应无余额。

四、综合收益总额

净利润加上其他综合收益扣除所得税影响后的净额为综合收益总额。

综合收益总额=净利润+其他综合收益的税后净额

导入案例分析：

（1）华钢股份公司向鑫锐冶金有限公司销售设备应当将该交易作为租赁交易进行会计处理。

理由：根据合同华钢股份公司在2年后回购该设备且回购价格低于原售价，鑫锐冶金有限公司并未取得该设备的控制权。该交易的实质是鑫锐冶金有限公司支付了200（1 000-800）万元的对价取得了该设备2年的使用权。因此，华钢股份公司应当将该交易作为租赁交易进行会计处理，每年确认租赁收入100万元。

（2）华钢股份公司向泰瑞科技有限公司销售商品应当将该交易作为融资交易进行会计处理。

理由：根据合同华钢股份公司5个月后回购该批商品且回购价格不低于原售价，应当视为融资交易，在收到客户款项时确认金融负债，并将该款项和回购价格的差额在回购期间确认为利息费用等。

1）收到款项时：

借：银行存款	10 000 000	
贷：其他应付款		10 000 000

2）回购价大于原售价的差额，应在回购期间按期计提利息费用，计入当期财务费用。由于回购期间为5个月，货币时间价值影响不大，故采用直线法计提利息费用，每月计提利息费用=50÷5=10（万元）：

借：财务费用	100 000	
贷：其他应付款		100 000

3）6月30日回购商品时：

借：财务费用	100 000	
贷：其他应付款		100 000
借：其他应付款	10 500 000	
贷：银行存款		10 500 000

（3）华钢股份公司向洞口矿业有限公司销售设备应当将该交易作为租赁交易进行会计处理。

理由：企业负有应客户要求回购商品义务的，应当在合同开始日评估客户是否具有行使该要求权的重大经济动因。客户具有行使该要求权重大经济动因的（即客户行使该要求权的可能性很大），企业应当将售后回购作为租赁交易或融资交易；否则，企业应当将其作为附有销售退回条款的销售交易进行会计处理。华钢股份公司的回购价格低于原售价，但远高于该设备在回购时的市场价值，华钢股份公司判断洞口矿业有限公司有重大的经济动因行使其权利要求华钢股份公司回购该设备。因此，华钢股份公司应当将该交易作为租赁交易进行会计处理。

第十四章　财 务 报 表

学习目标

1. 掌握资产负债表和利润表的编制方法。
2. 理解财务报表的定义和构成内容、财务报表附注的内容。
3. 了解现金流量表和所有者权益变动表的内容。

知识框架

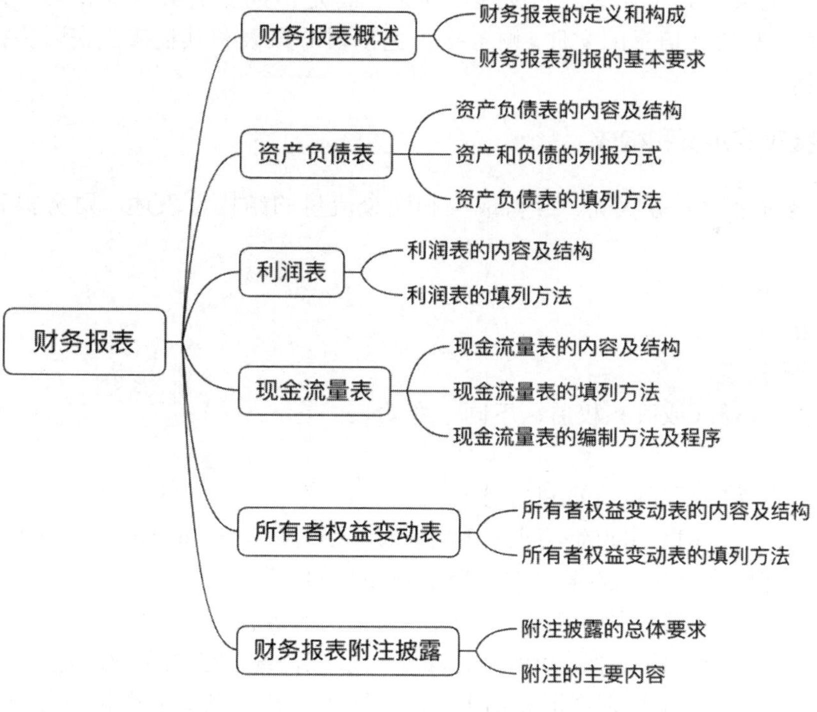

导入案例

案例：华钢股份公司 20×0 年度主要业务分产品的毛利率及 20×1 年度主要业务分产品的收入、成本的数据见表 14-1。

表 14-1 华钢股份公司主要业务分产品情况 单位：百万元

分产品	20×1 年度		20×0 年度
	营业收入	营业成本	毛利率/%
冷轧碳钢板卷	86 351	77 120	16.3
热轧碳钢板卷	75 354	67 639	19.2
钢管产品	14 112	12 430	12.7
长材产品	8 224	6 599	21.7
其他钢铁产品	17 432	14 883	21.0

案例思考：请结合数据计算 20×1 年度华钢股份公司分产品的毛利率，分析比较毛利率的变化情况，并结合内外部因素解释说明原因。

第一节 财务报表概述

财务报告，是指企业对外提供的反映企业某一特定日期的财务状况和某一会计期间的经营成果、现金流量等会计信息的文件。财务报告包括财务报表和其他应当在财务报告中披露的相关信息和资料。

一、财务报表的定义和构成

财务报表是对企业财务状况、经营成果和现金流量的结构性表述。财务报表至少应当包括下列组成部分：

（1）资产负债表。

（2）利润表。

（3）现金流量表。

（4）所有者权益（或股东权益，下同）变动表。

（5）附注。

财务报表可以按照不同的标准进行分类：

（1）按财务报表编报期间的不同，可以分为中期财务报表和年度财务报表。中期财务报表是以短于一个完整会计年度的报告期间为基础编制的财务报表，包括月报、季报和半年报等。

（2）按财务报表编报主体的不同，可以分为个别财务报表和合并财务报表。个别财务报表是由企业在自身会计核算基础上对账簿记录进行加工而编制的财务报表，主要用以反映企业自身的财务状况、经营成果和现金流量情况。合并财务报表是以母公司和子公司组成的企业集团为会计主体，根据母公司和所属子公司的财务报表，由母公司编制的综合反映企业集团财务状况、经营成果及现金流量的财务报表。

二、财务报表列报的基本要求

（一）依据各项会计准则确认和计量的结果编制财务报表

企业应当根据实际发生的交易和事项，遵循《企业会计准则——基本准则》各项具体会计准则的规定进行确认和计量，并在此基础上编制财务报表。企业应当在附注中对这一情况作出声明，只有遵循了企业会计准则的所有规定时，财务报表才应当被称为“遵循了企业会计准则”。同时，企业不应以在附注中披露代替对交易和事项的确认和计量，不恰当的确认和计量也不能通过充分披露相关会计政策而纠正。此外，如果按照各项会计准则规定披露的信息不足以让报表使用者了解特定交易或事项对企业财务状况和经营成果的影响时，企业还应当披露其他的必要信息。

（二）列报基础

持续经营是会计的基本前提，也是会计确认、计量及编制财务报表的基础。在编制财务报表的过程中，企业管理层应当利用其所有可获得信息来评价企业自报告期末起至少 12 个月的持续经营能力。评价时需要考虑的因素包括宏观政策风险、市场经营风险、企业目前或长期的盈利能力、偿债能力、财务弹性以及企业管理层改变经营政策的意向等。评价结果表明对持续经营能力产生重大怀疑的，企业应当在附注中披露导致对持续经营能力产生重大怀疑的因素以及企业拟采取的改善措施。

企业在评估持续经营能力时应当结合考虑企业的具体情况。通常情况下，企业过去每年都有可观的净利润，并且易于获取所需的财务资源，则往往表明以持续经营为基础编制财务报表是合理的，而无须进行详细的分析即可得出企业持续经营的结论。反之，如果企业过去多年有亏损的记录等情况，则需要通过考虑更加广泛的相关因素来作出评价，比如目前和预期未来的获利能力、债务清偿计划、替代融资的潜在来源等。

非持续经营是企业在极端情况下呈现的一种状态。企业存在以下情况之一的，通常表明企业处于非持续经营状态：

（1）企业已在当期进行清算或停止营业。

（2）企业已经正式决定在下一个会计期间进行清算或停止营业。

（3）企业已确定在当期或下一个会计期间没有其他可供选择的方案而将被迫进行清算或停止营业。

企业处于非持续经营状态，应当采用其他基础编制财务报表。比如，企业处于破产状态时，其资产应当采用可变现净值计量、负债应当按照其预计的结算金额计量等。在非持续经营情况下，企业应当在附注中声明财务报表未以持续经营为基础列报，披露未以持续经营为基础的原因以及财务报表的编制基础。

（三）权责发生制

除现金流量表按照收付实现制编制外，企业应当按照权责发生制编制其他财务报表。

（四）列报的一致性

可比性是会计信息质量的一项重要要求，目的是使同一企业不同期间和同一期间不同企业的财务报表相互可比。为此，财务报表项目的列报应当在各个会计期间保持一致，不得随意变更。这一要求不仅只针对财务报表中的项目名称，还包括财务报表项目的分类、排列顺序等方面。

在以下规定的特殊情况下，财务报表项目的列报是可以改变的：

（1）会计准则要求改变。

（2）企业经营业务的性质发生重大变化或对企业经营影响较大的交易或事项发生后，变更财务报表项目的列报能够提供更可靠、更相关的会计信息。

（五）依据重要性原则单独或汇总列报项目

关于项目在财务报表中是单独列报还是汇总列报，应当依据重要性原则来判断。总的原则是，如果某项目单个看不具有重要性，则可将其与其他项目汇总列报；如具有重要性，则应当单独列报。企业在进行重要性判断时，应当根据企业所处的具体环境，从项目的性质和金额两方面予以判断：一方面，应当考虑该项目的性质是否属于企业日常活动，是否显著影响企业的财务状况、经营成果和现金流量等因素；另一方面，判断项目金额大小的重要性，应当通过单项金额占资产总额、负债总额、所有者权益总额、营业收入总额、营业成本总额、净利润、综合收益总额等直接相关项目金额的比重或所属报表单列项目金额的比重加以确定。同时，企业对于各个项目重要性的判断标准一经确定，不得随意变更。

（六）财务报表项目金额间的相互抵销

财务报表项目应当以总额列报，资产和负债、收入和费用、直接计入当期利润的利得和损失项目的金额不能相互抵销，即不得以净额列报，但企业会计准则另有规定的除外。比如，企业欠客户的应付款不得与其他客户欠本企业的应收款相抵销，如果相互抵销就掩盖了交易的实质。

下列 3 种情况不属于抵销，可以以净额列示：

（1）一组类似交易形成的利得和损失以净额列示的，不属于抵销。比如，汇兑损益应当以净额列报、为交易目的而持有的金融工具形成的利得和损失应当以净额列报等。但是，如果相关利得和损失具有重要性，则应当单独列报。

（2）资产或负债项目按扣除备抵项目后的净额列示，不属于抵销。比如，对资产计提减值准备，表明资产的价值确实已经发生减损，按扣除减值准备后的净额列示，才反映了资产当时的真实价值。

（3）非日常活动产生的利得和损失，以同一交易形成的收益扣减相关费用后的净额列示更能反映交易实质的，不属于抵销。非日常活动并非企业主要的业务，非日常活动产生的损益以收入扣减费用后的净额列示，更有利于报表使用者的理解。比如，非流动资产处置形成的利得或损失，应当按处置收入扣除该资产的账面金额和相关销售费用后的净额列报。

（七）比较信息的列报

企业在列报当期财务报表时，至少应当提供所有列报项目上一个可比会计期间的比较数据，以及与理解当期财务报表相关的说明，目的是向报表使用者提供对比数据，提高信息在会计期间的可比性，以反映企业财务状况、经营成果和现金流量的发展趋势，提高报表使用者的判断与决策能力。列报比较信息的这一要求适用于财务报表的所有组成部分，即既适用于四张报表，也适用于附注。

通常情况下企业列报所有列报项目上一个可比会计期间的比较数据，至少包括两期各报表及相关附注。当企业追溯应用会计政策或追溯重述或者重新分类财务报表项目时，按照《企业会计准则第 28 号——会计政策、会计估计变更和差错更正》等的规定，企业应当在一套完整的财务报表中列报最早可比期间期初的财务报表，即应当至少列报三期资产负债表、两期其他各报表（利润表、现金流量表和所有者权益变动表）及相关附注。其中，列报的三期资产负债表分别指当期期末的资产负债表、上期期末（即当期期初）的资产负债表，以及上期期初的资产负债表。

在财务报表项目的列报确需发生变更的情况下，应当至少对可比期间的数据按照当期的列报要求进行调整，并在附注中披露调整的原因和性质，以及调整的各项目金额。但是，在某些情况下，对可比期间比较数据进行调整是不切实可行的，则应当在附注中披露不能调整的原因，以及假设金额重新分类可能进行的调整的性质。关于企业变更会计政策或更正差错时要求的对比较信息的调整，还应遵循《企业会计准则第28号——会计政策、会计估计变更和差错更正》。

（八）财务报表表首的列报要求

财务报表通常与其他信息（如企业年度报告等）一起公布，企业应当将按照企业会计准则编制的财务报告与一起公布的同一文件中的其他信息相区分。

财务报表一般分为表首和正表两部分，其中企业应当在表首部分概括地说明下列基本信息：

（1）编报企业的名称，如企业名称在所属当期发生了变更的，还应明确标明；对资产负债表而言，应当披露资产负债表日，对利润表、现金流量表、所有者权益变动表而言，应当披露报表涵盖的会计期间。

（2）货币名称和单位，按照我国企业会计准则的规定，企业应当以人民币作为记账本位币列报，并标明金额单位，如人民币元、人民币万元等。

（3）财务报表是合并财务报表的，应当予以标明。

（九）报告期间

企业至少应当按年编制财务报表。根据《中华人民共和国会计法》的规定，会计年度自公历1月1日起至12月31日止。因此，在编制年度财务报表时，可能存在年度财务报表涵盖的期间短于一年的情况，比如企业在年度中间（如3月1日）开始设立等。在这种情况下，企业应当披露年度财务报表的实际涵盖期间及其短于一年的原因，并说明由此引起财务报表项目与比较数据不具可比性这一事实。

第二节　资产负债表

一、资产负债表的内容及结构

（一）资产负债表的内容

资产负债表是指反映企业在某一特定日期财务状况的报表。它反映企业在某一特定日期所拥有或控制的经济资源、所承担的现时义务和所有者对净资产的要求权。通过资产负债表，可以提供某一日期资产的总额及其结构，表明企业拥有或控制的资源及其分布情况，使用者可以一目了然地从资产负债表上了解企业在某一特定日期所拥有的资产总量及其结构；可以提供某一日期的负债总额及其结构，表明企业未来需要用多少资产或劳务清偿债务以及清偿时间；可以反映所有者所拥有的权益，据以判断资本保值、增值的情况以及对负债的保障程度。此外，资产负债表还可以提供进行财务分析的基本资料，如将流动资产与流动负债进行比较，计算出流动比率；将速动资产与流动负债进行比较，计算出速动比率等，可以表明企业的变现能力、偿债能力和资金周转能力，从而有助于报表使用者作出经济决策。

（二）资产负债表的结构

在我国，资产负债表采用账户式结构，报表分为左右两方，左方列示资产各项目，反映全部资产的分布及存在形态；右方列示负债和所有者权益各项目，反映全部负债和所有者权益的内容及构成情况。资产负债表左右双方平衡，资产总计等于负债和所有者权益总计，即“资产=负债+所有者权益”。此外，为了使使用者通过比较不同时点资产负债表的数据掌握企业财务状况的变动情况及发展趋势，企业需要提供比较资产负债表，资产负债表还就各项目再分为“年初余额”和“期末余额”两栏分别填列。资产负债表的具体格式见表 14-2。

表 14-2 资产负债表 会企 01 表

编制单位： 年 月 日 单位：元

资产	期末余额	年初余额	负债和所有者权益（或股东权益）	期末余额	年初余额
流动资产：			流动负债：		
货币资金			短期借款		
交易性金融资产			交易性金融负债		
衍生金融资产			衍生金融负债		
应收票据			应付票据		
应收账款			应付账款		
预付款项			预收款项		
应收利息			合同负债		
应收股利			应付职工薪酬		
其他应收款			应交税费		
存货			应付利息		
合同资产			应付股利		
持有待售资产			其他应付款		
一年内到期的非流动资产			持有待售负债		
其他流动资产			一年内到期的非流动负债		
流动资产合计			其他流动负债		
非流动资产：			流动负债合计		
债权投资			非流动负债：		
其他债权投资			长期借款		
长期应收款			应付债券		
长期股权投资			其中：优先股		
其他权益工具投资			永续债		
投资性房地产			长期应付款		
固定资产			专项应付款		
在建工程			预计负债		
工程物资			递延收益		
固定资产清理			递延所得税负债		
生产性生物资产			其他非流动负债		

续表

资产	期末余额	年初余额	负债和所有者权益（或股东权益）	期末余额	年初余额
油气资产			非流动负债合计		
无形资产			负债合计		
开发支出			所有者权益（或股东权益）：		
商誉			实收资本（或股本）		
长期待摊费用			其他权益工具		
递延所得税资产			其中：优先股		
其他非流动资产			永续债		
非流动资产合计			资本公积		
			减：库存股		
			其他综合收益		
			盈余公积		
			未分配利润		
			所有者权益（或股东权益）合计		
资产总计			负债和所有者权益（或股东权益）总计		

此外，高危行业企业如有按国家规定提取的安全生产费的，应当在资产负债表所有者权益项下“其他综合收益”项目和“盈余公积”项目之间增设“专项储备”项目，反映企业提取的安全生产费期末余额。

二、资产和负债的列报方式

根据财务报表列报准则的规定，资产负债表上资产和负债应当按照流动性分别分为流动资产和非流动资产、流动负债和非流动负债列示。流动性，通常按资产的变现或耗用时间长短或者负债的偿还时间长短来确定。

对于一般企业（比如工商企业）而言，通常在明显可识别的营业周期内销售产品或提供服务，应当将资产和负债分别分为流动资产和非流动资产、流动负债和非流动负债列示，有助于反映本营业周期内预期能实现的资产和应偿还的负债。但是，对于银行、证券、保险等金融企业而言，有些资产或负债无法严格分为流动资产和非流动资产，而大体按照流动性顺序列示往往能够提供可靠且更相关的信息。

1. 资产的流动性划分

资产的流动性划分资产满足下列条件之一的应当归类为流动资产：

（1）预计在一个正常营业周期中变现、出售或耗用。这主要包括存货、应收账款等资产。需要指出的是，变现一般针对应收账款等而言，指将资产变为现金；出售一般针对产品等存货而言；耗用一般指将存货（如原材料）转变成另一种形态（如产成品）。

（2）主要为交易目的而持有。比如一些根据《企业会计准则第 22 号——金融工具确认和计量》划分的交易性金融资产。但是，并非所有交易性金融资产均为流动资产，比如自资产负债表日起超过12个月到期且预期持有超过12个月的衍生金融工具应当划分为非流动资产或非流动负债。

（3）预计在资产负债表日起一年内（含一年，下同）变现。

（4）自资产负债表日起一年内交换其他资产或清偿负债的能力不受限制的现金或现金等价物。同时，流动资产以外的资产应当归类为非流动资产。

所谓“正常营业周期”，是指企业从购买用于加工的资产起至实现现金或现金等价物的期间。正常营业周期通常短于一年，在一年内有几个营业周期。但是，因生产周期较长等导致正常营业周期长于一年的，尽管相关资产往往超过一年才变现、出售或耗用，仍应当划分为流动资产。当正常营业周期不能确定时，企业应当以一年（12个月）作为正常营业周期。

2. 负债的流动性划分

流动负债的判断标准与流动资产的判断标准类似。负债满足下列条件之一的应当归类为流动负债：

（1）预计在一个正常营业周期中清偿。

（2）主要为交易目的而持有。

（3）自资产负债表日起一年内到期应予以清偿。

（4）企业无权自主地将清偿推迟至资产负债表日后一年以上。但是，企业正常营业周期中的经营性负债项目即使在资产负债表日后超过一年才予清偿的仍应划分为流动负债。经营性负债项目包括应付账款、应付职工薪酬等，这些项目属于企业正常营业周期中使用的营运资金的一部分。关于可转换工具负债成分的分类还需要注意的是，负债在其对手方选择的情况下可通过发行权益进行清偿的条款与在资产负债表日负债的流动性划分无关。

三、资产负债表的填列方法

（一）资产负债表“期末余额”栏的填列方法

资产负债表“期末余额”栏一般应根据资产、负债和所有者权益类科目的期末余额填列。

1. 根据总账科目的余额填列

“交易性金融资产”“其他债权投资”“其他权益工具投资”“工程物资”“固定资产清理”“递延所得税资产”“长期待摊费用”“短期借款”“应付票据”“应付利息”“应付股利”“持有待售负债”“其他应付款”“专项应付款”“递延收益”“递延所得税负债”“实收资本（或股本）”“其他权益工具”“库存股”“资本公积”“其他综合收益”“专项储备”“盈余公积”等项目，应根据有关总账科目的余额填列。其中，长期待摊费用摊销年限（或期限）只剩一年或不足一年的，或者预计在一年内（含一年）进行摊销的部分，仍在“长期待摊费用”项目中列示，不转入“一年内到期的非流动资产”项目。

2. 根据几个总账科目的余额计算填列

“货币资金”项目，应根据“库存现金”“银行存款”“其他货币资金”3个总账科目余额的合计数填列。

3. 根据明细账科目的余额计算填列

“开发支出”项目，应根据“研发支出”科目中所属的“资本化支出”明细科目期末余额填列；“应付账款”项目，应根据“应付账款”和“预付账款”科目所属的相关明细科目的期末贷方余额合计数填列；“预收款项”项目，应根据“预收账款”和“应收账款”科目所属各明细科目的期末贷方余额合计数填列；“应交税费”项目，应根据“应交税费”科目的明细科目期末余额分析填列，其中的借方余额，应当根据其流动性在“其他流动资产”或“其他非流动资产”项目中填列；“一年内到期的非流动资产”“一年内到期的非流动负债”项目，应根据有关非流动资产或负债项目的明细科目余额分析填列；“应付职工薪酬”项目，应根据“应付职工薪酬”科目的明细科目期末余额分析填列；“长期借款”“应付债券”项目，应分别根据“长期借款”“应付债券”科目的明细科目余额分析填列；“预计负债”项目，应根据“预计负债”科目的明细科目期末余额分析填列；“未分配利润”项目，应根据“利润分配”科目中所属的“未分配利润”明细科目期末余额填列。

4. 根据总账科目和明细账科目的余额分析计算填列

“长期借款”项目，应根据“长期借款”总账科目余额扣除“长期借款”科目所属的明细科目中将在资产负债表日起一年内到期，且企业不能自主地将清偿义务展期的长期借款后的金额计算填列；“其他流动资产”“其他流动负债”项目，应根据有关总账科目及有关科目的明细科目期末余额分析填列；“其他非流动负债”项目，应根据有关科目的期末余额减去将于一年内（含一年）到期偿还数后的金额填列。

5. 根据有关科目余额减去其备抵科目余额后的净额填列

“持有待售资产”“债权投资”“长期股权投资”“在建工程”“商誉”项目，应根据相关科目的期末余额填列，已计提减值准备的，还应扣减相应的减值准备；“固定资产”“无形资产”“投资性房地产”“生产性生物资产”“油气资产”项目，应根据相关科目的期末余额扣减相关的累计折旧（或摊销、折耗）填列，已计提减值准备的，还应扣减相应的减值准备，折旧（或摊销、折耗）年限（或期限）只剩一年或不足一年的，或者预计在一年内（含一年）进行折旧（或摊销、折耗）的部分，仍在上述项目中列示，不转入“一年内到期的非流动资产”项目，采用公允价值计量的上述资产，应根据相关科目的期末余额填列；“长期应收款”项目，应根据“长期应收款”科目的期末余额，减去相应的“未实现融资收益”科目和“坏账准备”科目所属相关明细科目期末余额后的金额填列；“长期应付款”项目，应根据“长期应付款”科目的期末余额，减去相应的“未确认融资费用”科目期末余额后的金额填列。

6. 综合运用上述填列方法分析填列

“应收票据”“应收利息”“应收股利”“其他应收款”项目，应根据相关科目的期末余额，减去“坏账准备”科目中有关坏账准备期末余额后的金额填列；“应收账款”项目，应根据“应收账款”和“预收账款”科目所属各明细科目的期末借方余额合计数，减去“坏账准备”科目中有关应收账款计提的坏账准备期末余额后的金额填列；“预付款项”项目，应根据“预付账款”和“应付账款”科目所属各明细科目的期末借方余额合计，减去“坏账准备”科目中有关预付款项计提的坏账准备期末余额后的金额填列；“合同资产”和“合同负债”项目，应根据“合同资产”科目和“合同负债”科目的明细科目期末余额分析填列，同一合同下的合同资产和合同负债应当以净额列示，其中净额为借方余额的，应当根据其流动性在“合同资产”或“其他非流动资产”项目中填列，已计提减值准备的，还应减去“合同资产减值准备”科目中相应的期末余额后的金额填列，其中净额为贷方余额的，应当根据其流动性在“合同负债”或“其他非流动负债”项目中填列；“存货”项目，应根据“材料采购”“原材料”“发出商品”“库存商品”“周转材料”“委托加工物资”“生产成本”“受托代销商品”等科目的期末余额及“合同履约成本”科目的明细科目中初始确认时摊销期限不超过一年或一个正常营业周期的期末余额合计，减去“受托代销商品款”“存货跌价准备”科目期末余额及“合同履约成本减值准备”科目中相应的期末余额后的金额填列，材料采用计划成本核算，以及库存商品采用计划成本核算或售价核算的企业，还应按加或减材料成本差异、商品进销差价后的金额填列。“其他非流动资产”项目，应根据有关科目的期末余额减去将于一年内（含一年）收回数后的金额，及“合同取得成本”科目和“合同履约成本”科目的明细科目中初始确认时摊销期限在一年或一个正常营业周期以上的期末余额，减去“合同取得成本减值准备”科目和“合同履约成本减值准备”科目中相应的期末余额填列。

（二）资产负债表“年初余额”栏的填列方法

资产负债表中的“年初余额”栏通常根据上年末有关项目的期末余额填列，且与上年末资产负债表“期末余额”栏相一致。如果企业发生了会计政策变更、前期差错更正，应当对“年初余额”栏中的有关项目进行相应调整。如果企业上年度资产负债表规定的项目名称和内容与本年度不一致，应当对上年年末资产负债表相关项目的名称和金额按照本年度的规定进行调整，填入“年初余额”栏。

第三节 利 润 表

一、利润表的内容及结构

（一）利润表的内容

利润表是反映企业在一定会计期间的经营成果的报表。利润表的列报应当充分反映企业经营业绩的主要来源和构成，有助于使用者判断净利润的质量及其风险，有助于使用者预测净利润的持续性，从而作出正确的决策。通过利润表，可以反映企业一定会计期间的收入实现情况，如实现的营业收入、实现的投资收益、实现的营业外收入各有多少；可以反映一定会计期间的费用耗费情况，如耗费的营业成本、税金及附加、销售费用、管理费用、财务费用、营业外支出各有多少；可以反映企业生产经营活动的成果，即净利润的实现情况，据以判断资本保值、增值情况等。将利润表中的信息与资产负债表中的信息相结合，可以提供进行财务分析的基本资料，如将销货成本与存货平均余额进行比较，计算出存货周转率；将净利润与资产总额进行比较，计算出资产收益率等；可以表现企业资金周转情况以及企业的盈利能力和水平，便于报表使用者判断企业未来的发展趋势，作出经济决策。

（二）利润表的结构

常见的利润表结构主要有单步式和多步式两种。在我国，企业利润表采用的基本上是多步式结构，即通过对当期的收入、费用、支出项目按性质加以归类，按利润形成的主要环节列示一些中间性利润指标，分步计算当期净损益，便于使用者理解企业经营成果的不同来源。企业利润表对于费用列报通常应当按照功能进行分类，即分为从事经营业务发生的成本、管理费用、销售费用和财务费用等，有助于使用者了解费用发生的活动领域；与此同时，为了有助于报表使用者预测企业的未来现金流量，对于费用的列报还应当在附注中披露按照性质分类的补充资料，比如分为耗用的原材料、职工薪酬费用、折旧费用、摊销费用等。

利润表主要反映以下几方面的内容：

（1）营业收入：由主营业务收入和其他业务收入组成。

（2）营业利润：营业收入减去营业成本（主营业务成本、其他业务成本）、税金及附加、销售费用、管理费用、财务费用、资产减值损失，加上公允价值变动收益、投资收益、资产处置收益、其他收益，即为营业利润。

（3）利润总额：营业利润加上营业外收入，减去营业外支出，即为利润总额。

（4）净利润：利润总额减去所得税费用，即为净利润，按照经营可持续性具体分为“持续经营净利润”和“终止经营净利润”两项。

（5）其他综合收益：具体分为“以后会计期间不能重分类进损益的其他综合收益项目”和“以后会计期间在满足规定条件时将重分类进损益的其他综合收益项目”两类，并以扣除相关所得税影响后的净额列报。

（6）综合收益总额：净利润加上其他综合收益税后净额，即为综合收益总额。其中，其他综合收益，是指企业根据其他会计准则规定未在当期损益中确认的各项利得和损失。其他综合收益项目分为以下两类：一类是以后会计期间不能重分类进损益的其他综合收益项目，主要包括重新计量设定受益计划净负债或净资产导致的变动、按照权益法核算的在被投资企业不能重分类进损益的其他综合收益变动中所享有的份额等；另一类是以后会计期间在满足规定条件时将重分类进损益的其他综合收益项目，主要包括按照权益法核算的在被投资企业可重分类进损益的其他综合收益变动中所享有的份额、其他权益工具公允价值变动形成的利得或损失、金融资产重分类形成的利得或损失、现金流量套期工具产生的利得或损失中属于有效套期的部分、外币财务报表折算差额、自用房地产或作为存货的房地产转换为以公允价值模式计量的投资性房地产在转换日公允价值大于账面价值部分等。

（7）每股收益：包括基本每股收益和稀释每股收益两项指标。

此外，为了使报表使用者通过比较不同期间利润的实现情况判断企业经营成果的未来发展趋势，企业需要提供比较利润表，利润表还就各项目再分为“本期金额”和“上期金额”两栏分别填列。利润表具体格式见表 14-3。

表 14-3　利润表　　会企 02 表

编制单位：　　年　月　日　　单位：元

项目	本期金额	上期金额
一、营业收入		
减：营业成本		
税金及附加		
销售费用		
管理费用		
财务费用		
资产减值损失		
加：公允价值变动收益（损失以“-”填列）		
净敞口套期收益（损失以“-”填列）		
投资收益（损失以“-”填列）		
其中：联营企业和合营企业的投资收益		

续表

项目	本期金额	上期金额
资产处置收益（损失以“-”填列）		
其他收益		
二、营业利润（亏损以“-”填列）		
加：营业外收入		
减：营业外支出		
三、利润总额（亏损总额以“-”填列）		
减：所得税费用		
四、净利润（净亏损以“-”填列）		
（一）持续经营净利润（净亏损以“-”填列）		
（二）终止经营净利润（净亏损以“-”填列）		
五、其他综合收益的税后净额		
（一）以后不能重分类进损益的其他综合收益		
1．重新计量设定受益计划净负债或净资产的变动		
2．权益法下在被投资企业不能重分类进损益的其他综合收益中享有的份额		
（二）以后将重分类进损益的其他综合收益		
1．权益法下在被投资企业以后将重分类进损益的其他综合收益中享有的份额		
2．其他债权投资公允价值变动损益		
3．金融资产重分类转入损益的累计利得或损失		
4．现金流量套期损益的有效部分		
5．外币财务报表折算差额		
六、综合收益总额		
七、每股收益		
（一）基本每股收益		
（二）稀释每股收益		

二、利润表的填列方法

（一）利润表“本期金额”栏的填列方法

利润表“本期金额”栏一般应根据损益类科目和所有者权益类有关科目的发生额填列。

（1）“营业收入”“营业成本”“税金及附加”“销售费用”“管理费用”“财务费用”“资产减值损失”“公允价值变动收益”“投资收益”“资产处置收益”“其他收益”“营业外收入”“营业外支出”“所得税费用”等项目，应根据有关损益类科目的发生额分析填列。

（2）“其中：联营企业和合营企业的投资收益”项目，应根据“投资收益”科目所属的相关明细科目的发生额分析填列。

（3）“其他综合收益的税后净额”项目及其各组成部分，应根据“其他综合收益”科目及其所属明细科目的本期发生额分析填列。

（4）“营业利润”“利润总额”“净利润”“综合收益总额”项目，应根据利润表中相关项目计算填列。

（5）“（一）持续经营净利润”和“（二）终止经营净利润”项目，应根据《企业会计准则第 42 号——持有待售的非流动资产、处置组和终止经营》的相关规定分别填列。

（二）利润表“上期金额”栏的填列方法

利润表中的“上期金额”栏应根据上年同期利润表“本期金额”栏内所列数字填列。如果上年同期利润表规定的项目名称和内容与本期不一致，应对上年同期利润表各项目的名称和金额按照本期的规定进行调整，填入“上期金额”栏。

第四节　现金流量表

一、现金流量表的内容及结构

（一）现金流量表的内容

现金流量表，是指反映企业在一定会计期间现金和现金等价物流入和流出的报表。从编制原则上看，现金流量表按照收付实现制原则编制，将权责发生制下的盈利信息调整为收付实现制下的现金流量信息，便于信息使用者了解企业净利润的质量。从内容上看，现金流量表被划分为经营活动、投资活动和筹资活动 3 个部分，每类活动又分为各具体项目，这些项目从不同角度反映企业业务活动的现金流入与流出，弥补了资产负债表和利润表提供信息的不足。通过现金流量表，报表使用者能够了解现金流量的影响因素，评价企业的支付能力、偿债能力和周转能力，预测企业未来现金流量，为其决策提供有力依据。

（二）现金流量表的结构

在现金流量表中，现金及现金等价物被视为一个整体，企业现金形式的转换不会产生现金的流入和流出。例如，企业从银行提取现金，是企业现金存放形式的转换，并未流出企业，不构成现金流量。同样，现金与现金等价物之间的转换也不属于现金流量。例如，企业用现金购买 3 个月到期的国库券。根据企业业务活动的性质和现金流量的来源，现金流量表在结构上将企业一定期间产生的现金流量分为 3 类：经营活动产生的现金流量、投资活动产生的现金流量和筹资活动产生的现金流量。现金流量表的具体格式见表 14-4。

表 14-4　现金流量表　　会企 03 表

编制单位：　　年　月　日　　单位：元

项目	本期金额	上期金额
一、经营活动产生的现金流量：		
销售商品、提供劳务收到的现金		
收到的税费返还		
收到其他与经营活动有关的现金		
经营活动现金流入小计		
购买商品、接受劳务支付的现金		
支付给职工以及为职工支付的现金		

续表

项目	本期金额	上期金额
支付的各项税费		
支付其他与经营活动有关的现金		
经营活动现金流出小计		
经营活动产生的现金流量净额		
二、投资活动产生的现金流量：		
收回投资收到的现金		
取得投资收益收到的现金		
处置固定资产、无形资产和其他长期资产收到的现金净额		
处置子公司及其他营业单位收到的现金净额		
收到其他与投资活动有关的现金		
投资活动现金流入小计：		
购建固定资产、无形资产和其他长期资产支付的现金		
投资支付的现金		
取得子公司及其他营业单位支付的现金净额		
支付其他与投资活动有关的现金		
投资活动现金流出小计		
投资活动产生的现金流量净额		
三、筹资活动产生的现金流量：		
吸收投资收到的现金		
取得借款收到的现金		
收到其他与筹资活动有关的现金		
筹资活动现金流入小计		
偿还债务支付的现金		
分配股利、利润或偿付利息支付的现金		
支付其他与筹资活动有关的现金		
筹资活动现金流出小计		
筹资活动产生的现金流量净额		
四、汇率变动对现金及现金等价物的影响		
五、现金及现金等价物净增加额		
加：期初现金及现金等价物余额		
六、期末现金及现金等价物余额		

二、现金流量表的填列方法

（一）经营活动产生的现金流量

经营活动是指企业投资活动和筹资活动以外的所有交易和事项。各类企业由于行业特点不同，对经营活动的认定存在一定差异。对于工商企业而言，经营活动主要包括销售商品、提供劳务、购买商品、接受劳务、支付职工薪酬、支付税费等。对于商业银行而言，经营活动主要包括吸收存款、发放贷款、同业存放、同业拆借等。对于保险公司而言，经营活动主要包括原保险业务和再保险业务等。对于证券公司而言，经营活动主要包括自营证券、代理承销证券、代理兑付证券、代理买卖证券等。

（二）投资活动产生的现金流量

投资活动是指企业长期资产的购建和不包括在现金等价物范围内的投资及其处置活动。长期资产是指固定资产、无形资产、在建工程、其他资产等持有期限在一年或一个营业周期以上的资产。这里所讲的投资活动，既包括实物资产投资，也包括金融资产投资。这里之所以将“包括在现金等价物范围内的投资”排除在外，是因为已经将包括在现金等价物范围内的投资视同现金。不同企业由于行业特点不同，对投资活动的认定也存在差异。例如，交易性金融资产所产生的现金流量，对于工商企业而言，属于投资活动现金流量；而对于证券公司而言，属于经营活动现金流量。

（三）筹资活动产生的现金流量

筹资活动是指导致企业资本及债务规模和构成发生变化的活动。这里所说的资本，既包括实收资本（或股本），也包括资本溢价（或股本溢价）。通常情况下，应付账款、应付票据等商业应付款等属于经营活动，不属于筹资活动。

此外，对于企业日常活动之外的、不经常发生的特殊项目，如自然灾害损失、保险赔款、捐赠等，应当归并到相关类别中，并单独反映。比如，对于自然灾害损失和保险赔款，如果能够确指属于流动资产损失，应当列入经营活动产生的现金流量；属于固定资产损失，应当列入投资活动产生的现金流量。

（四）汇率变动对现金及现金等价物的影响

编制现金流量表时，应当将企业外币现金流量以及境外子公司的现金流量折算成记账本位币。外币现金流量以及境外子公司的现金流量，应当采用现金流量发生日的即期汇率或按照系统合理的方法确定的、与现金流量发生日即期汇率近似的汇率折算。汇率变动对现金的影响应当作为调节项目在现金流量表中单独列报。

汇率变动对现金的影响，指企业外币现金流量及境外子公司的现金流量折算成记账本位币时所采用的是现金流量发生日的即期汇率或按照系统合理的方法确定的、与现金流量发生日即期汇率近似的汇率，而现金流量表“现金及现金等价物净增加额”项目中外币现金净增加额是按资产负债表日的即期汇率折算的，这两者的差额即为汇率变动对现金的影响。

在编制现金流量表时，对当期发生的外币业务，也可不必逐笔计算汇率变动对现金的影响，可以通过现金流量表补充资料中“现金及现金等价物净增加额”与现金流量表中“经营活动产生的现金流量净额”“投资活动产生的现金流量净额”“筹资活动产生的现金流量净额”三项之和比较，其差额即为“汇率变动对现金的影响”。

（五）现金流量表补充资料

除现金流量表反映的信息外，企业还应在附注中披露将净利润调节为经营活动现金流量、不涉及现金收支的重大投资和筹资活动、现金及现金等价物净变动情况等信息。

三、现金流量表的编制方法及程序

编制现金流量表时，列报经营活动现金流量的方法有两种：直接法和间接法。在直接法下，一般是以利润表中的营业收入为起算点，调节与经营活动有关的项目的增减变动，然后计算出经营活动产生的现金流量。在间接法下，将净利润调节为经营活动现金流量，实际上就是将按权责发生制原则确定的净利润调整为现金净流入，并剔除投资活动和筹资活动对现金流量的影响。

采用直接法编报的现金流量表，便于分析企业经营活动产生的现金流量的来源和用途，预测企业现金流量的未来前景；采用间接法编报的现金流量表，便于将净利润与经营活动产生的现金流量净额进行比较，了解净利润与经营活动产生的现金流量差异的原因，从现金流量的角度分析净利润的质量。所以，我国企业会计准则规定企业应当采用直接法编报现金流量表，同时要求在附注中提供以净利润为基础调节到经营活动现金流量的信息。

第五节　所有者权益变动表

一、所有者权益变动表的内容及结构

（一）所有者权益变动表的内容

所有者权益变动表是指反映构成所有者权益各组成部分当期增减变动情况的报表。所有者权益变动表应当全面反映一定时期所有者权益变动的情况，不仅包括所有者权益总量的增减变动，还包括所有者权益增减变动的重要结构性信息，让报表使用者准确理解所有者权益增减变动的根源。

在所有者权益变动表中，综合收益和与所有者（或股东）的资本交易导致的所有者权益的变动，应当分别列示。企业至少应当单独列示反映下列信息的项目：

（1）综合收益总额。

（2）会计政策变更和前期差错更正的累积影响金额。

（3）所有者投入资本和向所有者分配利润等。

（4）提取的盈余公积。

（5）所有者权益各组成部分的期初和期末余额及其调节情况。

（二）所有者权益变动表的结构

为了清楚地表明构成所有者权益的各组成部分当期的增减变动情况，所有者权益变动表应当以矩阵的形式列示：一方面，列示导致所有者权益变动的交易或事项，改变了以往仅仅按照所有者权益的各组成部分反映所有者权益变动的情况，而是从所有者权益变动的来源对一定时期所有者权益变动情况进行全面反映；另一方面，按照所有者权益各组成部分（包括实收资本、资本公积、其他综合收益、盈余公积、未分配利润和库存股等）及其总额列示交易或事项对所有者权益的影响。此外，企业还需要提供比较所有者权益变动表，所有者权益变动表还就各项目再分为“本年金额”和“上年金额”两栏分别填列。所有者权益变动表的具体格式见表 14-5。

表 14-5 所有者权益变动表 会企 04 表

编制单位： 年度 单位：元

项目	本年金额										上年金额									
	实收资本（或股本）	其他权益工具			资本公积	减：库存股	其他综合收益	盈余公积	未分配利润	所有者权益合计	实收资本（或股本）	其他权益工具			资本公积	减：库存股	其他综合收益	盈余公积	未分配利润	所有者权益合计
		优先股	永续债	其他								优先股	永续债	其他						
一、上年年末余额																				
1. 会计政策变更																				
2. 前期差错更正																				
3. 其他																				
二、本年年初余额																				
三、本年增减变动金额（减少以“-”填列）																				
（一）综合收益总额																				
（二）所有者投入和减少资本																				
1. 所有者投入的普通股																				
2. 其他权益工具持有者投入资本																				
3. 股份支付计入所有者权益的金额																				
4. 其他																				
（三）利润分配																				
1. 提取盈余公积																				
2. 对所有者（或股东）的分配																				
3. 其他																				
（四）所有者权益内部结转																				
1. 资本公积转增资本（或股本）																				
2. 盈余公积转增资本（或股本）																				
3. 盈余公积弥补亏损																				
4. 其他																				
四、本年年末余额																				

二、所有者权益变动表的填列方法

（一）所有者权益变动表“上年金额”栏的填列方法

所有者权益变动表“上年金额”栏内各项数字，应根据上年度所有者权益变动表“本年金额”栏内所列数字填列。如果上年度所有者权益变动表规定的项目的名称和内容与本年度不一致，应对上年度所有者权益变动表各项目的名称和金额按照本年度的规定进行调整，填入所有者权益变动表“上年金额”栏内。

（二）所有者权益变动表“本年金额”栏的填列方法

所有者权益变动表“本年金额”栏内各项数字，一般应根据“实收资本（或股本）”“其他权益工具”“资本公积”“盈余公积”“其他综合收益”“利润分配”“库存股”“以前年度损益调整”等科目及其明细科目的发生额分析填列。

第六节 财务报表附注披露

一、附注及附注披露的总体要求

（一）附注概述

附注是对在资产负债表、利润表、现金流量表和所有者权益变动表等报表中列示项目的文字描述或明细资料，以及对未能在这些报表中列示项目的说明等。《企业会计准则第30号——财务报表列报》对附注的披露要求是对企业附注披露的最低要求，应当适用于所有类型的企业。企业还应当按照各项具体会计准则的规定在附注中披露相关信息。

（二）附注披露的总体要求

附注相关信息应当与资产负债表、利润表、现金流量表和所有者权益变动表等报表中列示的项目相互参照，以有助于使用者联系相关联的信息，并由此从整体上更好地理解财务报表。

企业在披露附注信息时，应当与定量、定性信息相结合，按照一定的结构对附注信息进行系统合理的排列和分类，以便于使用者理解和掌握。

二、附注的主要内容

附注应当按照下述顺序至少披露以下内容：

（一）企业的基本情况

（1）企业注册地、组织形式和总部地址。

（2）企业的业务性质和主要经营活动。

（3）母公司以及集团最终母公司的名称。

（4）财务报告的批准报出者和财务报告批准报出日，或者以签字人及其签字日期为准。

（5）营业期限有限的企业，还应当披露有关其营业期限的信息。

（二）财务报表的编制基础

（三）遵循企业会计准则的声明

企业应当声明编制的财务报表符合企业会计准则的要求，真实、完整地反映了企业的财务状况、经营成果和现金流量等有关信息，以此明确企业编制财务报表所依据的制度基础。

如果企业编制的财务报表只是部分地遵循了企业会计准则，附注中不得作出这种表述。

（四）重要会计政策和会计估计

1. 重要会计政策的说明

企业应当披露采用的重要会计政策，并结合企业的具体实际披露其重要会计政策的确定依据和财务报表项目的计量基础。其中，会计政策的确定依据主要是指企业在运用会计政策过程中所作的重要判断，这些判断对在报表中确认的项目金额具有重要影响。比如，企业如何判断与租赁资产相关的所有风险和报酬已转移给企业从而符合融资租赁的标准、投资性房地产的判断标准是什么等。财务报表项目的计量基础包括历史成本、重置成本、可变现净值、现值和公允价值等会计计量属性等。

2. 重要会计估计的说明

企业应当披露重要会计估计，并结合企业的具体实际披露其会计估计所采用的关键假设和不确定因素。重要会计估计的说明，包括可能导致下一个会计期间内资产、负债账面价值重大调整的会计估计的确定依据等。例如，固定资产可收回金额的计算需要根据其公允价值减去处置费用后的净额与预计未来现金流量的现值两者之间的较高者确定，在计算资产预计未来现金流量的现值时需要对未来现金流量进行预测，并选择适当的折现率，企业应当在附注中披露未来现金流量预测所采用的假设及其依据、所选择的折现率为什么是合理的等。又如，对于正在进行中的诉讼提取准备，企业应当披露最佳估计数的确定依据等。

（五）会计政策和会计估计变更以及差错更正的说明

企业应当按照《企业会计准则第 28 号——会计政策、会计估计变更和差错更正》及其应用指南的规定，披露会计政策和会计估计变更以及差错更正的有关情况。

（六）报表重要项目的说明

企业应当以文字和数字描述相结合，尽可能以列表形式披露重要报表项目的构成或当期增减变动情况，并且报表重要项目的明细金额合计应当与报表项目金额相衔接。在披露顺序上，一般应当按照资产负债表、利润表、现金流量表、所有者权益变动表的顺序及其报表项目列示的顺序。

（七）其他需要说明的重要事项

这主要包括或有和承诺事项、资产负债表日后非调整事项、关联方关系及其交易等。

（八）有助于财务报表使用者评价企业管理资本的目标、政策及程序的信息

导入案例分析：

主要业务分产品毛利率对比分析见表 14-6。

表 14-6　主要业务分产品毛利率对比分析表

分产品	20×1 年毛利率/%	20×0 年毛利率/%	20×1 年毛利率增加比率/%
冷轧碳钢板卷	10.7	16.3	-5.6
热轧碳钢板卷	10.2	19.2	-9.0
钢管产品	11.9	12.7	-0.8
长材产品	19.8	21.7	1.9
其他钢铁产品	14.6	21.0	-6.4

在 5 种分产品中，“长材产品”20×0 年和 20×1 年的获利能力相对稳定，获利能力较强，毛利率变动幅度较小。其他产品受政策红利逐渐衰减、钢铁行业供给压力增大、下游行业需求分化、钢材价格下行和铁矿石价格大幅上涨等影响，20×1 年公司主要产品的毛利率较上年下降。

参考文献

[1] 中国注册会计师协会．会计[M]．北京：中国财政经济出版社，2022．

[2] 财政部会计资格评价中心，中级会计实务[M]．北京：经济科学出版社，2022．

[3] 戴德明，林钢，赵西卜．财务会计学（立体化数字教材版）[M]．13 版．北京：中国人民大学出版社，2021．

[4] 刘永泽，陈立军．中级财务会计[M]．7 版．大连：东北财经大学出版社，2021．

[5] 林钢，中级财务会计（立体化数字教材版）[M]．4 版．北京：中国人民大学出版社，2020．

[6] 戴维・斯派斯兰德，马克・尼尔森，韦恩・托马斯，著．中级财务会计[M]．9 版．郭剑花，雷宇，译．北京：中国人民大学出版社，2019．

[7] 盖地．财务会计[M]．7 版．北京：经济科学出版社，2018．

[8] 查尔斯.T.亨格瑞．财务会计教程[M]．10 版．北京：机械工业出版社，2012．